はじめに

The purpose of studying economics is not to acquire a set of ready-made answers to economic questions, but to learn how to avoid being deceived by economists.

Joan V. Robinson, 1978

　マクロ経済学とは，全体としての経済の動きやパフォーマンスを研究する学問である．それゆえ，国民所得，消費，投資，失業，経済成長，インフレ率，利子率などの集計量の変化に焦点を当て，それらの決定や相互依存関係について分析する．これらは，家計や企業などの個々の経済主体の活動の結果を集計したものなので，ミクロ経済学があれば十分ではないのか，と考える人がいるかもしれない．実際，現在のマクロ経済学はミクロ経済学の成果の多くを取り入れ，その基礎の上に成り立っているという側面もある．それでもなお，マクロ経済学にはマクロ経済学としての不可欠な役割がある．

　ニュースで取り上げられる経済データは上記の集計量に関するものがほとんどである．全体としての経済の状態はすべての経済主体に影響を与えるが，これらの集計量を通してその状態を私たちはかなり的確に知ることができるからである．経済を人間の体にたとえるならば，これらの集計量は身長，体重，体温，血圧，体脂肪率などの健康状態を知るための数値に当たる．体のどこかに悪い部分があれば多くの場合，最初は，体重の急激な減少，発熱，高血圧などの全身症状として認識される．また，どこかに少し良くない部分があったとしても全体として健康であれば，それほど心配しなくても自然に治癒する可能性が高い．マクロ経済学は，全体として見た経済の健康状態を把握するという重要な役割を担っている．

　ミクロ経済学にも経済に存在するすべての市場を同時に考慮する一般均衡理

論がある．そこでは，与えられた資源が効率的に配分されるための条件や効率的な配分を阻害する要因などについて詳しく分析されるが，通常すべての資源が使われると想定されるか，あるいは結果としてすべての資源が使われることになる．しかし現実には，使用されない生産設備が存在し，雇用されていない労働者つまり失業者も存在する．これらの問題を考えるには，個々の市場を詳細に見るというミクロの視点ではなく経済を全体として大きく捉えるというマクロの視点が必要になる．このような視点があるからこそ，マクロ経済学では経済の変動やそれに伴う失業などの問題を分析することが可能なのである．

　もちろんマクロ経済学が資源配分の問題を全く考えないというわけではない．ミクロ経済学とは異なる資源配分の問題を分析する．ミクロ経済学では多くの場合一定であると想定されている資源は，実際は時間とともに変化する．私たちは現在の消費を増やして将来の資源を減少させるか，現在の消費を減らして投資を行い将来の資源を増やすかという選択，つまり異時点間にまたがる資源配分の問題に直面している．マクロ経済学ではこの時間軸上での資源配分の問題を分析するとともに，物的及び人的資源の蓄積によってもたらされる生産能力の向上すなわち経済成長についても分析する．静学的な資源配分で価格比率が重要な役割を果たすように，異時点間での資源配分では利子率や資産の収益率が重要な役割を果たす．それゆえ利子率や資産の価格が決定される金融市場やそれらに大きな影響を与える貨幣や金融政策の役割もマクロ経済学によって詳しく分析することができるのである．

　経済の健康状態に問題がある場合は治療が必要になる．経済が過度に変動する場合はそれを抑制する方が望ましいかもしれない．異時点間の資源配分が効率的に行われていない場合はそれを是正しなければならない．民間の経済主体の行動の結果としてこれらの問題が生じたとすれば，対応できるのは（広い意味での）政府だけである．それゆえ，マクロ経済学では，国が行う経済政策や中央銀行が行う金融政策の効果や限界あるいは副作用についても詳しく検討することになる．

　本書は，上述のような特徴を持つマクロ経済学を学ぶための中級レベルの教科書である．読者としては，経済学に関する基本的な知識を持っている人を想定している．ただし，マクロ経済学の理解に欠かせない基礎的な概念について

は本書でも説明するので，これまで経済学を本格的に学んだことのない人でも読み進められるようになっている．最近の動学分析の進歩によって，最先端の研究と本書が想定する読者との間には大きな溝ができたように感じる．数式や言葉によるモデルの説明だけでなく，シミュレーション分析によって結果を視覚的に示すことでその溝を埋めるための工夫をしている．本書で紹介した Dynare のプログラムを実際に走らせて，マクロ経済学の動学分析に親しみを持っていただければ幸いである．

　本書の構成は次の通りである．最初に，「マクロ経済の統計・データ」（第1章）で分析の対象とするマクロ経済の実態を正しく把握するために不可欠な知識と考え方を説明する．次に，マクロ経済の主要な構成要素である「消費」（第2章）と「投資」（第3章）についてそれらの特徴や決定要因について考える．財・サービス市場とともに重要な役割を果たす金融市場を「貨幣とファイナンス」（第4章）で取り上げ，これら2つの市場の相互作用の結果として国民所得や利子率が決定されるメカニズム及び経済政策の効果について「$IS-LM$ 分析」（第5章）で考察する．さらに，「総需要と総供給」（第6章）では $IS-LM$ モデルに供給側を加えたモデルを用いて金融・財政政策の効果を理論とシミュレーションの両面から検討する．その後，第5章の $IS-LM$ モデルを拡張して「開放経済におけるマクロ経済政策」（第7章）について考える．さらに，物的・人的資本の蓄積を通じた経済の長期的な動きを理解するために「経済成長」（第8章）について学び，最後に，広い意味での「労働市場」（第9章）におけるテーマである失業，人的資本の蓄積や活用などについて考える．いずれもマクロ経済学の授業で扱う基本的な内容であるが，紙幅の関係上カバーできなかったものも残っているので必要に応じて他の本で補っていただきたい．各章は，広い意味では関連しているが独立して読んでも理解できるように工夫されている．すでにマクロ経済学に触れたことのある読者は興味のある章から読み始めていただいてかまわない．

　本書は3人の共著であるが，執筆に際してはそれぞれが多くの方にご協力いただいた．地主担当部分（第1章・第4章）に関しては，「神戸大学金融研究会」と「景気の日付研究会」で学んだことを反映したいと考えた．フロー循環図への企業間取引導入の重要性は篠原総一教授（京都学園大学）のアイディア

に負っている．山田誠治氏（神戸大学）が第1章の，井尻裕之氏（岡山商科大学）と松井暉氏（神戸大学）が第4章の，諸図表を作成してくれた．中村担当部分（第2章・第3章・第5章・第8章・第9章）については多くの方々に目を通していただいたが，特に河相俊之先生（滋賀大学）と藤井隆雄先生（神戸市外国語大学）からは内容はもちろん表現についても有益なコメントをいただいた．学部学生の松井暉氏（現神戸大学大学院）と大学院生の松榮豊貴氏（現神戸大学経済学研究科教育研究補佐員）は学生の視点から率直なコメントをしてくれた．また，初期の草稿を経済学部3年生のゼミでテキストとして使ったが，彼らとの議論が執筆を後押しくれたのは間違いない．北野担当部分（第6章・第7章）は，大阪府立大学と弘前大学での集中授業が下地となっており，お世話頂いた松川滋先生，李永俊先生，また両校の受講生の方に記してお礼申し上げたい．また，神戸大学大学院の任龍勲氏には，学生の視点から有益なコメントを頂戴した．あわせて感謝したい．

　最後になったが，東洋経済新報社出版局の皆様のご尽力に心からお礼を申し上げたい．

　　2016年5月

中村　　保
北野　重人
地主　敏樹

[サピエンティア]

目次

マクロ経済学

はじめに………iii

第1章 マクロ経済の統計・データ　1

1.1 所得と生産：GDP………2
1.2 企業間取引と付加価値：産業連関表………5
1.3 雇用と失業：失業率と有効求人倍率………8
1.4 金融取引：資金循環表………11
1.5 政府部門：財政統計………15
1.6 海外部門：貿易統計と国際収支統計………17
1.7 おわりに………20
　練習問題………23
　さらなる学習のために………27

第2章 消費　31

2.1 ケインズ型消費関数と消費関数論争………32
　ケインズ型消費関数………32
　実証結果と消費関数論争………34
2.2 異時点間の予算制約，ライフサイクル仮説，及び恒常所得仮説………35
　異時点間の予算制約………35
　ライフサイクル仮説………39
　一般的な場合………42
　恒常所得仮説………43
2.3 異時点間の最適化と利子率の影響………46
　家計の選好と最適条件………48
　利子率の影響：所得効果と代替効果………50
　異時点間の最適化問題の解法………52

流動性制約と消費………54
2.4 まとめ………56
数学注：ラグランジュ乗数法………58
練習問題………60
さらなる学習のために………61

第3章 投資　63

3.1 投資需要の重要性………64
投資とは何か………64
投資の種類………65
ストックとフロー………66

3.2 在庫投資と加速度原理………68
在庫の保有動機………68
望ましい在庫ストック………69
加速度原理………69
加速度原理に基づく投資関数の特徴………70

3.3 設備投資………71
加速度原理に基づく設備投資関数とその問題点………71
企業の長期の最適化問題………72
投資の費用：資本の使用者費用（user cost of capital）………74
最適資本ストックの導出………75
税制と最適資本ストック………76
投資水準の決定………78
流動性制約………79
トービンの q………79

3.4 住宅投資と市場均衡………83
住宅市場のモデル………83
ストック市場の均衡と住宅フローの生産………84
ストック市場の定常均衡………85
需要のショックと投資の変動………86
投資と消費の変動の違い………87

3.5 結論………89
練習問題………90
さらなる学習のために………91

第4章 貨幣とファイナンス　93

- **4.1** 貨幣＝支払手段と決済システム………94
- **4.2** 貨幣＝貯蓄手段と銀行システム………97
- **4.3** 貨幣＝計算単位と価格硬直性＋銀行貸出………101
- **4.4** ファイナンス………104
- **4.5** 投資の基礎………107
- **4.6** 金融政策………112
- **4.7** インフレーションとデフレーション………118
  - 短期的な影響………118
  - 長期的な関係：貨幣供給量とインフレーション………119
- **4.8** おわりに………121
  - 練習問題………122
  - さらなる学習のために………124

第5章 *IS-LM* 分析　127

- **5.1** 財市場の均衡と *IS* 曲線………129
  - 有効需要の原理………129
  - 乗数理論と財政政策の効果………131
  - 45度線分析から *IS* 曲線へ………135
- **5.2** *IS-LM* モデル：財市場と貨幣市場の同時均衡………137
  - 投資関数のシフト及び財政・金融政策の効果………139
  - *IS-LM* モデルにおける調整過程………143
- **5.3** 物価の影響と総需要曲線………146
  - 物価下落の安定化効果と不安定化効果………146
  - 期待インフレ率の影響………149
  - *IS-LM* モデルから総需要曲線へ………151
- **5.4** まとめ………152
  - 数学注：変化率に関する近似式………153
  - 練習問題………155
  - さらなる学習のために………157

第6章 総需要と総供給　159

- **6.1** 物価版 *AD-AS* 分析………160

総需要曲線（AD 曲線）………160
総供給曲線（AS 曲線）………160
物価版 $AD-AS$ モデルの均衡………162
物価版 $AD-AS$ モデルによる供給ショックの分析………162
物価版 $AD-AS$ モデルによる財政・金融政策の分析………164

6.2 インフレ版 $AD-AS$ 分析………165
インフレ総需要曲線（AD 曲線）………166
インフレ総供給曲線（AS 曲線）………167
インフレ版 $AD-AS$ モデルによる供給ショックの分析………168
インフレ版 $AD-AS$ モデルによる財政・金融政策の分析………169

6.3 ニューケインジアン・モデル………170
コストプッシュ・ショックの影響………171
拡張的な金融政策の効果………177
拡張的な財政政策の効果………182

6.4 まとめ………186

練習問題………188
さらなる学習のために………188

第7章 開放経済におけるマクロ経済政策　191

7.1 為替レートと貿易収支（純輸出）………192
7.2 小国開放経済モデル………193
小国開放経済における金融政策………195
小国開放経済における財政政策………195

7.3 大国開放経済モデル………197
大国開放経済における IS 曲線………198
大国開放経済における金融政策………201
大国開放経済における財政政策………202
小国開放・大国開放・閉鎖経済における金融政策の比較………204
小国開放・大国開放・閉鎖経済における財政政策の比較………205

7.4 固定為替相場制下の金融・財政政策………206
固定為替相場制下の小国開放経済における金融政策………206
固定為替相場制下の大国開放経済における金融政策………206
固定為替相場制下の小国開放・大国開放・閉鎖経済における
　金融政策の効果の比較………207

固定為替相場制下の小国開放経済における財政政策………207
　　　固定為替相場制下の大国開放経済における財政政策………208
　　　固定為替相場制下の小国開放・大国開放・閉鎖経済における
　　　財政政策の比較………208
7.5 開放経済におけるマクロ政策のトリレンマ………210
7.6 まとめ………214
　練習問題………215
　さらなる学習のために………216

第8章 経済成長　217

8.1 経済成長はなぜ重要か………219
　経済成長とは何か………219
　経済成長の重要性と経済成長理論の課題………220
　経済成長のエンジン………221

8.2 ソロー・モデル………222
　経済の構造………222
　企業の最大化行動………222
　家計の行動………223
　ソロー・モデルの別の見方………223
　人口成長の影響………224
　貯蓄率と人口成長率の影響………225
　資本蓄積の黄金律水準………226
　動学的非効率性………227

8.3 世代重複モデル………229
　経済の構造………229
　各世代の家計の最適化行動………229
　財市場の均衡と資本蓄積………231
　貯蓄率と人口成長率の影響………233
　世代重複モデルにおける資本蓄積の黄金律水準と動学的非効率性………234

8.4 ラムゼイ・モデル………236
　ラムゼイ・モデルにおける家計の最適化行動………236
　財市場の均衡条件………238
　修正黄金律………238
　ラムゼイ・モデルの移行過程………240

8.5　新しい成長理論………245

外生的技術進歩の影響………245

2部門モデル：人的資本の蓄積………248

AKモデル………250

8.6　結びにかえて………252

練習問題………254

さらなる学習のために………257

第9章　労働市場　259

9.1　構造的失業：実質賃金の硬直性と非自発的失業………261

労働市場の均衡………261

賃金の下方硬直性と非自発的失業………261

労働組合と賃金の下方硬直性………262

価格の上方硬直性：買手独占と最低賃金の影響………263

効率賃金仮説と失業………266

9.2　摩擦的失業：経済政策と自然失業率………270

就職・雇用消失と自然失業率………271

雇用安定型と労働移動型………272

ジョブ・サーチと失業保険………274

解雇規制と失業………276

9.3　中長期的な課題：人的資本の活用と形成………279

労働参加率………279

労働市場と少子化………281

人的資本投資，労働力及び経済格差………284

9.4　結びにかえて………286

練習問題………287

さらなる学習のために………289

索引………291

- コラム 1　経済データの作成と予測………29
- コラム 2　「ストック」と「フロー」,「債権」と「債務」………37
- コラム 3　限界代替率と時間選好率………57
- コラム 4　研究開発（R&D）投資………67
- コラム 5　離散時間モデルと連続時間モデル，ストックとフロー………82
- コラム 6　貨幣数量説………117
- コラム 7　ゼノンのパラドクスと乗数理論………134
- コラム 8　政府購入（政府支出）の乗数効果は1以下になりうるか………141
- コラム 9　本書で用いるソフト………172
- コラム 10　静学的一般均衡と動学的一般均衡………235
- コラム 11　経済成長と所得格差………243
- コラム 12　労働供給曲線は右上がりか………269
- コラム 13　女性は日本を救えるか．人口ボーナス（bonus）対人口オーナス（onus）………283

練習問題の解答は，下記アドレスにて公開予定．
http://store.toyokeizai.net/books/9784492314791

第1章 マクロ経済の統計・データ

The three pillars on which an analysis of society ought to rest are studies of economic, socio-demographic and environmental phenomena. Naturally enough, accounting ideas are most developed in the economic context, ..., but they are equally applicable in the other two fields. By organizing our data in the form of accounts we can obtain a coherent picture of the stocks and flows, incomings and outgoings of whatever variables we are interested in, whether these be goods and services, human beings or natural resources, and thence proceed to analyze the system of which they form part.

Richard Stone, "The Accounts of Society,"
Nobel Memorial Lecture, 1984.

この章で学ぶこと

* 基本的なフロー循環図に様々な要素を加えながら，加わった側面を把握するための統計・データを学ぶ．
* マクロ経済の活動規模を把握するGDPを中心とする国民経済計算，企業間取引を一覧できる産業連関表，資金取引を一覧できる資金循環表，及び労働・財政・国際関係の主要統計を学ぶ．
* それぞれの分野において，量を測る統計だけでなく，関連する価格を測る統計を，併せて学ぶ．

本章では，マクロ経済を把握するために有用な諸データを，様々なフロー循環図を用いて整理し，紹介してみたい．最初に，最もシンプルなフロー循環図で，均質な企業と家計だけからなる経済を想定して，両部門間の取引の総合計としてGDPを捉えよう．次に，企業部門を生産段階別に分解したフロー循環図を見て，企業間取引を要約する統計として産業連関表を紹介する．1.3節では，家計部門を就業状態別に分けたフロー循環図を見て，就業状態を要約する統計として，失業率と労働市場参加率に注目しよう．1.4節では，金融取引を導入したフロー循環図を使って，資金過不足の概念を学び，資金循環表を見る．1.5節と1.6節では，それぞれ政府部門と海外部門を導入し，対応する統計として財政収支と国際収支に注目する．各節で，関連する価格データも紹介する．順に，GDPデフレータ，CPIとPPI，平均賃金，利子率，租税負担率，為替レートである．

1.1 所得と生産：GDP

現代の経済は，多様な経済主体とそれぞれの経済活動，経済主体間に発生する多様な経済取引，そうした取引が実施される諸市場とそれらを支える経済制度などから，成り立っている．極めて複雑な構造を持っているので，経済について考察していくには，かなり大胆な単純化が必要である．最も単純にしてみると，家計と企業だけを残して他の経済主体を捨象した，図表1-1で，経済の基本構造を表すことができる．よく知られたフロー循環図である．この単純化された経済においては，企業が家計を雇うことで労働サービスを購入し，財・サービスを生産して販売する．家計は，企業から賃金（と利潤）を所得として受け取って，企業の生産する財・サービスを購入する．モノ・サービスのフロー（内側の線）とおカネのフロー（外側の線）とが，対応しながら反対方向に循環することで，経済が成り立っているのである．

この図に基づいて，経済を把握する方法を考察しよう．まず，経済全体の活動規模を測定してみよう．企業が生産して販売している財・サービスの総合計が，1つの候補となるだろう．これが，国内総生産（GDP；gross domestic product）の基本アイデアである．様々な財・サービスがあるためにモノの単

図表1-1　フロー循環図1：企業と家計

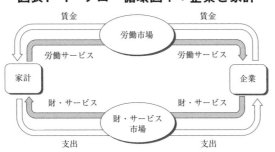

位では合計できないので，金額を単位とすることになる．それなら，おカネの流れを表す外側の線の太さ＝規模を測定すればよい（図表1-1）．図表1-1の下半分で測定すると，財・サービスの購入金額の総合計となる．図表1-1の上半分で測定すると，家計が受け取る賃金や利潤といった所得の総合計になる．会計ルールに従うと，誰かの支出は誰かの所得になるので，両者の総合計は等しくなる．実際のGDPの計算においても，支出＝需要面と所得＝供給面との両サイドから，GDPは測定されている．日本では，内閣府経済社会総合研究所（ESRI）が四半期ごとに推計している．当該四半期終了後，約1カ月半後に需要面のデータを中心に第1次速報（QE）が発表されて，その後，追加的なデータの入手に伴って改訂されて，確報は翌年末に発表される．

　図表1-1に表された経済活動の規模を測定するアイデアは，他にもあるだろう．それは，図表1-1内側の線の太さ＝規模を測定することである．金額ではない形で，モノ・サービスの総合計を測ることになる．比較的分かりやすいのは，上半分の内側の線が表す労働サービスの総合計の測定であろう．様々な種類の労働があるのは承知の上で，働いている人々の人数を合計すると総雇用者数になり，働いている時間を合計すると総労働時間になる．日本では，厚生労働省が毎月勤労統計調査や雇用動向調査を行って企業サイドのデータを，総務省統計局が労働力調査を行って家計サイドのデータを集めて，推計している．

　フロー循環図の下半分の内側の線は，様々な財・サービスが入り混じったフローなので，それぞれの単位が異なるために，そのままでは合計できない．そ

こで，考案されたのが固定価格 GDP（fixed price GDP）である．基本的な発想はシンプルなものである．金額でしか合計できないことを受け入れて，価格変化の影響を除去するために，基準時点の価格で評価しようというアイデアであった．

$$\text{固定価格 GDP}_t = \sum_i \text{第}i\text{財の価格}_{\text{基準時点}} \times \text{第}i\text{財の生産量}_t$$

基準時点から諸価格が変化していないと仮定して計算した GDP の金額なので，固定価格 GDP と呼ばれている．

固定価格 GDP の変化は，何らかの数量の変化を表している．したがって，固定価格 GDP は，一種の実質 GDP とみなすことができる．日本も含めて多くの国々で，最近まで固定価格 GDP が実質 GDP として，発表されていた．固定価格 GDP と名目 GDP との比率を計算すると，一種の「平均価格」＝（固定基準の）GDP デフレータが計算できる．

固定基準の GDP デフレータ$_t$

$$= \frac{\text{名目GDP}_t}{\text{固定価格GDP}_t} = \frac{\sum_i \text{第}i\text{財の価格}_t \times \text{第}i\text{財の生産量}_t}{\sum_i \text{第}i\text{財の価格}_{\text{基準時点}} \times \text{第}i\text{財の生産量}_t}$$

固定基準の GDP デフレータは，基準時点に比べて第 t 時点の価格が全般的にどう変化したか，つまり「平均価格」の変化を，t 時点の財・サービスの生産量をウェイトとした諸価格の加重平均の比＝指数（index）として，計算しようとするものである．

しかし，相対価格の変化やそれに伴う生産量の変化が大きくなると，基準時点における価格構造を使い続けることのマイナスが無視できなくなってしまう．価格が低下した財には需要が増えて価格が上昇した財には需要が低下するので，基準時点に対して相対価格が大きく変化すると，価格低下を過大評価しやすくなる．そうしたバイアスを修正するために，先進諸国が順次，連鎖方式の計算式を用いるようになってきた．

連鎖方式の GDP デフレータ$_t$

$$= \frac{\sum_i \text{第}i\text{財の価格}_t \times \text{第}i\text{財の生産量}_t}{\sum_i \text{第}i\text{財の価格}_{t-1} \times \text{第}i\text{財の生産量}_t} \times \text{GDPデフレータ}_{t-1}$$

次第に遠ざかる基準時点ではなく，前期を基準として平均的な価格変化を計算して，連鎖させてつないでいくことにしたのである．固定基準のデフレータに

図表1-2　名目 GDP と実質 GDP（2005暦年連鎖価格）

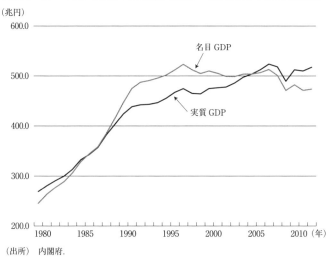

（出所）内閣府.

比べて，t 時点におけるインフレ率を忠実に描写する値になると，考えられる．

対応する実質 GDP は，この GDP デフレータを平均価格として扱って名目 GDP を割る形で算出される．

$$\text{連鎖方式の実質 GDP}_t = \frac{\text{名目 GDP}_t}{\text{連鎖方式の GDP デフレータ}_t}$$

実際に表示される数値は，基準年を決めて，基準年以後の連鎖方式でデフレータを求めて算出されている．したがって，固定価格 GDP ほどシンプルではないが，名目 GDP の値を基準年以降の累積インフレ率によって割り引いて，基準年の価格表示に近づけた数値となっている．なお，実質 GDP を前述の総労働時間で割った値が，経済全体の平均的な労働生産性である．また，総人口で割った数値が，1人当たり実質 GDP であり，生活水準を示す指標として，扱われている．

1.2　企業間取引と付加価値：産業連関表

1.1節では企業も消費者もそれぞれに単一の主体として扱っていた．様々な

異質性を捨象して，均一な経済主体と想定することで，単純化していたのである．本節では，生産者＝企業の方を，生産段階に応じて，分解してみよう（フロー循環図に企業間取引を明示することの重要性は，同志社大学の篠原総一教授から教えられた）．

　財の生産に関わる企業は，家計向けの消費財を生産する企業と，生産段階において使用される生産財を生産する企業とに，大別される．例えば，本書のような書籍は消費財であり，紙やインクなどは，生産財である．なお，生産財の生産には労働だけでなく生産財も必要なので，生産財企業は生産財市場に供給するのみでなく，需要もしていることに気付いてほしい．消費財企業は，労働と生産財を用いて生産を行い，消費財市場において，家計などに販売する．ただし，消費財の販売においては，生産企業が家計へ直接に販売することは，まだ例外的である．多くの場合は，生産企業が小売・流通企業へ消費財を（卸売市場で）販売し，その小売・流通企業が家計に（小売市場で）販売するというプロセスを踏む．これらを組み込んだのが図表1-3である．小売・流通企業も，労働を用いて，仕入れた消費財を販売する．

　こうした企業間取引に着目すると，2つの重要なアイデアが浮かんでくる．その第1が，付加価値という概念である．家計が購入する消費財の価格を，企業間取引を遡りながら，分解してみよう．やや一般化して，各段階の生産財の異質性を許容してみる．

$$消費財の小売価格 = 小売・流通企業の賃金・利潤$$
$$+ 消費財の卸売価格$$
$$消費財の卸売価格 = 消費財生産企業の賃金・利潤$$
$$+ 生産財1の購入価格 \times 投入量1$$
$$生産財1の購入価格 = 生産財1生産企業の賃金・利潤$$
$$+ 生産財2の購入価格 \times 投入量2$$
$$生産財2の購入価格 = 生産財2生産企業の賃金・利潤$$
$$+ 生産財3の購入価格 \times 投入量3$$
$$\vdots$$

すべての賃金・利潤や投入量は，当該財1単位当たりの数字である．ここで，

図表1-3 フロー循環図2：企業間取引

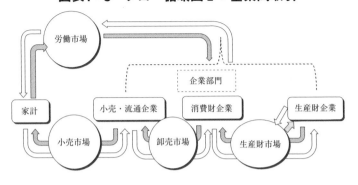

各段階の賃金・利潤が各段階での生産への貢献に対応する報酬であり，各段階の付加価値（value added）と呼ばれるものである．消費財価格は，順次代入を繰り返していくと，各段階の付加価値の合計となっていることが分かるので，確かめてみてほしい．GDPは，こうした付加価値の一定期間内における総合計として，国内で稼ぎ出された賃金や利潤の総合計を測っており，消費や投資など最終需要の総合計としても計算できるのである．

価格面を見ると，小売市場における消費財の価格水準を要約するのが消費者物価指数（CPI）であり，卸売市場や生産財市場における価格水準を要約するのが生産者価格指数（PPI）である．どちらも，GDPデフレータと違って，基準年の財・サービスのバスケットを固定したウェイトとして用いて，諸価格の加重平均を算出している．なお，価格指数の計算において，PCなど財の性能変化が著しい項目では，性能を考慮に入れたヘドニック指数の計算法も取り入れられている．

第2のアイデアは，企業間取引そのものを要約して把握する方法の探求であり，産業連関表（input-output table）の作成へとつながった．産業連関表は，各産業の生産において他の諸産業の生産物がどのように投入されているか，各産業の生産物がどのように需要されているかを，まとめている．産業連関表の基本構造は行列で，買い手の各産業を縦列に，売り手の各産業を横行に，配置する．各欄には1年間の産業間取引金額が記載される．現実の産業連関表は図表1-4のようになっており，縦に各列を見ると，各産業の投入構造を把握で

図表1-4　産業連関表のイメージ

	第1次産業	第2次産業	第3次産業	家計消費	政府消費	国内資本形成	輸出	輸入	国内生産額
第1次産業									
第2次産業	中間投入（内生部門）			最終需要					
第3次産業									
雇用者所得									
営業余剰	粗付加価値額								
間接税									
国内生産額									

（縦軸：投入、横軸：産出）

きる．様々な生産財を中間投入して，付加価値（賃金や利潤）を加えている．横に各行を見ると，各産業の販売先が把握できる．一部は様々な産業部門に生産財として購入されて，残りは消費や投資及び輸出などの最終需要によって購入されている．なお，産業分類は大部門（直近の平成23年産業連関表では37部門）を中心に，精粗様々な分類の連関表が，総務省によって5年ごとに作成されている（章末の練習問題3を参照）．

経済効果の分析に使用するのは，図表1-4の各欄を各産業の国内生産額で割って比率に直した，投入係数表である．様々なプロジェクトやイベントの経済効果を推測するために産業連関表は使われており，地域別の産業連関表も作成されている．

1.3　雇用と失業：失業率と有効求人倍率

前節では産業別に企業を分類することで異質性を導入したが，本節では家計を就業状態別に分類して異質性を導入してみよう．家計部門の就労可能年齢（15歳以上）の人々は，就業・失業及び非労働力の3状態に分類できる．就業者は，企業に雇用されて賃金所得を得る．失業者は，求職しているものの雇用されていないので賃金は獲得できないが，現実には，失業保険金を政府から受け取っている場合が多い（図示はされていない）．非労働力の人々は，引退者や主婦（夫），フルタイムの学生及び就労意欲喪失者などで，労働市場に参加せず，求職もしていない．図示はされていないが，利子・配当などの資産所得や，公的年金や生活扶助などを得ているかもしれない．不況期など就職が困難

図表1-5　フロー循環図3：雇用と失業

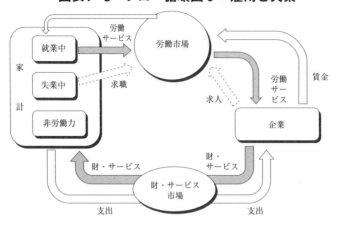

な時期には，労働意欲を喪失して，労働市場から退出してしまう家計が増えることが知られている．総務省統計局による労働力調査が，家計の雇用状態に関する基本統計である．

雇用状態に関する基本的な指標としては，失業率と労働力率（労働市場参加率）がある．調査時点において「月末1週間において少しでも仕事をした」人々が就業者であり，「仕事に就いておらず，仕事があればすぐに就くことができる上に，仕事を探す活動をしていた」人々が（完全）失業者であると，日本では定義されている．就業者と失業者との合計が労働市場に参加している人々＝労働力であり，その内の失業者の比率が失業率である．働きたいのに働けないという望ましくない状態にある人々の比率なので，失業率の低下が経済政策の主要目標となる．次に，就労可能だと想定される15歳以上人口に対する労働力の比率が労働力率であり，労働市場の規模の指標である．

労働市場の状態を表す指標として，家計サイドの求職に対応するのが，企業サイドの求人である．厚生労働省のハローワークで把握されている範囲内ではあるが，求人と求職の状況を表す指標として，有効求人倍率という統計が作成されている．

$$\text{有効求人倍率} = \frac{\text{月間有効求人数}}{\text{月間有効求職者数}}$$

図表1-6　失業率，労働力率及び有効求人倍率

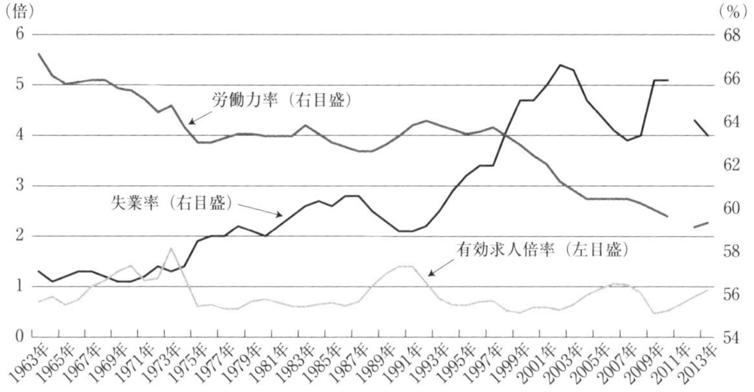

（資料）　総務省「労働力調査年報」，厚生労働省「職業安定業務統計」．

この数値が1よりも多ければ，求人のほうが多いので，労働市場が超過需要状態にあると考えられる．なお，「有効」とは，調査時点で充足されていない求職・求人のことで，新規と区別しての表現となっている．各地のハローワークごとのデータがあり，都道府県など地域別にも集計されている．

関連する統計として，未充足求人（vacancy）と欠員率がある．ハローワークの求人のうちで，充足されなかった部分が未充足求人であり，それを雇用者と未充足求人との合計で割ると欠員率が計算される．一方に求職している失業者が多数存在しているのに，他方で求人している企業も多数あることは，労働・職種の多様性を考慮に入れると，理解しやすい．企業サイドが求める人材と家計サイドで求職している人々の技能とが適合していない，ミスマッチが生じているのである．このミスマッチの状態を視覚的に確認できるのがベバリッジ曲線で，縦軸に失業率を横軸に欠員率をとっている．ベバリッジ曲線は，基本的に右下がりの形状になる．多くの求人があると失業が減るということは，直観的にも理解できるだろう．しかし，このベバリッジ曲線がシフトすることがある．右上方にシフトする場合は，ミスマッチが高まっているのであり，産業構造の転換時などに観察される．左下方にシフトする場合は，職業訓練などでミスマッチが低下しているのである．

雇用者の賃金・給与所得に関しては，フルタイムの正規社員＝「常用労働

図表1-7　常用労働者の賃金・給与と労働時間

パネル（A）産業別1人平均月間現金給与額（事業所規模30人以上，千円）

年　次	現金給与総額	建設業	製造業	情報通信業	運輸業,郵便業	卸売業,小売業	金融業,保険業	宿泊業,飲食サービス業	サービス業
平成17年	380	440	420	511	368	297	555	—	—
22年	360	473	393	500	343	290	524	156	258
24年	357	443	403	509	348	308	494	157	236
25年	358	449	406	519	356	307	504	155	236
前年比(%)	0.3	1.5	0.9	1.9	2.3	−0.5	1.9	−1.1	−0.3

パネル（B）産業別1人平均月間実労働時間数（事業所規模30人以上，時間）

年　次	総実労働時間数	建設業	製造業	情報通信業	運輸業,郵便業	卸売業,小売業	宿泊業,飲食サービス業	サービス業	所定内労働時間数	所定外労働時間数
平成17年	152.4	170.7	166.8	161.6	176.8	137.4	—	—	140.0	12.4
22年	149.8	173.2	163.3	160.3	174.2	137.1	114.0	144.2	137.8	12.0
24年	150.7	175.4	164.6	165.2	173.1	140.6	112.2	140.6	138.5	12.2
25年	149.3	174.8	163.7	163.7	172.0	139.9	110.0	139.7	136.9	12.4
前年比(%)	−0.9	−0.4	−0.5	−1.0	−0.6	−0.5	−1.9	−0.7	−1.1	1.8

（資料）厚生労働省「毎月勤労統計調査」．

者」の月間給与所得が，厚生労働省の「毎月勤労統計調査」で調べられており，標準データになっている（図表1-7）．現実の賃金・給与は，職業や勤務先及び勤続年数や資格などに応じて多様であるが，マクロ経済全体では，賃金・給与の総合計額を総労働時間で割ると，平均賃金が計算できる．また，賃金給与のGDPに対する比率を計算すると，労働分配率が計算できる（自営業者に関する調整が必要）．

1.4　金融取引：資金循環表

これまでは，一切の金融取引を捨象してきた．本節では，家計部門と企業部門をそれぞれ資金の取り手＝資金不足主体と資金の出し手＝資金余剰主体とに分けて，資金面における異質性の導入によって金融取引を見ていく．資金余

図表1-8　フロー循環図4：金融取引

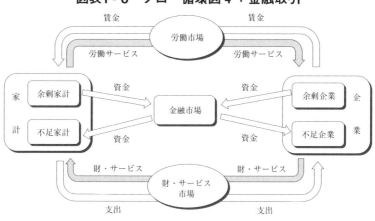

剰の家計や企業から金融市場に資金が流れて，それが資金不足の家計や企業に流れていく．反対方向には，（図示はしていないが）預金通帳や借用証書，債券や株式などが，流れていくのである．

この資金余剰と資金不足という分類を正式なものにしたのが，各経済主体の**資金過不足**という概念である．各主体の資金過不足は，次のように定義される．

　　資金過不足＝期末の金融純資産－期首の金融純資産

　　金融純資産＝金融資産－金融負債

資金余剰主体は，債券や株式などの金融資産が期末時点で増加するはずなので，資金過不足は正値をとる．資金不足主体は，金融負債が増えることになり，期末時点の金融純資産残高は減少するはずだから，資金過不足は負値をとる．

　　資金余剰主体：資金過不足＝期末の金融純資産－期首の金融純資産＞0

　　資金不足主体：資金過不足＝期末の金融純資産－期首の金融純資産＜0

資金過不足の概念は，実物面の貯蓄投資の概念と表裏の関係にある．各主体の予算制約式を検討しよう．各主体は，期首の金融純資産と期中の所得を使って，期中の消費と（実物資産）投資を賄い，その結果として期末の金融純資産残高が決定されるのである．

　　期首の金融純資産＋所得－消費－投資＝期末の金融純資産残高

　　投資＝期末の実物資産残高－期首の実物資産残高

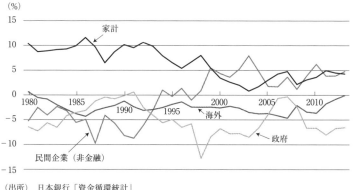

図表1-9　部門別資金過不足の推移

（出所）　日本銀行「資金循環統計」.

これを書き直すと

　　　資金過不足＝期末の金融純資産残高－期首の金融純資産
　　　　　　　　＝所得－消費－投資
　　　　　　　　＝貯蓄－投資

各主体の資金過不足は，各主体の貯蓄投資バランス（差額）に対応しているのである．貯蓄の多い主体は資金供給に，投資の多い主体は資金需要に，貢献していることが分かる．

　フロー循環図で示したような資金の流れを，要約している統計が，資金循環（Flow of Funds）統計であり，日本銀行が作成している．資金循環表は，行列（マトリクス）の形態をとっており，行に金融商品が，列に経済部門（経済主体）が並べられている（図表1-10）．各主体にとっての資産なのか負債なのかに応じて，それぞれの面に金融商品が記載されている．資金循環勘定の中核となるのは，期末の保有残高を記録した**金融資産・負債残高表**（ストック表）と，期中の売買取引を記録した**金融取引表**（フロー表）である．

　最後に，金融取引における「価格」＝利子率を見ておこう．金融市場における資金の需要と供給によって，利子率は決定されている．金融市場は，資金の返済までの満期と，借り手の返済不能の危険性（リスク）に応じて，多彩である．利子率もそれに応じて多彩になっており，下式のように3つの要素に分解される．

図表1-10 資金循環表（ストック表）

(億円, 2013年末)

	金融機関	非金融法人企業	一般政府	家計	対家計民間非営利団体	海外
現金・預金	−11,823,517	2,323,695	445,137	8,736,197	310,253	8,235
貸出	7,849,049	−3,654,815	−1,255,491	−3,026,906	−110,621	198,784
株式以外の証券	6,639,727	−473,887	−8,367,109	1,086,098	138,318	976,853
株式・出資金	116,071	−4,164,659	896,992	1,556,133	−93,047	1,688,510
保険・年金準備金	−4,390,780	0	0	4,390,780	0	0
その他	2,599,980	1,335,853	2,068,070	119,275	−726	−6,091,302
金融資産・負債差額	990,530	−4,633,813	−6,212,401	12,861,577	244,177	−3,218,920

(出所) 日本銀行「資金循環統計」．

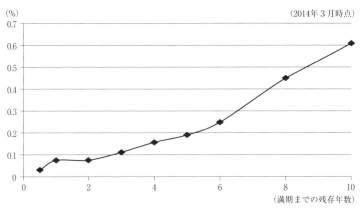

図表1-11　イールドカーブ

(出所)　Datastream.

諸利子率
　　＝諸金利の共通部分＋リスク・プレミアム＋ターム・プレミアム
リスク・プレミアムは借り手の返済不能リスクに対応した割増部分であり，ターム・プレミアムは満期までの期間に応じた割増部分である．通常，リスクが大きいほど，満期が長いほど，プレミアムは大きくなる．諸金利の共通部分は，安全（リスクフリー）で短期の利子率に対応しており，現実においては各国の

図表1-12　フロー循環図5：政府部門

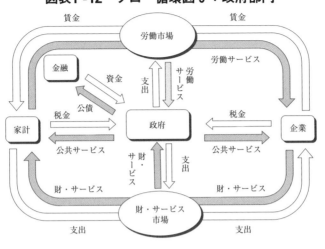

中央銀行がコントロールしていることが多い．金融政策の指標となっているので，政策金利と呼ばれている．また，最も安全な借り手として中央政府が想定されており，その借入金利＝国債金利が様々な満期のリスクフリー金利として扱われている．このリスクフリー金利を縦軸にとって，横軸に満期の長さをとったグラフをイールドカーブと呼ぶ（図表1-11）．イールドカーブの左端は政策金利であり，右端は経済の長期均衡における金利になる．政策金利は日本銀行が，国債金利（利回り）は財務省が発表している．

1.5　政府部門：財政統計

　政府部門は，家計や企業に対して，公共サービスを提供し，その代わりに税金を徴収している．なお，家計に対しては公的年金の支払いや失業保険・生活保護などの移転支払も行い，企業に対しても補助金などを提供している．さらに，政府部門は労働を雇用し，消費財や投資財などを購入している．民間主体と同様に，政府部門もその資金過不足＝財政収支に応じて，金融市場で取引を行っている．

　政府部門に関してマクロ経済分析が注目するのは，政府の財・サービスの購

図表1-13 政府消費と公的資本形成（対 GDP 比，93SNA）

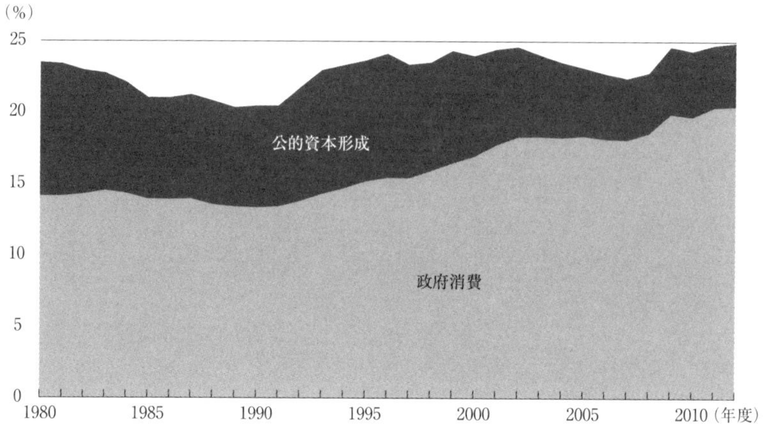

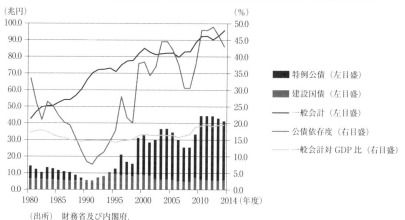

（出所）内閣府（93SNA）．

図表1-14 一般会計予算規模と公債発行額及び公債依存度

凡例：
- 特例公債（左目盛）
- 建設国債（左目盛）
- 一般会計（左目盛）
- 公債依存度（右目盛）
- 一般会計対 GDP 比（右目盛）

（出所）財務省及び内閣府．

入，公共投資とその蓄積である公的資本，及び財政収支と国債残高などであろう．最初の2つは，GDPの勘定システムであるSNAの体系において，政府最終消費支出と公的固定資本形成という項目で捉えられる（図表1-13）．

次に，財政収支について見てみよう．現在の日本の場合，中央政府の財政赤字の規模と，それが蓄積された国債の巨大な残高が問題視されている．中央政

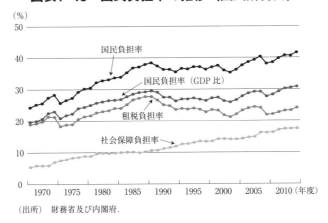

図表1-15　国民負担率の推移（国民所得比）

(出所)　財務省及び内閣府．

府に関する財政関連のデータは，財務省が作成している「財政統計」にまとめられている．一般的な政策目的の範囲内にある一般会計と，特定の目的別に設定されている特別会計など，様々な制度別のデータがあり，予算と決算も分かれている．一般会計は予算段階で見ても，公債依存度が高まっている（図表1-14）．全体としての収支は国債の増減によって把握できる．さらに，地方公共団体なども含めた一般政府としての収支のデータは，資金循環統計で把握することができる．前節で見たように，政府部門の資金不足は巨大化している．

政府が提供する公的サービスは，基本的には税金で賄われている．ただし，税金の構造は複雑なので，平均的な税率という概念は難しい．そこで，国民所得に対する総税収の比率である租税負担率とか，税収に年金・医療等の社会保険料収入を加えた合計の国民所得の比率である国民負担率が計算されている．

1.6　海外部門：貿易統計と国際収支統計

本章の最後に海外部門を導入しよう．海外部門との関係では，まず，輸出と輸入とが想起されるだろう．生産財市場にも消費財市場にも，輸出入による財の需給と関連する支払いが表示されている．近年の日本では，財・サービスの貿易に関しては輸入が輸出を上回っており，貿易収支は赤字化してきた．他方で，海外の子会社・工場など蓄積した対外資産からの収益が所得収支を黒字化

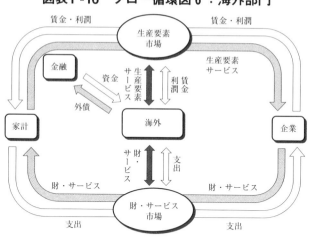

図表1-16　フロー循環図6：海外部門

して，貿易収支との合計額である経常収支は黒字を維持してきた．日本経済全体としては，資金余剰状態なのである．したがって，海外部門は資金不足状態であり，日本経済から資金を受け取っている．このことは，日本の資本収支赤字に反映されている．資本収支には，証券投資の他に，海外の拠点設置・企業買収などの直接投資も含まれている．国際収支統計は日本銀行が作成し，貿易に関する詳細な統計は税関が把握している貿易（通関）統計を基礎に作成されている．

　海外との取引に関係する価格データを見てみよう．まず，輸出品と輸入品の価格指数は，GDPデフレータをGDPの需要項目別に分解した中に，輸出デフレータと輸入デフレータ及びそれぞれを財とサービスに分解したデフレータも公表されている．また，輸入においては価格表示が自国通貨と異なることが多いし，輸出においては価格表示を他国通貨建てに換算する必要が出てくる．そうした換算のために用いるのが，外国為替レートである．外国為替（FX）市場の需給によって外国為替レートは決まっている．なお，世界中には数多くの通貨があり，すべての通貨間の売買が活発であるとは限らない．しかし，売買が活発な通貨間の為替レートを複数組み合わせれば，直接売買がない通貨間の為替レートも計算できる．例えば，日本円とチュニジア・ディナールとの為替レートは，日本円とユーロの為替レートと，ユーロとチュニジア・ディナー

図表1-17 輸出入の総額と主要品目

パネルA　輸出　　　　　　　　　　　　　　　　（10億円）

品　　　目	平成22年	平成23年	平成24年	平成25年	前年比（％）
総　　　額	67,400	65,546	63,748	69,774	9.5
食　料　品	406	359	355	436	22.6
原　料　品	946	972	1,060	1,206	13.8
化　学　製　品	6,925	6,798	6,365	7,507	18.0
原 料 別 製 品	8,785	8,786	8,442	9,177	8.7
一 般 機 械	13,317	13,803	12,843	13,359	4.0
電 気 機 器	12,650	11,600	11,405	12,052	5.7
輸 送 用 機 器	15,258	14,033	14,995	16,332	8.9
そ　の　他	8,007	7,948	7,258	8,172	12.6

（資料）　財務省「貿易統計」．

パネルB　輸入　　　　　　　　　　　　　　　　（10億円）

品　　　目	平成22年	平成23年	平成24年	平成25年	前年比（％）
総　　　額	60,765	68,111	70,689	81,243	14.9
食　料　品	5,199	5,854	5,852	6,473	10.6
原　料　品	4,766	5,270	4,768	5,358	12.4
鉱 物 性 燃 料	17,398	21,816	24,088	27,444	13.9
化　学　製　品	5,379	6,098	5,926	6,464	9.1
原 料 別 製 品	5,379	6,069	5,508	6,245	13.4
一 般 機 械	4,826	4,970	5,004	5,969	19.3
電 気 機 器	8,101	7,989	8,438	10,309	22.2
輸 送 用 機 器	1,681	1,738	2,312	2,788	20.6
そ　の　他	8,036	8,307	8,793	10,192	15.9

（資料）　財務省「貿易統計」．

ルとの為替レートを掛け合わせて，クロスで算出できるのである．日本円に関する為替レートの統計は，日本銀行が作成している．個別通貨との間の為替レートのみでなく，日本円の総合的な対外価値を表すものとして，貿易比率でウェイト付けした実効為替レートも算出されている．また，インフレ率の相違を勘案するために，実質為替レートも計算されている．日本は長くデフレが続いてきたのに，海外諸国はインフレが続いてきたので，名目為替レートと実質為替レートの動きは大きく乖離している．

図表1-18　国際収支統計

(億円)

項　　目	平成22年	平成23年	平成24年	平成25年	前年差
国　際　収　支					
経　常　収　支	178,879	95,507	48,237	32,343	-15,894
貿易・サービス収支	65,646	-33,781	-83,041	-122,521	-39,480
貿　易　収　支	79,789	-16,165	-58,141	-106,707	-48,566
輸　　出	639,218	627,248	614,421	669,790	55,369
輸　　入	559,429	643,412	672,562	776,497	103,935
サービス収支	-14,143	-17,616	-24,900	-15,813	9,087
所　得　収　支	124,149	140,384	142,723	164,755	22,032
経常移転収支	-10,917	-11,096	-11,445	-9,892	1,553
資　本　収　支	-176,971	11,722	-81,878	47,378	129,256
投　資　収　支	-172,630	11,440	-81,074	54,813	135,887
外貨準備増減	-37,925	-137,897	30,515	-38,504	-69,019
誤　差　脱　漏	36,017	30,669	3,126	-41,217	-44,343
外貨準備高(年末) (100万ドル)	1,096,185	1,295,841	1,268,125	1,266,815	-1,310

(出所)　日本銀行．

1.7　おわりに

　この章で学んできたように，マクロの経済状況を把握するために，多くの資源が投入されて，種々の統計・データが整備されている．途上国などでは，これほどのデータが揃っていない所も多い．他方で，追加的な情報も収集されている．その多くが，アンケート調査によるものである．日本における代表例が，日本銀行による「短観（全国企業短期経済観測調査）」であろう．四半期ではあるものの，日本全国諸産業の企業1万社余に業況や資金・雇用などに関する質問をしており，すばやく集計されて公表されている．家計向けには，内閣府の「消費動向調査」がある．毎月，全国各地の8400世帯を対象として，暮らし向き・雇用・収入や耐久財購入などに関する「消費者態度」を尋ね，資産価格や物価の動向についても見通しを質問しており，翌月には集計結果が発表されている．

図表1-19　名目実効為替レートと実質実効為替レート（2010年基準指数）

(出所) 日本銀行.

　速く正確なデータが入手できることは，経済政策にとっても重要であるが，民間の経済主体にとっても有益である．特に，金融市場においては，他の市場参加者よりも速く行動することが大きな利益につながりうるために，速く正確な情報を提供するサービスへの需要は大きい．したがって，有料でそうしたサービスを提供する民間企業も，多数存在している．家計や企業などの意思決定や行動を研究するためにも，データは重要である．諸調査で集められたミクロ・レベルのデータが，守秘義務を課した形で提供されるようになってきた．他方で，既存のデータには限界があるので，独自の調査を行ったり，実験を行ったりすることも必要な場合がある．

　なお，本章ではフロー循環図に様々な要素を付け加える形で整理しながら，マクロ経済を把握するための経済データを説明してきた．そのために，ほぼ脱落してしまったのが，フローではなくストックに関する経済データに関する説明であった．GDPを構成する投資は，設備投資なら（民間企業）資本ストック，住宅投資なら住宅ストック，公共投資なら公的資本ストックなどの形で蓄積されている．それぞれに減耗してしまう部分もあるので，次の式で計算されて，SNAのストック編にまとめられている．

今期末の資本ストック
　　＝今期首の資本ストック＋今期中の投資(除却)－今期中の減耗
実際の統計では，資本ストックの価格変化も一部，調整されている．

　金融取引に関しても，貯蓄の蓄積として金融資産が形成されている．SNAのストック編にも掲載されているが，資金循環表のストック表を見てほしい．政府の財政収支の蓄積は，国債残高に示されている．なお，政府は多くの資産も保有しているので，その差額＝純資産も勘案しないと，将来世代への負担は判明しないという批判もある．国際収支については，資本収支が蓄積されて，対外純資産になっている．

練習問題

問題 1

国民所得計算への貢献によってノーベル賞を受賞したリチャード・ストーン（Richard Stone）は，そうした会計体系の試みの嚆矢として，17世紀イギリスのウィリアム・ペティ（William Petty）の推計を挙げている．

ペティの推計したイギリスの経済会計，1664年

(百万ポンド)

Income		Expence	
From Land	8	Food, Housing, Clothes, and All other Necessaries	40
From other Personal Estates	7		
From the Labor of the People	25		
Total	40	Total	40

(1) 上の表を参考にフロー循環図を描き，それぞれのフローの大きさを記入しなさい．

(2) この当時のイギリスの人口は600万人であったという．1人当たりの消費水準を計算しなさい．

(3) この当時の1ポンドは，現在の1ポンドの約130倍の価値（購買力）があった（MeasuringWorth.com）．2012年におけるイギリスの1人当たり消費は，約2万1500ポンドである．実質で評価した時に，1664年の消費の何倍に当たるか計算しなさい．

問題 2

生産の諸段階の企業間取引から流通・小売段階までを考慮に入れると，消費財の価格が下記のように，分解されることを学んだ．

消費財の小売価格＝小売・流通企業の賃金・利潤
　　　　　　　　＋消費財の卸売価格

消費財の卸売価格＝消費財生産企業の賃金・利潤
　　　　　　　　＋生産財1の購入価格×投入量1

生産財1の購入価格＝生産財1生産企業の賃金・利潤
　　　　　　　　＋生産財2の購入価格×投入量2

生産財2の購入価格＝生産財2生産企業の賃金・利潤
　　　　　　　　＋生産財3の購入価格×投入量3
　　　　　　　　⋮

(1) 消費財価格が，各段階の付加価値の合計となっていることを，順次代入を繰り返して示しなさい．
(2) 生産財が1種類しかないとすれば，生産財生産段階の投入係数はすべて等しくなる．その場合，(1)の解答の式がどのように簡単化されるかを，示しなさい．

問題3

本文1.2節のフロー循環図（図表1－3）に描かれたものに近い産業分類＝4部門で，産業連関表を作成すると，次ページの表のようになる．
(1) 各産業にとって，最も多い中間投入は，どの産業の製品・サービスか．
(2) 各産業にとって，最も大きな需要項目は，どれか．
(3) 表に対応した投入係数表を作成しなさい．投入係数表は，表左上のアミをかけた4×4の行列の各欄の中間投入の数値を，各列の産業の国内生産額で割った商から構成される行列である．
(4) 中間投入額が生産額に比例すると考えよう．ある産業への最終需要が増えると，その増加額と投入係数との積が，他産業への中間需要の増加額になる（第1次波及効果）．各産業では中間需要の増加に応じて生産額を増やすので，他産業への中間需要がさらに増える（第2次波及効果）．波及効果は，次第に小さくなりながら，繰り返されていく．この波及効果の規模を計算するには，次の行列計算をすればよいことを示しなさい．

Δ 国内生産額ベクトル
　　＝（単位行列 － 投入係数行列）$^{-1}$×Δ 最終需要額ベクトル

(5) 日本の農産物の品質が海外で評価されて，その輸出需要が1兆円増えたとしよう．その各産業への波及効果を，(3)で作成した投入係数表を用いて計算しなさい．

(兆円)

	第1次産業	第2次産業	商業・運輸	サービス他	中間需要合計	消費	投資	輸出	最終需要合計	輸入	国内生産額
第1次産業	1.65	24.33	0.01	1.32	27.31	3.55	0.81	0.09	4.46	−17.60	14.16
第2次産業	2.86	162.60	6.19	54.51	226.15	68.88	90.01	56.29	215.18	−44.04	397.29
商業・運輸	0.57	22.11	1.83	12.31	36.81	48.58	12.97	8.62	70.16	−0.70	106.27
サービス他	1.70	53.24	25.44	95.49	175.87	267.71	12.08	8.76	288.56	−10.14	454.29
中間投入合計	6.78	262.28	33.47	163.63	466.14	388.72	115.87	73.76	578.36	−72.48	972.01
雇用者所得	1.56	73.92	42.07	141.27	258.82						
営業余剰	3.80	17.16	18.68	59.94	99.58						
その他	2.03	43.93	12.07	89.45	147.47						
付加価値合計	7.39	135.01	72.81	290.66	505.87						
国内生産額	14.16	397.29	106.27	454.29	972.01						

(注) 丸め誤差により合計値が一致しない場合がある．
(資料) 総務省他「平成17年産業連関表」より作成．

問題 4

現在の日本は少子高齢化に直面しているが，第2次大戦後にはベビーブームが生じていた．ベビーブームをやや単純化して，1950年前後の10年間だけ出生数が高まったものとして，その労働市場への影響を考察しよう．なお，労働市場参加率や，労働市場における求職と求人とのマッチングの効率に変化はないものとして，推論しなさい（本書第9章参照のこと）．

(1) 1970年頃には，労働供給はどう変化しただろうか．失業率はどう変化しただろうか．

(2) 2010年頃には，労働供給はどう変化しただろうか．失業率はどう変化しただろうか．

(3) 少子化をやや単純化して，1990年頃から出生数が顕著に低下して，そのまま低水準にとどまったものとしよう．その影響は，(2)で考察したベビーブームの影響を減殺するだろうか，それとも増幅するだろうか．

問題 5

家計部門が，資金不足主体と資金余剰主体に分けられることを学んだ．人口構造の変化の，家計部門全体の資金過不足への影響を考察しよう．

(1) 消費・貯蓄行動の説明の一つとして，ライフサイクル仮説がある（本書第2章参照）．「人々は生涯を見通して，効用を最大化すべく，各年代に応じた消費・貯蓄を行う」というのが，基本アイデアである．単純化して，人生が勤労期と引退期とからのみ成り立っているものとしよう．この場合，勤労世代と引退世代は，それぞれ資金余剰主体・資金不足主体どちらになるだろうか．

(2) 高齢化が引退世代の勤労世代に対する比率の上昇を意味するとすれば，家計部門全体の資金過不足にどのような影響を及ぼすだろうか．人口規模の変化は無視してよい．

(3) 少子化の影響を考慮するには，(1)で利用したシンプルな2世代モデルを，どのように変更すればよいだろうか．

問題 6

本文では，経済全般の平均的な物価水準を見るデータ＝物価指数が複数あることを学んだ．ここでは，GDP デフレータと CPI に注目してみよう．それぞれの定義によって，2つの物価指数が異なる動きを示すことがある点について，検討してみよう．

(1) インフレ状態において，消費者はより価格上昇率の高い商品の消費を減らして，より価格上昇率の低い商品の消費を増やす．CPI は基準年の固定バスケットでウェイト付けされるラスパイレス指数なので，こうした消費者の選択は反映されない．GDP デフレータは当該年のバスケットでウェイト付けされるパーシェ指数なので，消費者の行動の変化が反映される．CPI と GDP デフレータのどちらが，より高いインフレ率を示すだろうか．

(2) デフレ状態においては，CPI と GDP デフレータのどちらが，より強いデフレ率を示すだろうか．

(3) デフレ下の日本では，輸入原油価格が上昇すると，CPI は上昇するが，GDP デフレータは下落するという傾向が見られた．輸入品は，消費財なら CPI に含まれるが，生産財は含まれない．GDP デフレータには両方の財が含まれるが，含まれ方が異なる．この点を踏まえて，日本の経験を説明しなさい．

（ヒント．簡単化のために政府購入は捨象して，GDP を需要項目別に分解して

みよう．
　　GDP＝消費＋投資＋輸出－輸入
　　　　＝(国内消費財＋輸入消費財)
　　　　　＋(国内投資財＋輸入投資財)＋輸出
　　　　　－(輸入消費財＋輸入投資財＋輸入生産財)
　　　　＝国内消費財＋国内投資財＋輸出－輸入生産財
　これに，GDP デフレータの定義を組み合わせてみなさい．)
(4)日本をのぞく世界のほとんどの国々はインフレ状態にあり，輸入原油価格が上昇すると，GDP デフレータで測ったインフレ率も上昇した．なぜ，日本と違う物価変動を経験したのだろうか．考察を述べなさい．

さらなる学習のために

経済データ全般　総務省統計局の HP に，様々な統計を探すためのページ e-stat が設定されている (http://www.e-stat.go.jp/)．また，簡潔に主要統計の現状をまとめたものとして，『ポケット統計情報』も提供されている．以前は様々な統計表が印刷されて販売されていたが，インターネットで電子的に提供されるようになって，相当数が廃止された．日本銀行が作成しているデータは，日本銀行の HP から統計のページに進んで入手することができる．なお，総じて，日本の公的機関のデータ提供の仕方は，非専門家にとって必ずしも使い勝手が良くないので，忍耐が必要かもしれない．

国民所得統計 (SNA)　様々な経済統計がかなり SNA に統合されてきている．詳細な説明である「国民経済計算の見方・使い方」が内閣府経済社会総合研究所の HP に掲載されている．下記の書籍も参考になろう．
　　作間逸雄編著『SNA がわかる経済統計学』有斐閣，2003年．
　　OECD著，中村洋一・高橋しのぶ訳『図表でみる国民経済計算2010年版——マクロ経済と社会進歩の国際比較』明石書店，2011年．

産業連関表　エクセルを用いて行列演算を行う方法を解説した本が出ている．

藤川清史『産業連関分析入門——ExcelとVBAでらくらくIO分析』日本評論社，2005年．

投入係数が固定である点を改良して，価格に応じて調整されるようにした研究もある．

　　得津一郎『生産構造の計量分析』創文社，1994年．

また，完全雇用を前提として，一般均衡を解く応用一般均衡分析もある．

　　細江宣裕・橋本日出男・我澤賢之『テキストブック　応用一般均衡モデリング——プログラムからシミュレーションまで』東京大学出版会，2004年．

　資金循環表・国際収支統計　資金循環表と国際収支統計については，データを作成している日本銀行の解説が有用である．

　　日本銀行調査統計局経済統計課『入門　資金循環——統計の利用法と日本の金融構造』東洋経済新報社，2001年．

　　日本銀行国際収支統計研究会『入門　国際収支——統計の見方・使い方と実践的活用法』東洋経済新報社，2000年．

　財政　財政関係の統計は，専門家以外には分かりづらいが，下記が参考になるだろう．

　　財務省「日本の財政関係資料」財務省HP．

　　釣雅雄・宮崎智視『グラフィック財政学』新世社，2009年．

　日本経済全般　様々な実証分析をまとめたものとして，下の本を薦めておきたい．

　　小川一夫・得津一郎『日本経済：実証分析のすすめ』有斐閣，2002年．

　　脇田成『日本経済のパースペクティブ』有斐閣，2008年．

コラム 1　経済データの作成と予測

　経済データは，マクロ経済の諸側面をできるだけ正確に把握できるように作成されている．しかし，統計・データの作成には，費用も人手も時間もかかる．利子率や為替レート及び株価といった金融市場のデータは，情報が金融市場に集まっていて集計が容易であるうえに，データそのものへの需要が大きいので多くの資源が投入されることになり，結果的にリアルタイムで統計が作成されているのである．他の多くの統計は，政府や関連業界などによる調査を通して集められている．調査員が家計や企業を訪問したり，郵便や電話及びインターネットなどを利用したりして，ミクロ・レベルの情報が集められるのである．費用や時間を節約するために，その多くがサンプル調査で，低い頻度の作成となってしまう．数千から数万の調査対象から回答を得て，全国の数値を月次や四半期で推計している．国勢調査は例外的に全数調査だが，巨大な費用がかかるので，10年に1回という低頻度でしか実施されない．企業や事業所に対しては，5年に一度の経済センサスが実施されている．

　金融市場のデータ以外で注目を集めるのは，GDP統計と失業率やインフレ率であろう．この中で，データの作成に時間が最もかかるのが，調査対象の広いGDP統計である．そこで，日本では四半期に一度の推計が実施されているが，民間シンクタンクなどは月次の推計を実施したり，四半期GDPの予測値を発表したりしている．そうした中でよく知られているのが，諸予測値の平均をとる「コンセンサス・フォーキャスト」と呼ばれるものだろう．個々の予測にはそれぞれの予測誤差があるが，平均値をとることで個別の予測誤差をかなり相殺できると期待される．他方で，平均値をとると無難な予想になりがちで，景気の転換点の把握には遅れがちである．

　シンクタンクのGDP予測は，基本的には個々のエコノミストによって作成されている．他方で，できるだけ主観的判断を排除して，データの動向によって予測しようというアプローチもある．少ない種類の統計のみを用いたベクトル自己回帰（VAR）分析などもあるが，多種類のデータを

用いるほうが優れている．1つは多くのデータに共通するトレンド（common trend）を見出して，予測に用いようとするもので，時系列分析の応用としてストックとワトソンなどによって開発された．もう1つは，GDP の定義に基づいてできるだけ細かい要素の現状を把握して，頻繁にアップデートを繰り返しながら，足し上げようとするアプローチで，クラインらによって開発された．後者は，コンセンサス・フォーキャストなどと比べて，転換点の探知に優れている（参考文献：小巻泰之『経済データと政策決定』日本経済新聞出版社，2015年．稲田義久「日米経済（週次）予測」アジア太平洋研究所〈APIR〉毎週ホームページに掲載）．

第2章 消費

Consumption is the sole end and purpose of all production; and the interest of the producer ought to be attended to, only so far as it may be necessary for promoting that of the consumer.

Adam Smith (1776)

この章で学ぶこと

* ケインズ型消費関数の特徴を理解し，その後の消費関数の発展の基礎となった論争について学ぶ．
* 消費関数についての代表的な仮説であるライフサイクル仮説と恒常所得仮説を，異時点間の予算制約を通して理解する．
* 家計の異時点間の効用最大化から消費関数を導出し，所得効果と代替効果を通して利子率が消費に与える影響について学習する．
* 異時点間の最適化問題の解法を理解するとともに，それによって，第8章の成長理論を理解するための基礎を固める．

マクロ経済学では，消費は「GDP の最大の構成要素である」ということで注目されることが多い．もちろん，この点は経済の成長や変動を考える際に非常に重要ではあるが，それだけが強調されすぎているのかもしれない．アダム・スミスが正しく指摘しているように，消費は生産（GDP）の唯一の目標（end）であり，目的（purpose）であることも忘れてはならない．

ほとんどの先進国で消費は GDP の 6 割から 7 割を占めている．それでは，その消費はどのような要因によって決定されるのであろうか．ミクロ経済学では，様々な財・サービスへの支出（需要）と価格及び所得の関係が分析される．これに対して，マクロ経済学では，全体としての財・サービスへの支出がどのように決定されるかが分析の対象となる．そして，消費とその決定要因との関係を示したものは，消費関数と呼ばれる．

さまざまな要因が消費に影響を与えているのは間違いない事実である．夏の暑さはビールの消費にとって決定的であるし，暖冬であれば灯油の消費は落ち込む．しかし，ここで考えている消費は，特定の消費財に関する需要ではなく，経済全体としての消費である．酷暑のためにビールの消費を増やした人は，おそらく他の部分で消費を切り詰めるであろうし，暖冬で灯油をあまり使わずにすんだ家計は，別の形で消費を増やすかもしれない．このように考えると，マクロのレベルで見た消費の重要な決定要因として残るものは決して多くない．この点を考慮して，消費関数を最初に経済学に導入したのは，マクロ経済学の創始者であるケインズである．

この章では，ケインズ型の消費関数をまず紹介し，その後発展した代表的な消費関数を順に見ていこう．

2.1 ケインズ型消費関数と消費関数論争

ケインズ型消費関数

ケインズは，消費 C は主として可処分所得 $Y-T$ の関数であり，次のような性質を持つと考えた．ここで，Y は所得，T は税金である．

① 可処分所得が増えた範囲内でしか消費を増やさない．言い換えると，限

図表2-1 ケインズ型消費関数における平均消費性向（*APC*）と限界消費性向（*MPC*）

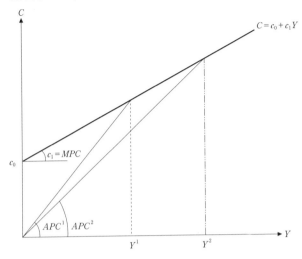

界消費性向（MPC＝marginal propensity to consume）は，0と1の間にある．

② 可処分所得が大きくなればなるほど所得に占める消費の割合は小さくなる．言い換えると，平均消費性向（APC＝average propensity to consume）は次第に小さくなる．

③ 利子率が消費に与える影響は不確定である．それゆえ，消費が利子率の増加関数であるか減少関数であるかも不明確である．

ここで，限界消費性向（MPC）とは，可処分所得が1単位増加した時に消費が何単位増えるかを示すものであり，消費の増加分をΔC，可処分所得の増加分を$\Delta(Y-T)$で表すと，$MPC=\Delta C/\Delta(Y-T)$となる．また，平均消費性向は可処分所得に占める消費の割合を指し，$APC=C/(Y-T)$で表される．

しばらくの間，単純化のために税金Tは考慮せずに考えよう（第5章でTを考慮した議論を行う）．その場合，上記の3つの性質を満たす線形の関数として，次のようなものを考えることができる．

$$C=c_0+c_1Y, \quad c_0>0, \quad 0<c_1<1 \tag{2-1}$$

ここで，c_0は独立消費と呼ばれるもので，仮に所得がなくても必要な最低限

の消費であると考えることができる．図表2-1にこの消費関数のグラフが描かれている．限界消費性向（$MPC = \Delta C / \Delta Y$）は，所得水準とは無関係に c_1 で一定である．これに対し，平均消費性向（$APC = C/Y$）は $APC = c_0/Y + c_1$ となるので，所得が増加するにつれて低下していく．

実証結果と消費関数論争

ケインズ以後現在まで，消費関数に関しては膨大な実証研究がなされている．初期の実証研究はケインズの仮説を支持するものが多かった．これは，ケインズ理論にとっては望ましいものであったかもしれないが，現実の経済にとっては暗い未来を暗示するものであった．所得の増加とともに平均消費性向が次第に小さくなるということは，経済が発展するとともにその需要を支えるための消費が相対的に小さくなることを意味する．総需要は主として消費と投資からなるが，そのうちで消費が占める割合が小さくなるということは，GDP に占める投資の割合が増えない限り，GDP を支えるために必要な需要がなくなることを意味する．しかし，所得の増加のスピードを超えて投資需要が長期的に増え続けるとは考えにくい．そのために，第2次世界大戦後，戦争からの復興のための大きな需要がなくなった後，経済は長期的な停滞に陥るであろうという考え方が支配的となった．

しかし，ケインズ型消費関数には不幸なことではあったが，経済の将来にとっては幸いとも言える実証結果がサイモン・クズネッツによって示された．彼は長期的なデータを検討し，所得が上昇していた期間，平均消費性向が非常に安定していたことを見出したのである．ただし，それによって短期的なデータによる初期の実証研究のすべてが否定されたわけではない．平均消費性向 APC は，長期的には安定しているが，短期的には必ずしも安定しておらず，所得が増加すれば低下し，減少すれば上昇すると考えられるようになった．つまり，ミクロ経済学における需要曲線や供給曲線と同様に，マクロの消費関数にも「短期」と「長期」の2種類が存在するとの見方が一般的になったのである．図表2-2のグラフのように，所得の増加とともに，短期の消費関数は上にシフトしていく．長期の実証研究はそのシフトの軌跡を追跡しているので，グラフに示されているような長期の消費関数を描くことができるのである．

図表2-2 短期と長期の消費関数

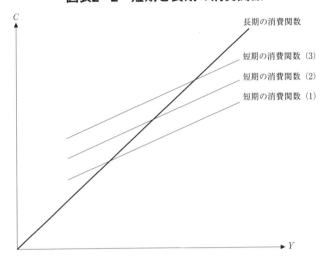

実証研究の結果を受けて,短期と長期の消費関数を統一的に説明するためのいくつかの仮説が提示された. その中の代表的なもの2つを次に見ていこう.

2.2 異時点間の予算制約, ライフサイクル仮説, 及び恒常所得仮説

消費活動は経済主体(家計,消費者など)の選択の結果である. 慎重に考慮した結果かもしれないし,過去からの経験に基づいたある種の習慣によるものかもしれない. しかし,いずれにしろ経済活動である限り,予算の制約だけは満たしていなければならない. そこでまず**異時点間の予算制約**(intertemporal budget constraint)について考えることからスタートしよう.

異時点間の予算制約

第1期と第2期の2期間だけ存在する家計を考えよう. この家計は初期に W_1 だけの資産を親の家計から受け継ぎ,各期に所得(Y_1 と Y_2)を得て消費(C_1 と C_2)を行い,最後に次の家計に Z_2 だけの財産を残す. 2期間にわたる所得・消費と資産の変化を図示すると図表2-3のようになる.

この図を参考に第1期の予算制約を式で表すと次のようになる.

図表2-3　2期間の所得・消費と資産の変化

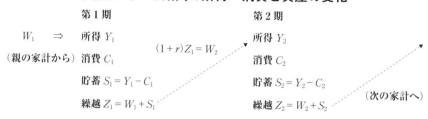

第1期：$C_1+Z_1=W_1+Y_1$　⇒　$Z_1=W_1+S_1=W_1+(Y_1-C_1)$　　(2-2)

上の2つの式のうち，最初の式の左辺は支出，右辺は収入を表している．2番目の式は，次期に繰り越せる資産 Z_1 が初期の資産に今期の貯蓄 (Y_1-C_1) を加えたものに等しいことを示している．貯蓄も資産もマイナスになりうる．マイナスの資産は負債，つまり通常借金と言われる．資産はそれを運用することで新たな所得を生み出す．ここでは，家計は資産をすべて預貯金として保有すると考えよう．預貯金が生み出す所得が利子で，預貯金（元本）に対する利子の割合が利子率である．利子率を r で表すと，この家計は第2期の初めに $W_2=(1+r)Z_1$ だけの資産を持つことができる．このことを考慮すると，第1期の場合と同様に，第2期の予算制約は次のように表すことができる．

第2期：$C_2+Z_2=W_2+Y_2$
⇒　$C_2+Z_2=(1+r)Z_1+Y_2=(1+r)(W_1+(Y-C_1))+Y_2$
⇒　$C_1+\dfrac{C_2}{1+r}=W_1+Y_1+\dfrac{Y_2-Z_2}{1+r}$　　(2-3)

もし家計が3期間生きると仮定すると，予算制約式は次のようになる．

$$C_1+\dfrac{C_2}{1+r}+\dfrac{C_3}{(1+r)^2}=W_1+Y_1+\dfrac{Y_2}{1+r}+\dfrac{Y_3-Z_3}{(1+r)^2} \quad (2-4)$$

ここでは，Z_1, Z_2, Z_3 がプラスであるかマイナスであるかは全く問題にせずに，予約制約を足し合わせて異時点間の予算制約を導いた．前に述べたように，Z_1 がマイナスであるということは借金があるということであり，プラスであるということは資産を持っているということである．つまり，異時点間の予算制約を導く際は，暗黙のうちに，同じ利子率で資金を自由に貸すことも借りることも可能であると仮定している．しかし，この仮定は必ずしも現実的で

はないかもしれない．この点については後でもう一度考えることにしよう．

コラム 2　「ストック」と「フロー」，「債権」と「債務」

　消費行動を分析することは，貯蓄行動を分析することでもある．なぜなら，所得のうち消費されなかった部分が貯蓄となるからである．ところで，貯金あるいは預貯金という言葉は，貯蓄という言葉とよく似ているために混同されやすいが，貯蓄と預貯金は全く異なる概念である．預貯金は，ある主体が貨幣の形で持っている資産のことで，ストックである．これに対して，貯蓄は一定期間内に生じた資産の変化分であり，フローである．正の貯蓄をすることで預貯金を含めた資産を増やすことができる．資産が減っているということは負の貯蓄をしていることを意味する．

　貯蓄を通して増加した資産は，預貯金や株・債券のような金融資産や土地・建物のような実物資産として所有される．預貯金は，文字通りの意味では，預けた，あるいは貯えたお金であるが，実際は銀行や郵便局に貸し付けたお金であり，家計はその財産の請求権を持っていることになる．このような資産に対する請求権は債権と呼ばれる．逆に，銀行や郵便局は皆さんに借金をしていることになり，それは債務と呼ばれる．また，同じサイケンでも，債券は，会社が発行する借金の証書である社債や国の借金証書である国債などの有価証券そのものを指す．債券は，発行した会社や国にとっては債務であり，それを買い取って所有している人にとっては債権である．つまり，同じものでも経済主体によって全く別の概念になる．

　これらの言葉は，英語だと全く別の単語になるので混乱して用いることが少ないように思える．預貯金は deposit，貯蓄は saving である．また，債権は credit であり，債務は debt となる．同じような例として，日本語では漢字の順番を変えただけで意味が全く異なる，配分（allocation）と分配（distribution）などがある．それでは，英語にすればすべてが分かりやすくなるかというとそうでもない．distribution には，経済学で用いられる場合でも，分配の他に分布という意味もあり，income distribution が所得分配を指すのか所得分布を指すのかは，その文脈で解釈するしかない（ただし，所得分配の結果，所得分布が決まるという意味では本質的に

は同じである). 日本語であれ, 英語であれ, 言葉は, その正確な意味を理解し, 用いられている文脈の中で正しく解釈するしかなさそうである.

(2-4) 式の右辺は現在価値で評価した生涯所得 (lifetime income＝LI) と呼ばれるものである. 現在価値とは, 利子率を考慮して将来の価値を現在の価値に計算し直したもの, という意味である. 例えば, Y_2 が105万円で $r=0.05$ であるとすれば, $Y_2/(1+r)$ は100万円である. つまり, 第2期の105万円は第1期の100万円に等しい. これは, 第1期に100万円持っていて, それに5％の利子率が付けば第2期には105万円になるので, 第2期の105万円は第1期の100万円の価値があることから明らかである. しかし, ここで注意すべきことは, 生涯にわたる消費を決定する時に決定的な役割を果たすのは, 各期の所得 Y_1, Y_2, Y_3 の一つ一つではなく, 全体としての生涯所得 LI であるということである.

この点を明確にするために, 以下では $r=0$ とおいて考えてみよう. この時, (2-4) 式の予算制約は次のようになる.

$$C_1+C_2+C_3 = W_1+Y_1+Y_2+Y_3-Z_3 \\ = Y_1+Y_2+Y_3+W_1-Z_3 = LI \qquad (2\text{-}5)$$

家計は, 各期の所得から各期の消費をどうするかを決めているのではなく, 生涯所得 LI を C_1, C_2, C_3 にいかに配分するかという問題を解いていると考えることができる. このことは意外に思われるかもしれないが, それは異時点間の選択問題を特殊な問題と考えているからである. これは本質的には, 静学的な (つまり, 一時点での) 消費の選択問題と同じなのである.

先月からの繰越金が W_1 円あり, 仕送りが Y_1 円, アルバイト収入が Y_2 円, 奨学金が Y_3 円であり, 友達に Z_3 円返済しなければならない学生の, ある月の支出行動を考えてみよう. 総収入を食費 (C_1), 娯楽費 (C_2), 教育費 (C_3) にどのように振り分けるかは, 収入の総額だけに依存し, どこからお金が来たかには依存しない. アルバイト収入が増えた時に仕送りが減ったとしても, 総所得額が変化しなければ, この学生が娯楽費を変化させないのと同じで, ある期の所得が減っても他の期の所得の増加が期待されれば, 所得が減った期の消費だけを減らす必要はないのである. 静学的な最大化問題が財の種類という方

向へ選択の幅が広がっているのに対して，異時点間の最大化問題は，時間軸上で現在から将来へという方向へ選択の幅が広がっているだけである．

さらに簡化のために，消費者が各期の消費から同じだけの効用を得ると仮定してみよう．この場合，毎期同じだけの消費 $\bar{C}$ をすることになる．

$$C_1 = C_2 = C_3 = \bar{C} = \frac{LI}{3} = \frac{W_1 - Z_3}{3} + \frac{Y_1 + Y_2 + Y_3}{3} = LI \qquad (2-6)$$

1期の所得が ΔY だけ増えて $Y_1 + \Delta Y$ になり2期の所得が ΔY だけ減って $Y_2 - \Delta Y$ になっても，生涯所得 LI に変化はないので，$\bar{C}$ は全く変化しない．この簡単な事実から，消費関数の違った側面に光を当てた2つの仮説が提示されている．

ライフサイクル仮説

家計はすべての期間を通して同じだけの所得を得続けるわけではない．多くの家計に共通する所得のパターンというものが存在する．そこで，家計の存続期間全体つまり家計の生涯（lifetime）を3つに分けて，第1期を若年期（21歳から40歳），第2期を壮年期（41歳から60歳），第3期を老年期（61歳から80歳）と呼ぼう．その前に幼少期（ゼロ歳から20歳）が考えられるが，経済活動の主役ではないので省いている．一般的には壮年期の所得が一番高いが，ここでは単純化のために，若年期と壮年期の所得は等しく（$Y_1 = Y_2$），老年期には所得がないもの（$Y_3 = 0$）と仮定し，前と同様に利子率 r はゼロとする．

分かりやすくするために具体的な数字を用いて説明しよう．この家計は，第1期の初めに親の家計から受け継いだ3000万円の資産を持っている（$W_1 = 3$）．そして若年期と壮年期に9000万円ずつの所得を得る（$Y_1 = Y_2 = 9$）（これは年間所得にすると450万円になる）．そして，老年期の最後に壮年期の所得の3分の1に当たる3000万円を次の世代の家計へ残す（$Z_3 = 3$）．この場合，$LI = Y_1 + Y_2 + Y_3 + W_1 - Z_3 = 18$ より，生涯所得は1億8000万円になる．先に述べたように，この家計は3期間とも同じ消費をするので，生涯所得の3分の1である6000万円だけ各期に消費する（$\bar{C} = 6$ で，年間消費額は300万円になる）．

各期の初期時点での資産（初期資産），消費，貯蓄，次期への繰り越しを表

図表2-4　3期間の所得・貯蓄と資産の変化

	初期資産	所得	消費	貯蓄	次期へ
若年期	$W_1=3$	$Y_1=9$	$C_1=6$	$S_1=3$	W_1+S_1
壮年期	$W_2=6$	$Y_2=9$	$C_2=6$	$S_2=3$	W_2+S_2
老年期	$W_3=9$	$Y_3=0$	$C_2=6$	$S_2=-6$	$Z_3=3$（次の世代へ）
経済全体（兆円）	$W=18$	$Y=18$	$C=18$	$S=0$	

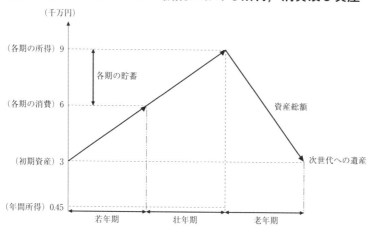

図表2-5　ライフサイクル仮説における所得，消費及び資産

にすると図表2-4のようになる．図表2-4をグラフにしたのが，図表2-5である．このグラフを見れば明らかなように，この家計の生涯の中には，貯蓄を行って資産を増やす局面（若年期と壮年期）とそれらの資産を取り崩しながら消費を行う局面（老年期）が存在する．このような所得の規則的な変化のパターンと資産の蓄積と取り崩しを通しての消費の平準化を強調したのが，モディリアーニのライフサイクル仮説（lifecycle hypothesis）である．

それでは，各家計のこのような消費行動から導かれる経済全体の消費関数はどのようなものになるであろうか．全体としての消費のパターンは，もちろん人口構成に依存するが，ここでは簡単化のために，各世代の家計数が全く同じであると仮定する．具体的には，10万家計ずつ存在すると考えよう．図表2-4の最後の行に示されているような経済全体の初期資産，所得，消費，貯蓄が計

算できる．例えば，各期の初期時点では，10万の若年家計が合計で3兆円（3000万円×10万）の，10万の壮年家計が合計で6兆円の，10万の老年家計が合計で9兆円の資産を持っているので，経済全体の資産は18兆円となる．

若年期と壮年期の家計の所得は全体で18兆円になる．その中から12兆円が消費として支出され，全資産18兆円のうちから6兆円が取り崩されて消費されていると考えることができる．実際には，どの世代（若年期，壮年期，あるいは老年期）の初期資産あるいは消費が増えたのかによって，消費に与える影響に違いはあるが，消費は経済全体の所得 Y と資産 W の関数であると考えることができる．これを

$$C = F(Y, W) \tag{2-7a}$$

で表すと，この場合は以下のようになる．

$$\begin{aligned} C &= F(Y, W) = \frac{2}{3}Y + \frac{1}{3}W \\ \Rightarrow \quad C &= F(Y, 18) = \frac{2}{3}Y + 6 \end{aligned} \tag{2-7b}$$

所得だけが一時的に変化し，それが資産の変化に結び付かない期間を「短期」であると考えれば，短期の消費は上の2つの式のうちの2番目の式に従って変化すると考えられる．つまり，この式が短期の消費関数を表しており，限界消費性向は3分の2である．

毎期の所得が2倍になった場合を考えてみよう．この消費関数はどうなるであろうか．ただし，壮年期の所得の3分の1に当たる額を次の世代の家計に残すことを含めて，各家計の行動は前と全く同じだとしよう．この場合，すべてが2倍になるので，各期の所得は36兆円，初期資産も36兆円となり，消費関数は

$$\begin{aligned} C &= F(Y, W) = \frac{2}{3}Y + \frac{1}{3}W \\ \Rightarrow \quad C &= F(Y, 36) = \frac{2}{3}Y + 12 \end{aligned} \tag{2-8}$$

となる．これを所得が36兆円である場合の短期の消費関数と考えることができる．

図表2-6 ライフサイクル仮説における短期と長期の消費関数

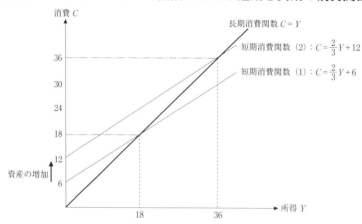

これに対して，この所得の増加が長期間続くと，この経済では $W=Y$ という関係が成り立つようになる．この関係を上記の消費関数に代入すると，

$$C = F(Y, W) = F(Y, Y) = \frac{2}{3}Y + \frac{1}{3}Y = Y \tag{2-9}$$

となる．これが長期の消費関数であり，各期の所得がすべて消費される．これらの3つの関数をグラフにしたのが，図表2-6である．これは図表2-2と本質的に同じものである．つまり，長期的には資産の水準は所得によって決定されるので，短期的には所得と資産の関数であった消費が，長期的には所得だけの関数になり，そのため平均消費性向が大きくなるのである．

国民所得の平均は18兆円で，現実の国民所得は毎期18兆円の周りで変化している経済を考えてみよう．この場合，資産には変化がないので，消費は図表2-6の短期消費関数(1)に従って変化する．ところが，所得の変動が一時的なものではなく，国民所得が平均的に36兆円になると，短期の消費関数は図表2-6の短期消費関数(2)になる．いずれの場合も，短期的に所得が変動した場合の平均消費性向は1より小さくなる．

一般的な場合

ここでの消費関数 $C=F(Y,W)$ は，$\partial F/\partial Y > 0$，$\partial F/\partial W > 0$ という性質を

持っている．短期の消費関数を考える場合は，「短期」という定義から資産 W を一定とみなしているので，限界消費性向 MPC は $dC/dY = \partial F/\partial Y$ となる．長期の消費関数は，こちらも「長期」の定義から W の変化も考慮に入れなければならない．$W = W(Y)$，$W'(Y) > 0$ という関係があるので，限界消費性向は $dC/dY = \partial C/\partial Y + (\partial C/\partial W)W'(Y)$ となり，短期のものに比べて $(\partial C/\partial W)W'(Y) > 0$ だけ大きくなるのである．

上記の例の場合，$F(Y, W) = (2/3)Y + (1/3)W$ であるので，短期の消費関数の限界消費性向は，$\partial F/\partial Y = 2/3$ である．長期の場合，$W = W(Y) = Y$ となることを考慮しなければならないので，限界消費性向は，$dC/dY = \partial C/\partial Y + (\partial C/\partial W)W'(Y) = 2/3 + (1/3)(1) = 1$ となる．

長期の限界消費性向は，これまでの議論とは異なり一般的には１より小さい．なぜ１より小さいのか．最も大きな理由は，現実の経済には不確実性が存在し，それに備えるために貯蓄をするためである．これは，**予備的動機**による貯蓄と呼ばれている．つまり，予測できない支出が発生する場合に備えて消費を減らし貯蓄するので，一般的には，$dC/dY = \partial C/\partial Y + (\partial C/\partial W)W'(Y) < 1$ となる．

恒常所得仮説

ライフサイクル仮説では，経済に次々に登場しては去っていく家計の１つを取り上げ，その消費のパターンに注目している．これとは対照的に，親から子，子から孫へと永続する家計を考えることもできる．つまり，家計には常に（幼年期と）若年期と壮年期と老年期の人が存在し，現在の若年は次の期には壮年になり，さらにその次の期には老年期を迎えるという風に考えられる．それを表したのが図表2-7である．この場合の消費関数はどのようなものになるであろうか．

この家計には各期（20年間）に１億8000万円の所得がある．家計は，この所得水準に恒に（常に）同じであると予想していると考えよう．この常に同じである所得を Y^P で表し，**恒常所得**（permanent income）と呼ぼう．もちろん，実際に受け取る所得が長期にわたって今考えている恒常所得から外れていれば，家計は恒常所得（の予想）を変更することになる．ここでは，次の家計が生ま

図表2-7　永続する家計の世代構成の変化

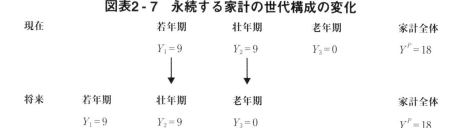

れてくるのではなくこの家計が永遠に続くので，資産を受け取ることもなく，また次の世代に資産を残すこともない．これまでと同じように，各期の消費から同じだけの効用を得ると仮定するならば，この家計は1億8000万円の恒常所得のすべてを毎期消費することになる．これは例えば前と同じように3期間を一区切りとして消費の計画を立てるとすると，

$$C_1+C_2+C_3=3\bar{C}=Y^P+Y^P+Y^P \Rightarrow C_1=C_2=C_3=\bar{C}=Y^P$$

となるからである．

　ここでは各期の所得が確実に分かっていると仮定してきたが，もちろん現実にはそのようなことはない．毎期 Y^P だけ所得があると考えていたのに，それよりも低い所得の時があるかもしれないし，高い所得の時があるかもしれない．そのような場合，家計はどのような行動をとるであろうか．例えば，ある特定の1期だけ所得が3000万円増えて2億1000万円になったとする．1回限りの所得の増加であれば，家計はそれが永久に続くとの確信を持てず，一時的な所得の増加と考えるだろう．そこで，この家計は**3期間の平均所得**を**恒常所得**と考えると仮定しよう．

　これまでずっと $\bar{Y}$ という所得が続いていたが，2期に所得が $\bar{Y}+Y^T$ に増加し，その後はその水準でずっと一定になった場合を考えてみよう．将来のことは分からないので，先ほど仮定したように，家計は現在を含む過去の3期間の平均を恒常所得と考える．図表2-8に示されているように，2期目以降の真の恒常所得は $\bar{Y}+Y^T$ であるが，家計が考える2期の恒常所得は $\bar{Y}+Y^T/3$ となり，それゆえ，消費も $\bar{Y}+Y^T/3$ になる．ところが，3期になると家計が考える恒常所得は $\bar{Y}+2Y^T/3$ になり，4期には真の恒常所得と家計が考える恒常所得は等しくなる．

図表2-8　真の恒常所得が変化した場合の消費

	1期	2期	3期	4期	5期	6期
現実の所得	$\bar{Y}$	$\bar{Y}+Y^T$	$\bar{Y}+Y^T$	$\bar{Y}+Y^T$	$\bar{Y}+Y^T$	$\bar{Y}+Y^T$
真の恒常所得	$\bar{Y}$	$\bar{Y}+Y^T$	$\bar{Y}+Y^T$	$\bar{Y}+Y^T$	$\bar{Y}+Y^T$	$\bar{Y}+Y^T$
家計の恒常所得	$\bar{Y}$	$\bar{Y}+Y^T/3$	$\bar{Y}+2Y^T/3$	$\bar{Y}+Y^T$	$\bar{Y}+Y^T$	$\bar{Y}+Y^T$
消費	$\bar{Y}$	$\bar{Y}+Y^T/3$	$\bar{Y}+2Y^T/3$	$\bar{Y}+Y^T$	$\bar{Y}+Y^T$	$\bar{Y}+Y^T$

図表2-9　所得が一時的に変動した場合の消費

	1期	2期	3期	4期	5期	6期
現実の所得	$\bar{Y}$	$\bar{Y}+Y^T$	$\bar{Y}$	$\bar{Y}$	$\bar{Y}$	$\bar{Y}-T$
真の恒常所得	$\bar{Y}$	$\bar{Y}$	$\bar{Y}$	$\bar{Y}$	$\bar{Y}$	$\bar{Y}$
家計の恒常所得	$\bar{Y}$	$\bar{Y}+Y^T/3$	$\bar{Y}+Y^T/3$	$\bar{Y}+Y^T/3$	$\bar{Y}$	$\bar{Y}-Y^T/3$
消費	$\bar{Y}$	$\bar{Y}+Y^T/3$	$\bar{Y}+Y^T/3$	$\bar{Y}+Y^T/3$	$\bar{Y}$	$\bar{Y}-Y^T/3$

　これに対して，所得は一時的には変動するが，恒常所得は変化しない場合も考えられる．図表2-9がそれである．この場合も所得が増えた期の所得は，図表2-8の場合のように恒常所得そのものが変化した場合と同じように変化する．また，2期に増えた所得部分（Y^T）を3期間にわたって3分の1ずつ消費することになるので，異時点間の予算制約は満たされることになる．

　重要な点は，ここでの消費が恒常所得だけの関数になっていることである．これを

$$C = G(Y^P) \tag{2-10}$$

で表すと，上の例では以下のようになる．

$$C = G(Y^P) = Y^P \tag{2-11}$$

しかし，家計はこの恒常所得を正確には知ることができない．それゆえ，所得の変化が恒久的なものであっても，家計はそれに合わせてすぐに自らが考える恒常所得を変更して，消費を大きく変化させることはない．つまり，家計が恒常所得の変化と一時的な所得の変動をきちんと識別できない短期においては，家計が考える恒常所得が真の恒常所得と乖離してしまう．現実の所得と恒常所得の差を変動所得と呼ぶと，それが上の例の Y^T に当たる．$Y^T = Y - \bar{Y}$ であ

図表2-10 恒常所得仮説における短期と長期の消費関数

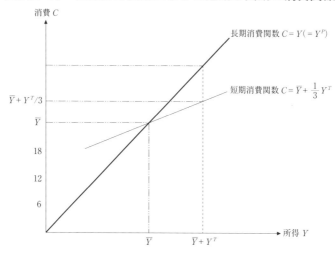

るが，家計は，短期においては，現実の所得の変化を観察して恒常所得が少しだけ変化したと考える．上の例ではそれが3分の1であるので，家計が考える恒常所得は $Y^P = \bar{Y} + (1/3)(Y - \bar{Y})$ となり，短期の消費関数は

$$C = \bar{Y} + \frac{1}{3}(Y - \bar{Y}) = \bar{Y} + \frac{1}{3}Y^T$$

となる．これが図表2-10に描かれている短期の消費関数である．

しかし，長期的には家計は自らの所得をほぼ正確に知りうるので，恒常所得は現実の所得と等しくなる．つまり，$Y^P = \bar{Y} = Y$ となる．それゆえ，長期の消費関数は，$C = Y$ となり，図表2-10のような45度線になる．図表2-10の短期と長期の消費関数は，図表2-2のそれらと本質的に同じものである．現実の所得には家計が恒常所得（生涯の予算制約を満たすような毎期の所得）と一時的な所得の両方が含まれているために，短期的な所得の変動に対する家計の反応を示す短期の消費関数は長期の消費関数から乖離するのである．

2.3　異時点間の最適化と利子率の影響

これまでは，家計はすべての期の消費を同じように評価する，つまり現在の

消費からも将来の消費からも等しい効用（満足）を得ると単純化して議論を進めてきた．しかし，多くの人は，現在の消費から得られる効用と将来の消費から得られる効用を全く同じようには評価しない．この節ではそのことを考慮しながら，家計の効用最大化から各期の消費が決定される場合について見ていこう．議論を分かりやすくするために，ここでは2期間の消費の最適化問題を考えてみよう．これまでの例で言えば，老年期を無視して若年期と壮年期だけを取り出して考えるということになる．仮に3期間の場合を考えても議論の本質は全く変わらない．

静学的な最適化行動において「価格」が重要な役割を演じるように，異時点間の最適化問題においても「価格」は重要である．異時点間の最適化行動をおいて価格の役割を演じるのは「利子率」である．この点を理解するために，利子率を考慮した2期間の予算制約である（2-3）式を再度確認しよう．

$$C_1 + \frac{C_2}{1+r} = W_1 + Y_1 + \frac{Y_2 - Z_2}{1+r}$$

簡単化のために，ここでは前の家計から受け継ぐ資産（W_1）と次の家計へ残す資産（Z_2）は無視しよう（$W_1 = Z_2 = 0$）．この場合，家計の予算制約は次のようになる．

$$C_1 + \frac{C_2}{1+r} = Y_1 + \frac{Y_2}{1+r} \quad \Rightarrow \quad C_1 + \frac{1}{1+r}C_2 = Y_1 + \frac{Y_2}{1+r} \tag{2-12}$$

この予算制約を図示したのが図表2-11の右下がりの直線である．1期に所得Y_1だけ消費すると，2期にはその期の所得であるY_2しか消費できないので，この直線は(Y_1, Y_2)の点を必ず通る．別の見方をすると，この点は「**貸借が存在しない経済**」で実現する消費であるということもできる．また，グラフに示されているように，利子率が上昇すると，この予算制約はこの点を中心に時計回りに回転する．これに対して，所得が増加すると，それがいずれの期のものであっても，予算制約は右上に平行にシフトすることになる．

上記の予算制約と同じような式は静学的な最適化問題にも登場する．C_1をリンゴ，C_2をみかん，それらの価格を各々P_1, P_2，所得をIとすると，予算制約は次のようになる．

図表2-11　2期間の予算制約と所得の増加と利子率の上昇の影響

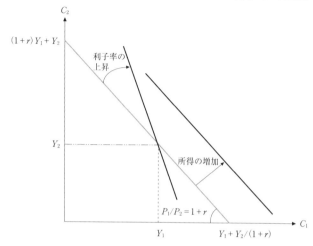

$$P_1C_1+P_2C_2=I \Rightarrow C_1+\frac{P_2}{P_1}C_2=\frac{I}{P_1} \Rightarrow C_1+\frac{1}{P_1/P_2}C_2=\frac{I}{P_1}$$
(2-13)

異時点間の最適化問題では，1期の消費財の価格も2期の消費財の価格も同じであると想定されている．上の式の P_1/P_2 はリンゴとみかんの相対価格であることに注意して，2つの式を比較すると，「1＋利子率」$(1+r)$ が1期の消費（財）と2期の消費（財）の相対価格の役割を果たしていることが分かる．このことに注意しながら最適な消費水準を求めてみよう．

家計の選好と最適条件

家計の選好は，つまり1期の消費を2期の消費に比べてどのくらい好むか，あるいは好まないかは，無差別曲線によって示される．1期の消費を減少させると効用は低下するが，それは2期の消費を増加させることによって補うことができる．この関係を示したものが無差別曲線で，それゆえ，無差別曲線は右下がりで同じ曲線上では消費者の効用は同じである．このような無差別曲線は (C_1, C_2) 平面上に無数に存在するが，グラフの右上に位置するほどより高い効用を持つ．予算制約の範囲内で，できるだけ高い効用水準を達成するため，すなわち，できるだけ右上の無差別曲線に到達するためには，予算制約と無差別

図表2-12　2期間の予算制約と所得の増加と利子率の上昇の影響

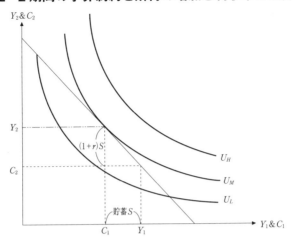

曲線が接する消費の組み合わせを選べばよいことが，図表2-12から分かる．グラフに示されている U_L, U_M, U_H は，各々の無差別曲線の効用水準を表しており，$U_L < U_M < U_H$ である．与えられた予算の下で達成可能な最大の効用は U_M である．

　無差別曲線の接線の傾きは，限界代替率（marginal rate of substitution; MRS）と呼ばれる．これは，1期の消費財 C_1 を1単位あきらめる際に，同じ効用水準を維持するためには2期の消費 C_2 が何単位必要であるかを示すものである．最適な消費の選択を行っている時は，この限界代替率と「1＋利子率」が等しくなっていることがグラフから分かる．これは，静学的最適化問題での最適条件である「限界代替率＝2財の価格比」と同じものである．しかし，私たちの目的は最適条件を求めることではなく，最適条件から，何がどのように消費に影響を与えるかを知ることである．そこで，まず所得が貯蓄に与える効果を見てみよう．

　前にも述べたように，1期の所得（Y_1）であれ2期の所得（Y_2）であれ，所得が増加すると予算制約は右上にシフトする．したがって，1期の消費（C_1）も2期の消費（C_2）も増加するように思われるかもしれないが，必ずしもそうとは言えない．再び静学的最適化の場合を思い出してみよう．所得が増

加した時，消費量が増えるような財を「正常財」，逆に消費量が減るような財を「劣等財」といった．それゆえ，もし C_1 が正常財であれば，所得の増加とともにその消費量も増えることになる．C_1 と C_2 は消費する時期が違うだけで本質的には同じものであり，両方の財がともに劣等財ではありえないので（もしそうなら，所得が増加した時に所得の一部を捨ててしまうことになる），C_1 も C_2 も正常財である．よって，1期の所得が増加しても，2期の所得が増加しても，1期及び2期の消費は増加することになる．これは，異時点間の予算制約を考えていることから導かれる当然の帰結であり，期間が2期間ではなくそれ以上の多期間になっても結論は変化しない．

利子率の影響：所得効果と代替効果

それでは利子率は消費行動にどのような影響を及ぼすのであろうか．グラフを用いた分析を行う前に，以下の2つの極端ではあるが簡単な例を用いて考えてみよう．

例① 1期には所得はある（$Y_1>0$）が2期には全く所得がない（$Y_2=0$）．しかし，1期の消費からも2期の消費からも全く同じように効用を得る．1期の所得が9000万円で利子率がゼロ％なら，1期に4500万円，2期にも4500万円消費する．しかし，利子率が100％であれば，1期の消費は6000万円になり，残った3000万円に利子が付いて次の期には6000万円になるので，2期にも6000万円消費できる．つまり，利子率の上昇によって1期の消費は増えることになる．

例② 100万円の車を1期に買うか2期に買うか迷っている．2期には車が絶対に必要であるが，1期には車は必要ではなく「あると少し嬉しい」程度である．利子率がゼロ％である場合，買わずにお金をとっておいても何の満足も得られないので，少しの嬉しさのために1期に車を買う．これに対して，利子率が100％の場合，50万円貯蓄すれば来期には100万円になるので2期まで購入を先延ばしにするのが得である．つまり，利子率の上昇によって1期の消費（車の購入）は減ることになる．

それでは利子率の上昇によって1期の消費は増えるのであろうか，それとも減るのであろうか．前に述べたように，利子率は2期間の消費の相対価格の働

きをしている．それゆえ，静学的最適化の場合と同様に，「所得効果」と「代替効果」を通じて消費に影響を及ぼす．例①は，利子率の上昇が消費に与える所得効果を表している．1期に貯蓄できるほどの所得がある家計は，利子率の上昇によって自らの生涯所得が増えるという恩恵を得るので，2期間にわたる消費を増やすのである．その結果，当然ながら1期の消費も増えることになる．これに対して，1期に貯蓄ではなくて借り入れをしなければならない家計は，利子率の上昇によって所得の減少という不利益を被る．これは，例①の家計が1期には所得がゼロで，2期に9000万円の所得がある場合を考えればすぐに分かる．利子率がゼロ％の場合は，1期でも2期でも4500万円ずつ消費できるが，100％の場合には，この家計は1期と2期にそれぞれ3000万円ずつしか消費できない．つまり，貯蓄をしようとする家計と借金しなければならない家計とでは，利子率が所得効果を通じて消費に及ぼす影響は反対になる．

これに対して，例②は代替効果だけを見ていることになる．利子率の上昇によって次の期の消費（財）の（相対）価格が安くなるのである．これは所得効果と違って，貯蓄する場合だけではなく，借金する場合にも当てはまることに注意しなければならない．例えば，借金をして家を買おうと思っていたとする．利子率が高い場合，1期に借金して買うのをやめて，2期の所得で買おうとするであろう．つまり，1期の消費を減らしてしまう．代替効果は相対価格の変化によって生じるものなので，貯蓄をしようとする家計にも借金しなければならない家計にも同じように作用する．

1期の貯蓄がプラスである場合の利子率の上昇が消費へ与える効果を図示したのが，図表2-13である．グラフには1期の消費が増加する場合が描かれているが，先ほど述べたように，1期の消費が増加するかどうかは，所得効果と代替効果のどちらが大きいかに依存する．図表2-13は所得効果が代替効果を上回っている場合である．これに対して，1期の貯蓄が負，すなわち借り入れをしているような家計の場合は，利子率の上昇は，代替効果によっても所得効果によっても，消費を減少させるので，1期の消費は必ず減少する．利子率の上昇は，返済の負担を増加させることを通して生涯所得を減少させる上に，1期の消費（財）の（相対）価格を上昇させること（2期の消費財の相対価格を低下させること）になるからである．

図表2-13　利子率の上昇が2期間の消費に与える影響

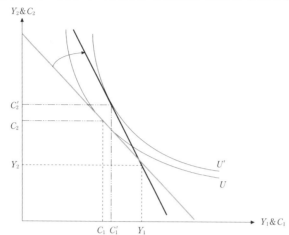

異時点間の最適化問題の解法

　これまでの議論は，数学的には制約付き最大化問題と考えることができる．予算制約の下で，家計は効用を最大化するように C_1 と C_2 を決定する．もちろん，効用関数 $U(C_1, C_2)$ は，

$$U_1(C_1, C_2) = \frac{\partial U(C_1, C_2)}{\partial C_1} > 0, \quad U_2(C_1, C_2) = \frac{\partial U(C_1, C_2)}{\partial C_2} > 0$$

をはじめとしたいくつかの性質を持っていなければならない．それらの性質が満たされている場合，この問題を解く一般的な方法は，数学注で解説している「ラグランジュ乗数法」である．しかし，ここではより簡単な方法を用いて最適化の条件を導出しよう．それは，予算制約式を効用関数に代入して C_1 あるいは C_2 を消去する方法である．

　(2-13)式から予算制約は次のように書き換えられる．

$$C_2 = (1+r)Y_1 + Y_2 - (1+r)C_1 \tag{2-14}$$

この式を効用関数に代入して，1階の条件を求める．すなわち微分してゼロとおくと，

$$U_1(C_1,C_2)-U_2(C_1,C_2)(1+r)=0 \Rightarrow \frac{U_1(C_1,C_2)}{U_2(C_1,C_2)}=1+r \qquad (2\text{-}15)$$

が得られる．上の2番目の式の左辺は，限界代替率（MRS）を表しているので，この式はグラフで示した，限界代替率と「1＋利子率」が等しいという条件である．この式と予算制約から，C_1とC_2が決定される．

人々は，通常，将来の消費よりも現在の消費の方をより高く評価する．そのために，異時点間の最大化問題を考える際は，次のような効用関数が用いられることが多い．

$$U(C_1,C_2)=u(C_1)+\frac{u(C_2)}{1+\rho}, \quad \text{ただし，} \quad u(0)=0 \text{かつ} u'(C)>0 \qquad (2\text{-}16)$$

ここでの$\rho(>0)$は，将来の消費に比べて現在の消費をどの程度重視するかを示すもの，つまり，"今"を"将来"に比べてどのくらい好んでいるか，あるいは，"より早い時間"をどのくらい"選好"するか，を示すものなので，「時間選好率」と呼ばれている．この言葉の意味については，コラム3に詳しく説明されているが，直観的には次のように考えると分かりやすい．

1期か2期かのどちらかに，$\bar{C}$だけの消費を行う場合を考えよう．1期に行えば効用は，$U(\bar{C},0)=u(\bar{C})+u(0)/(1+\rho)=u(\bar{C})$となり，2期で行えば$U(0,\bar{C})=u(\bar{C})/(1+\rho)$となる．将来（2期）の消費に比べて現在（1期）の消費が"より強く選好"されている度合いは，効用の差を将来（2期）の効用で割ったもので測ることができる．それは以下のように，ρに等しくなる．

$$\frac{U(\bar{C},0)-U(0,\bar{C})}{U(0,\bar{C})}=\frac{U(\bar{C},0)}{U(0,\bar{C})}-1$$
$$=\frac{u(\bar{C})}{u(\bar{C})/(1+\rho)}-1=1+\rho-1=\rho$$

(2-16) 式を見れば分かるように，2期の効用は$1/(1+\rho)$だけ小さく評価されている．言い換えると，2期の消費を1期で評価する際，効用がρであることによって小さくなっている．そこで，ρは「割引率」と呼ばれることもある．

さらに効用関数を特定化し具体的に消費関数を求めてみよう．そこで，$u(C)=\ln C$と仮定しよう．それゆえ，効用関数は

$$U(C_1, C_2) = \ln C_1 + \frac{\ln C_2}{1+\rho}$$

となる．この場合，限界代替率 $MRS = -dC_2/dC_1 = (1+\rho)(C_2/C_1)$ であり

$$MRS = (1+\rho)\frac{C_2}{C_1} = 1+r$$

が成り立つので，

$$C_2 = \frac{1+r}{1+\rho} C_1$$

となる．つまり，利子率が時間選好率より大きければ2期の消費は1期の消費より大きくなり，逆の場合は逆が成り立つ．そして，利子率と時間選好率が等しい場合，1期と2期の消費は等しくなる．

上記の式を (2-14) 式に代入すると，C_1 と C_2 が以下のように求まる．

$$C_1 = \left(\frac{1+\rho}{2+\rho}\right)\left(Y_1 + \frac{Y_2}{1+r}\right), \quad C_2 = \left(\frac{1+r}{2+\rho}\right)\left(Y_1 + \frac{Y_2}{1+r}\right)$$

つまり，この家計は生涯所得の一定割合 $[(1+\rho)/(2+\rho)]$ を1期に消費し，その結果として残った貯蓄に利子が付いたものに相当する額を2期に消費するのである．前に説明したように，各期の消費が，各期のそれぞれの所得ではなくて生涯所得によって決定されていることが分かる．ここでは，利子率が上昇した場合，1期の消費は必ず減少する．これは効用関数を特定化しているためであり，前にも述べたように，一般的には，家計が貯蓄をしているか借金をしているか，代替効果と所得効果のどちらが大きいか，の2つに依存する．

流動性制約と消費

これまで見てきたように，家計が異時点間の予算制約を考慮していれば，将来の所得も現在の所得も同じように現在の消費に影響を与えるはずである．しかし，実際には，現在の所得は，利子率の影響を考慮した将来の所得，すなわち将来の所得の現在価値よりも，現在の消費に大きな影響を与えていることが知られている．その理由の1つとして，**流動性制約**（liquidity constraint）の存在が考えられる．

流動性制約とは，家計や企業などの経済主体が，現行の利子率で自由に借入

図表2-14　流動性制約下の消費決定と所得の増加の影響

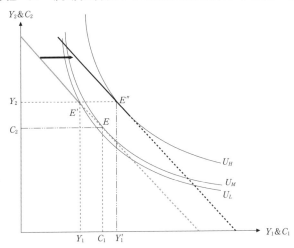

れができないために，現在保有している現金（流動性）以上の支出ができないという制約である．1期と2期の所得が，図表2-14の(Y_1, Y_2)で与えられるとしよう．資金の貸借が自由に行えるのであれば，家計は当然ながら予算制約と無差別曲線が接する点Eの消費の組み合わせ(C_1, C_2)を選択する．しかし，もし借入れが不可能であれば，図表2-14の予算制約の点線の部分は実際には選択できないことになり，現在の所得までしか消費できないので点E'を選択するしかない．つまり，1期の消費は1期の所得（流動性）によって完全に制約されてしまうのである．そのために，貸借が自由であれば実現できたであろう効用水準U_Mではなくて，U_Lの効用水準しか得られなくなる．

1期の所得がY_1'に増加した場合を考えよう．家計は新しい消費の組み合わせとして点E''を選択する．そこでは，2期の消費は2期の所得Y_2に等しいままであるが，1期の消費はY_1からY_1'へと増加する．家計は1期の所得の増加分をすべて消費に回すことになる．つまり，この家計の限界消費性向は1である．逆に2期の所得がどれだけ変化しても，1期の所得が増加して流動性制約が緩和しない限り，1期の消費は増加しない．

もちろん，すべての家計が流動性制約に直面しているわけではない．しかし，家計の一定割合が流動性制約下にあれば，消費は将来の所得よりも現在の所得

により大きく反応するようになる．

2.4　まとめ

　消費はミクロとマクロをつなぐ重要なリンクの1つである．アダム・スミスが指摘したように，ミクロレベルでは，個人は自らの所得を得るために財やサービスを生産し，そこから得た所得で消費を行っている．私たちが生産したものは最終的には誰かに消費されることになるので，別の家計や個人の消費が私たちの所得そして消費を決めていることになる．マクロレベルでのこのような相互依存関係を鮮やかに描き出したのがケインズである．そのために，彼は非常に簡単ではあるが，現実を巧みに抽象化して表現するのに十分な消費関数を考えてマクロ経済の変動を分析した．しかし，現実の問題，特に異時点間にわたる経済問題を考えるには，彼の消費関数は単純すぎる．

　私たちは，家計の行動を分析することを通して，消費が単に現在の所得だけではなく，将来の所得や利子率にも依存していることを知った．しかし，個人の消費（需要）関数からマクロの消費関数を導き出そうとする際には，十分な注意が必要である．例えば，利子率が消費に与える影響は，経済の構造に大きく依存する．お金を借りてでも消費をしたいと考える若年世代が多い経済では，利子率が下がるとマクロレベルでの消費は増加すると予想される．これに対して，貯蓄に頼っている人が多い高齢化した社会では，利子率が下がると高齢世帯の利子所得が低下し，消費が減少する可能性が高い．

　この章の説明では，ミクロレベルでの合理的な行動から消費を説明することに力点がおかれている．それは，経済全体としての消費を考える際にミクロの合理的な行動のどの側面が大きな役割を果たすかを知ることなしに，マクロ経済の動きを理解することはできないからである．先に述べた利子率が消費に与える効果もそうした例の1つである．また，流動性制約が重要な役割を果たす経済もあるであろうし，そうでない経済も存在する．つまり，マクロレベルでの消費を理解するためには，本章で述べたようなミクロ的な視点とマクロ経済の理解の両方が不可欠なのである．

コラム 3　限界代替率と時間選好率

　本文で述べたように，異時点間の最適行動では時間選好率が重要な役割を果たすが，それは正確には限界代替率を用いて定義される．静学的最大化問題の場合，リンゴ（C_1）とみかん（C_2）に対する人々の「選好」は限界代替率で表される．つまり，同じ効用水準を維持するために，リンゴを1個あきらめる際に必要なみかんの数によって，その人の「好き嫌い」あるいは「好み」が分かるという訳である．

$$限界代替率 = MRS(C_1, C_2) = -\frac{dC_2}{dC_1} \quad ただし，効用水準は一定$$

　もちろん，限界代替率は，初期保有量によって大きく影響される．リンゴを多く持っていて（$C_1=15$），みかんをあまり持っていない（$C_2=5$）のであれば，少しのみかんを得るために多くのリンゴを手放して良いと思うであろう．それゆえ，限界代替率は小さくなる．逆に，リンゴが少なく（$C_1=5$），みかんが多い（$C_2=15$）状態では，みかんを手放したがらないので限界代替率は大きくなる．つまり，$MRS(15,5) < MRS(5,15)$ が成り立つ．

　限界代替率は初期保有量によって変化するので，人々の選好を正確に知るためには，初期保有量を等しくしておかなければならない．「AさんとBさんのどちらがよりリンゴが好きなのか」を，2人の初期保有量を考慮せずに限界代替率から判断するのは間違いで，同じ数だけリンゴとみかんを持っている時の2人の限界代替率から判断しなければならない．例えば，$MRS_A(10,10) < MRS_B(10,10)$ であれば，リンゴとみかんの初期保有量は同じ下で，1個のリンゴを手放す際に，BさんはAさんよりも多くのみかんを要求するので，Bさんはリンゴを手放したがらない，つまりBさんの方がAさんよりリンゴが好きだ，と主張できる．

　異時点間の選好を考える際には，リンゴを現在の消費（C_1），みかんを将来の消費（C_2）とみなせばよい．もちろん，この場合も限界代替率は初期の C_1 と C_2 に依存し，例えば，同じ人でも $MRS(15,5) < MRS(5,15)$ となるであろう．このままでは，その人が現在の消費を将来の消費よりも

どの程度重視しているかは正確には分からない．そこで，先ほどと同じように，現在と将来の消費が等しい下で，「現在の消費が1単位減少した場合将来の消費が何単位増えれば同じ効用水準を維持できるか」で，その人がどれくらい現在の消費をより好んでいるかを知ることができる．つまり，C_1とC_2が等しい（$C_1=C_2=\bar{C}$）下での限界代替率を考えてみればよい．
本文で述べたように，通常，人は現在の消費の方を重視するので，この限界代替率は1より大きい（$MRS(\bar{C},\bar{C})>1$）と考えられる．そこで，この限界代替率から1を引いたものを時間選好率と呼んでいるのである．つまり，「時間選好率$=MRS(\bar{C},\bar{C})-1$」である．これまでの議論から明らかなように，時間選好率とは，現在の消費と将来の消費が同じ下で，現在の消費を1単位引き下げた時，効用水準を維持するために，将来の消費をどれだけ「より多く」増やさなければならないかを示したものであることが分かる．

数学注：ラグランジュ乗数法

本文で取り上げた家計の最大化問題は，ラグランジュ乗数法を用いて解くのが一般的である．まず，制約条件を

$$C_1+\frac{C_2}{1+r}-Y_1-\frac{Y_2}{1+r}=0 \tag{2-A1}$$

と右辺がゼロとなる形に変形して，上の式の左辺に新たな変数λを掛けたものを，目的関数から引いたものを新たにラグランジュ関数$L(C_1,C_2,\lambda)$として定義する．すなわち，

$$L(C_1,C_2,\lambda)=U(C_1,C_2)-\lambda\left[C_1+\frac{C_2}{1+r}-Y_1-\frac{Y_2}{1+r}\right] \tag{2-A2}$$

である．これを新たな目的関数とみなして，1階の最適条件を求める．つまり，

$$\frac{\partial L(C_1,C_2,\lambda)}{\partial C_1}=0 \quad \Leftrightarrow \quad U_1(C_1,C_2)=\lambda, \tag{2-A3}$$

$$\frac{\partial L(C_1,C_2,\lambda)}{\partial C_2}=0 \quad \Leftrightarrow \quad U_2(C_1,C_2)=\frac{\lambda}{1+r}. \tag{2-A4}$$

$$\frac{\partial L(C_1, C_2, \lambda)}{\partial \lambda} = 0 \Leftrightarrow C_1 + \frac{C_2}{1+r} - Y_1 - \frac{Y_2}{1+r} = 0, \quad (2\text{-A5})$$

である. (2-A3)式÷(2-A4)式より

$$MRS = \frac{U_1(C_1, C_2)}{U_2(C_1, C_2)} = 1+r \quad (2\text{-A6})$$

を得る. これは (2-15) 式と同じ式である. この式と予算制約である (2-A5) 式から, 最適な消費を所得 Y_1, Y_2 と利子率 r の関数として求めることができる.

詳しくは, 本〈サピエンティア〉シリーズの入谷・加茂『経済数学』第10章を参照.

練習問題

問題1（ケインズ型消費関数と消費関数論争）

所得に関して線形の消費関数がある．所得が変化しても MPC（限界消費性向）は一定であるが，(1)所得の増加とともに APC（平均消費性向）が低下するような消費関数と，(2)所得の増加とともに APC が上昇するような消費関数，を示しなさい．そのような消費関数は現実的なものだろうか．理由を付けて答えなさい．

問題2（長期と短期の消費関数に関する実証）

内閣府のホームページ（http://www.esri.cao.go.jp/jp/sna/menu.html）「国民経済計算（GDP 統計）」から，四半期データを用いて，実際の消費関数のグラフを作成しよう．

(1) 1971年第1四半期から2014年第4四半期までのデータを用いて「長期の消費関数」のグラフを作成しなさい．

(2) ① 1971年第1四半期から1975年第4四半期まで
　　② 1981年第1四半期から1985年第4四半期まで
　　③ 1991年第1四半期から1995年第4四半期まで
　　の3つの短期の「短期の消費関数」のグラフを作成しなさい．

(3) 短期と長期の消費関数に関する論争についてデータを用いて再度考えなさい．可能であれば，統計的な手法を用いて，APC（平均消費性向）と MPC（限界消費性向）を求めなさい．

問題3（異時点間の予算制約，ライフサイクル仮説，及び恒常所得仮説）

ライフサイクル仮説の例では，利子率がゼロ％と仮定されていたが，利子率を（20年間で）100％（年率約3.6％）と仮定して，各期の消費を求めなさい．

問題4（異時点間の最適化と利子率の影響）

第2章2.3節の「利子率の影響：所得効果と代替効果」のところで説明した，例①のように所得効果だけしか現れないような効用関数，例②のように代替効

果しか現れないような効用関数が存在するだろうか．もし存在するとすればどのようなものか，具体的に示しなさい．

問題 5

効用関数を $U(C_1, C_2) = \alpha \ln C_1 + (1-\alpha) \ln C_2$ と仮定して，下記の問いに答えながら，家計の最適な消費・貯蓄行動を分析しよう．ただし，C_1 は第1期の消費，C_2 は第2期の消費，α $(1/2 < \alpha < 1)$ は定数である．

(1) この効用関数の限界代替率を求めなさい．それは，C_1, C_2 及び α の関数である．

(2) この効用関数の時間選好率 ρ を求めなさい．それは，α の関数である．

(3) この家計の第1期の所得，第2期の所得はともに $Y > 0$ であり，一定の利子率 $r > 0$ で資金の貸借が可能であるとしよう．異時点間の予算制約式を書きなさい．

(4) 最適な1期と2期の消費を Y, α 及び r の関数として表しなさい．

(5) 問(2)の答を使って α を ρ に置き換え，最適な1期と2期の消費の Y, ρ 及び r の関数として表しなさい．それを第2章2.3節で求めた最適消費と比較しなさい．

さらなる学習のために

1. Angus Deaton, *Understanding Consumption*, Oxford, University Press, 1993.

   大学院生向けのテキストである．英語で書かれているが，とても分かりやすい．

2. チャールズ・ユウジ・ホリオカ，浜田浩児編著『日米家計の貯蓄行動』日本評論社，1998年．

   アンケート調査を用いて日米の貯蓄行動の分析を行い，ライフサイクル仮説が支持される可能が高いとしている．高齢化の下での社会保障と家計貯蓄の関係も分析していて興味深い．

第3章 投資

Thus, to justify any given amount of employment there must be an amount of current investment sufficient to absorb the excess of total output over what the community chooses to consume when employment is at the given level.

John Maynard Keynes (1936)

この章で学ぶこと

* 投資とは何か,投資にはどのようなものがあるか,マクロ経済を理解する上で投資はなぜ重要なのか,について学ぶ.
* 在庫投資を用いて加速度原理について学び,その特徴(長所と問題点)について考える.
* 企業の異時点間の利潤最大化問題から設備投資関数を導出し,その性質及び税制が投資に与える効果について学ぶ.
* 住宅市場におけるストックとフローの区別を通して,投資の変動が消費の変動に比べてなぜ大きくなるのかについて考える.

家計と企業だけからなる経済において、土地・労働・資本といったすべての生産要素が家計によって所有されているとすれば、財・サービスの供給（販売）によって得られた所得のすべてを家計が受け取ることになる。家計は、その一部を消費し、残りを貯蓄する。需要は消費需要と投資需要からなるので、貯蓄されたものがすべて投資されるのであれば、供給に対して需要が不足することはない。つまり、「供給がそれ自らの需要を生み出す」というセイの販路法則（Say's law）が成り立つことになる。

しかし、第2章で見たように、消費（すなわち貯蓄）は、効用最大化という基準に従って家計によって決定される。これに対して、この章で説明するように、設備投資など投資の多くは企業によって決定される。このように貯蓄主体と投資主体が異なる経済では、貯蓄したものがそのまま投資されるわけではない。そして、十分な投資需要がなければ、経済全体としての需要が不足し、ケインズが指摘しているように、一定水準の雇用を維持することができなくなる。それゆえ、投資は、経済が全体として必要とする需要を生み出すための鍵となる。短期において、投資の需要面での重要性が強調されるのはこのためである。

これに対して、長期に目を転ずれば、投資が持つ別の側面が明らかになる。資本ストックは設備投資を通して蓄積され、それが経済の長期的な生産能力の主要な決定要因となる。言い換えると、設備投資は経済成長の主要なエンジンの1つなのである。また、社会インフラへの投資は、生産能力を引き上げるだけではなく、住宅投資と同様に、私たちが享受できる生活水準を高めてくれる。このように、投資は、短期的にも長期的にも、経済において非常に重要な役割を果たしているのである。

3.1 投資需要の重要性

投資とは何か

投資とは、ある期間内に消費され尽くすことのない財の購入のことを指す。それゆえ、投資活動を行う経済主体は、現在得られる満足をあきらめなければならない。しかし、その対価として将来の利潤や便益を手に入れることができ

る（と期待する）．家計にとって，それは現在の消費を節約して将来得られる満足を増やそうとする行動である．典型的には住宅の購入がこれに当たる．つまり，ストック（住宅）を購入することで，そこから得られる将来にわたるサービス（居住）のフローを手に入れる活動である．企業にとってもその本質は何ら変わらない．企業の投資活動とは，現在のキャッシュフロー（現金収入）を犠牲にして将来の利潤を生む（と期待される）財を購入することである．主要なものとして，在庫投資と設備投資が挙げられる．さらには，（地方自治体を含む）政府レベルでの投資活動も存在する．いわゆる公共投資である．これも，将来の便益のフロー（公的サービス）を生み出すために，現時点でストック（社会インフラ）を購入することと理解される．

　ほとんどの先進諸国で，民間の設備投資はGDPの約15％から約30％を占めてはいるが，マクロ経済の需要の構成要素の中では消費需要に比べるとかなり小さい．それにもかかわらず，投資需要がマクロ経済において重要な位置を占めているのは，その変動が消費支出の変動に比べてはるかに大きく，ケインズが『雇用・利子および貨幣の一般理論』(1936)で主張しているように，「投資需要の変動」が経済変動の主要因となっているためである．また，短期の経済変動を分析する際に重要であるのと同様に，中・長期の経済成長を考える際にも，投資，特に設備投資は重要である．設備投資活動は将来の生産に貢献する資本ストックを蓄積していく過程である．個々の経済主体にとって投資が短期的な利益を犠牲にして長期的な利益を得ようとする行動であるのと全く同様に，設備投資は，経済全体にとって現在の消費を我慢して将来の生産力を増強しようとする活動なのである．民間が行う投資と同様に，政府による公共投資も重要ではあるが，この章では，公共投資については考察せず，民間の投資需要について詳しく見ていくことにする．

投資の種類

　民間の投資需要の主なものは，設備投資，住宅投資，在庫投資の3つである．ここでは最初に在庫投資を取り上げるが，この在庫には2種類ある．1つは原材料や部品のような生産のための投入要素の在庫，すなわち原材料あるいは半製品の在庫であり，もう1つは生産された財が売れ残った場合や将来売るため

にとっておく製品在庫である．次に，企業の設備投資を考えるが，これは投資需要の中で最も大きく，短期・長期の両面から非常に重要なものである．最後に取り上げるのは，家計による住宅投資である．これには，人々が自分で住むためのもの，つまり住居だけではなく，店舗やオフィスとして貸し出される建物への投資も含まれる．住宅投資を例に，なぜ投資が消費より大きく変動するのかについて考察する．

ストックとフロー

マクロ経済学全体として言えることではあるが，投資需要を考える際は，ストックとフローをきちんと区別することが特に重要になる．例えば，設備投資の場合，企業が必要としている工場などの生産設備はストックであり，いったん建設すれば長期間稼働させることができる．しかし，それを建設するためには時間がかかるので，フローとしての投資をある程度の期間にわたって行う必要がある．目的はストックを手に入れることであるが，その目的を達成するための手段である投資はフローとして捉えられる．つまり，投資とは，ストックという目的地に到達するために，ある一定期間に進む距離のようなものと考えることができる．ストックである設備は，フローである投資によって徐々に変化していくのである．

t期におけるストック量をK_t，$t+1$期におけるストック量をK_{t+1}，t期における投資量をI_tとすると，これらの間には次の関係が成り立つ．

$$K_{t+1} = I_t + K_t - \delta K_t = I_t + (1-\delta)K_t \tag{3-1}$$

ただし，δは資本の物的な減耗率であり，ゼロと1の間の定数（$0<\delta<1$）である．上の式は，これから考えるストックとフローのすべてに当てはまる関係である．

投資はストックという目的地に到達するための手段であるので，当然ながら2つのことが重要になる．1つはその目的地がどこかということである．すなわち，望ましいストックの水準がどこにあるかということである．もう1つはどうやってそこまで行くのかということである．猛スピードで近づくこともできるし，ゆっくりと進むこともできる．これら2つが分かれば，投資需要を明らかにすることができる．そこで最初に，この点に注意しながら在庫投資につ

いて考えてみよう.

コラム 4　研究開発（R&D）投資

　この章では，在庫投資，設備投資，住宅投資の3つだけを取り上げたが，近年その重要性がますます大きくなっているのが，研究開発（R&D; research & development）投資である．研究開発投資によって蓄積されるストックは，財つまり有形物ではなく，知識やノウハウのようなアイデアつまり無形物である．最初から実体がないのであるから，いくら使っても物的には減耗することはない．しかし，新しいアイデアが出現することで前のアイデアの価値が全くなくなるという**極端な経済的な陳腐化**が起きることがある．これらの特性のために，研究開発投資の分析は，ここで取り上げた3種類の投資の分析とは大きく異なることになる．その点について簡単に触れておこう．

　アイデアには，誰が何回使っても減ることがないという性質，つまり非競合性という性質がある．数学が嫌いな人にとっては迷惑な話かもしれないが，ニュートンやライプニッツが微分という演算を発見（発明）し，それを誰でも自由に使うことができたお陰で科学は大きく進歩した．実際，私たちが何回微分を行ってもそのアイデアは全く減らない．つまり，アイデアは利用可能性が非常に大きく，もちろん種類によるが，それが生み出す社会への貢献が極めて大きい場合も少なくない．

　私たちは1円も支払うことなく，この微分という演算を何度でも行うことができる．これと同様に，いったん公表されたアイデアは，規制がなければ，他の人が使うのを排除することはできない．これは非排除可能性と呼ばれる性質である．非競合性と非排除可能性という2つの性質を持つ財は公共財と呼ばれるが，アイデアはほぼ完全な形でこれらの性質を持っている．多額の費用をかけて生み出したアイデアを，他の人がタダで同じように使えるのであれば，そのような研究開発に取り組む企業や個人は存在しなくなる．非競合性という性質のために社会全体への大きな貢献が期待されるにもかかわらず，非排除可能性という性質のために研究開発への投資が自発的に生まれる可能性はほとんどない．そこで考え出されたのが特

許制度や公的機関による研究開発，特に基礎研究への投資である．

経済的な陳腐化は発明が実用化される前ですら起きうる．よく似た技術の開発を複数の企業が行っている場合，いずれかの企業が開発に成功した時点で残りの企業の投資はすべて無駄になる可能性が高い．もちろん設備投資の場合も複数の企業が投資を行うと，設備が過剰になり大量の製品が市場に送り出され価格が暴落し，収益が大きく低下することが考えられる．しかし，その場合でもある程度の収入は見込めるし，投資によって蓄積されたストック（設備）を売却することも可能であろう．しかし，研究開発投資の場合はそれすら難しい．公共財的な性質と収益に関する大きな不確実性のために，研究開発投資は他の投資とは異なる視点から分析することが必要なのである．

3.2 在庫投資と加速度原理

在庫の保有動機

企業は，計画通りの在庫を常に保有しているわけではない．そこで，**計画的かどうかという観点から在庫を2つに分けて考えることができる．1つは意図せざる在庫**である．つまり，製品が売れ残ったために完成品を一時的に倉庫に入れておいたり，生産しても売れる見込みがないので，原材料や完成前の製品（半製品）をそのままにしておかなければならなかったりすることによって生じる在庫である．もう1つは**意図した在庫**である．意図した在庫を持つ理由としては様々なものが考えられるが，代表的なものとして**生産の平準化（production smoothing）と在庫切れ（stockout）の防止**が挙げられる．クリスマス前のおもちゃの販売量などはその典型例であるが，財の販売量は必ずしも一定ではなく，需要が非常に多い時期もあれば極端に落ち込む時期もある．それに合わせて生産を調整するのは，費用の面でも実現性の面でもかなり難しい．そこで生産はほぼ一定にしておき，需要が少ない時に在庫を積み増していき，需要が多い時期に在庫を減らして販売に充てる．言い換えると，在庫を用いて

生産量の極端な増減をなくす,つまり,生産を平準化するのである.

急な注文に応じることができないと,その分の利潤を失うだけでなく,もしそれが大切な顧客からのものであれば長期的な取引に影響を与えるかもしれない.つまり,在庫切れが生じると企業にとって大きな損失になる可能性が高い.このような在庫切れを防止するためには,一定程度の完成品の在庫か,あるいは急な生産の増加に対応できるように部品や原材料の在庫を持っておく必要がある.

この他に将来の値上がりを見込んで今は売らずに在庫として持っておくということなども考えられるが,通常それらは全体としてそれほど大きなウェイトを占めるものではない.

望ましい在庫ストック

上で説明した意図した在庫を持つ理由から,販売量が多い企業ほど,生産の平準化や在庫切れの防止のために持っておく在庫も多くなると推測できる.つまり,"望ましい"在庫ストックの量はその企業の製品の販売量と密接に関係している.そこで,企業は毎期の販売量 S_t を γ 倍した製品を在庫として持つと仮定しよう.望ましい在庫ストックを N_t^* とすると,それは次のようになる.

$$N_t^* = \gamma S_t \tag{3-2}$$

ただし,γ は正の定数であり($\gamma > 0$),生産される財によって大きく異なる.需要の変動が大きいものについては,γ は大きいと予想される.しかし,仮に需要の変動が大きくても保存がきかないものについては,γ は小さくなるであろう.

現実の在庫ストックを N_t,在庫投資を I_t で表すと,(3-1)式を書き換えた次の式が成り立つ.

$$N_{t+1} = I_t + N_t - \delta N_t = I_t + (1-\delta)N_t \tag{3-3}$$

加速度原理

(3-2)式と(3-3)式を組み合わせることで,在庫投資関数を導出することができる.企業は現実の在庫ストックを望ましい在庫ストックに近づけようとするが,t 期においてそれをすぐに実現することは不可能なので,それを

$t+1$ 期に実現しようとする．(3-3) 式の N_t を望ましい在庫ストック N_t^* に置き換えることによって，t 期の投資が次のように求められる．

$$N_{t+1}^* = I_t + (1-\delta)N_t \quad \Rightarrow \quad I_t = N_{t+1}^* - N_t + \delta N_t$$

$t+1$ 期の販売量 S_{t+1} が分かっていれば，(3-2) 式から $N_{t+1}^* = \gamma S_{t+1}$ が成り立つが，t 期においては $t+1$ 期の販売量 S_{t+1} は単なる予想（期待）にすぎないので，N_{t+1}^* も期待値と考えるべきである．期待販売量を S_{t+1}^e で表すと，上の式は次のようになる．

$$I_t = \gamma S_{t+1}^e - N_t + \delta N_t$$

実際は販売量が正確に予想できないために在庫を持つのであるが，説明を簡単にするために，予想が的中する場合（$S_{t+1}^e = S_{t+1}$, $S_t^e = S_t$）を考えよう．この時，在庫投資関数は

$$\begin{aligned} I_t &= \gamma S_{t+1} - \gamma S_t + \delta \gamma S_t = \gamma[(S_{t+1} - S_t) + \delta S_t] \\ &= \gamma[\Delta S + \delta S_t] \end{aligned} \tag{3-4}$$

となる．ただし，$\Delta S = S_{t+1} - S_t$ である．在庫投資は販売が加速する時（$\Delta S > 0$）には増加し，減速する時（$\Delta S < 0$）は減少する．在庫投資は，販売の水準ではなくて，その変化分に依存する．このような関係を経済学では加速度原理（acceleration principle）と呼ぶ．それゆえ，この投資関数は加速度原理に基づく在庫投資関数と呼ぶことができる．販売が加速も減速もしない場合（$\Delta S = 0$）は，最後の項，すなわち在庫の減耗分（$\gamma \delta S_t$）を補填するためだけの在庫投資がなされる．

加速度原理に基づく投資関数の特徴

この在庫投資モデルの特徴を明らかにするために，γ を 2，減価償却率 δ を 0.1 として，投資がどのように変動するかを具体的に考えてみよう．販売量が 2 期目までずっと 10 であったのに，3 期目に突然 12 になり，4 期目に再び 10 に戻るという場合を考える．この例では，販売量が 10 であれば望ましい在庫ストック量は 20，販売量が 12 であれば望ましい在庫ストック量は 24 である．2 期目までは望ましい在庫ストックがずっと 20 だったので，1 期目までは，減価償却による在庫ストックの減少を補填するための在庫投資が 2 だけ行われる．

ところが，3 期の望ましい在庫ストックは 24 になるので，2 期には 20 からの

図表3-1　加速度モデルによる在庫投資の変動

t	1	2	3	4	5
S_t	10	10	12	10	10
N_t^*	20	20	24	20	20
I_t	2	6	−1.6	2	2

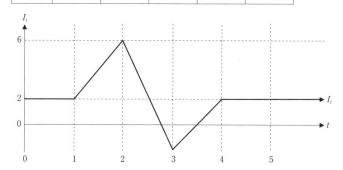

増加分である4の在庫の積み増しが必要になり，これに減耗分を補塡のための投資2を追加して行わなければならない．そのために2期の投資は6になる．ところが4期には産出量は再び10に戻り，望ましい在庫ストックも20に戻るので，3期の在庫投資は−1.6になる．つまり在庫の取り崩しが起こるのである．これらの変化を示したのが，図表3-1の表とグラフである．販売量は1回だけ20％増えるだけであるが，在庫投資はいったん3倍に増加し，その後マイナスにまで減少する．これは実際の在庫の大きな変動をかなりうまく説明していると言えるだろう．そして，この在庫の大きな変動がマクロ全体の産出量の変動の要因になることも知られている．

3.3　設備投資

加速度原理に基づく設備投資関数とその問題点

　在庫ストックではなくて，資本ストックの調整のために行われるのが設備投資である．在庫の水準は販売量の水準と密接に関係しているのに対して，資本ストックは生産量と密接に関係している．ある生産水準を達成するにはある水

準の資本ストックが必要である．そこで，資本ストックを K とし，望ましい資本ストックと産出量の間に一定の関係 $K^*/Y=\gamma$ があると仮定すると，「加速度原理に基づく設備投資関数」を考えることができる．この時の設備投資関数は，在庫投資の場合の販売量 S_t が生産量 Y_t に置き換わるだけなので，以下のようになる．

$$I_t = \gamma Y_{t+1} - \gamma Y_t + \delta \gamma Y_t = \gamma[Y_{t+1} - (1-\delta)Y_t] \\ = \gamma[(Y_{t+1} - Y_t) + \delta Y_t] \tag{3-5}$$

もちろん，この投資関数は，先ほどの在庫投資関数と同じ特徴を持つことになる．マクロ経済で言えば，GDP に当たる生産量 Y_t が少し変動するだけで投資 I_t は大きく変動する．それゆえ，消費があまり変動しないのに対して投資は大きく変動する，という事実をうまく説明することができる．しかし，いくつかの見過ごすことのできない欠点も指摘されている．第1に，在庫投資の場合，特に製品在庫の場合は，γ が一定であるという仮定には一定の説得力があるが，設備投資の場合は必ずしもそうではないという点である．資本ストック（設備）は生産要素であるので，労働などの他の生産要素と同様に利潤の最大化行動から最適な投入量が決定されるべきで，最初から産出量と一定の関係にあると仮定するのはおかしい．最適化行動に基づいて資本の投入量が決まるのであれば，当然ながら γ は利子率，物価水準，賃金率などの生産要素の価格の関数となるはずであるが，この定式化ではそうなっていない．

第2に，投資は本来長期的な視野でなされるのに，短期的な視野で行われている点である．そのために，投資があまりにも大きく変動する．在庫投資の際に用いた例では，投資はいったん3倍に増加した後すぐにマイナスになる．設備投資が長期的な視野に立ってなされるのであれば，望ましい資本ストックが1期後に元に戻ることが分かっているのに，企業がこのように急激に資本を増減させることはないであろう．つまり，このような過度の変動は起きないはずである．

企業の長期の最適化問題

短期の企業行動を分析する際には，利潤最大化をその行動基準と考えるのが一般的である．それゆえ，長期的な行動においても，企業は利潤を最大化する

ことを目的としていると考えることができる．まずはこの点から見ていこう．

資本K_tと労働L_tだけを投入してY_tの生産を行っている企業のt期における（短期の）利潤をΠ_tとすると，それは以下のように表すことができる．

$$\Pi_t = p_t Y_t - w_t L_t - p_{It} I_t \tag{3-6}$$

ただし，p_tは生産物の価格，w_tは賃金，p_{It}は投資財の価格である．投入量と産出量の間の関係は次の生産関数で表されるとしよう．

$$Y_t = F(K_t, L_t) \tag{3-7}$$

また，資本ストックの変化は，(3-1)式に従って，投資I_tと減価償却δK_tによって決定される．

$$K_{t+1} = I_t + K_t - \delta K_t = I_t + (1-\delta) K_t \tag{3-1}$$

この企業の計画期間が0期と1期の2期間であるとしよう．2期後に合計でどれだけの利潤が得られるだろうか．それは$\Pi_0 + \Pi_1$ではない．なぜなら，1期目の利潤を銀行に預けたり，その利潤で債券を購入したりすれば，利子が付くからである．名目利子率をiとすると，2期後の利潤の合計は

$$(1+i)\Pi_0 + \Pi_1$$

となる．計画期間が0期からT期までの$T+1$期間の場合，簡単化のために名目利子率が一定であるとすると，T期末の利潤の合計は

$$(1+i)^T \Pi_0 + (1+i)^{T-1} \Pi_1 + \cdots + (1+i)^{T-t} \Pi_t + \cdots + (1+i) \Pi_{T-1} + \Pi_T$$

となる．第2章で用いた現在価値で各期の利潤を考えると，利潤の現在価値の合計V_0を次のように定義することができる．

$$\begin{aligned} V_0 &= \Pi_0 + \frac{\Pi_1}{1+i} + \cdots + \frac{\Pi_t}{(1+i)^t} + \cdots + \frac{\Pi_{T-1}}{(1+i)^{T-1}} + \frac{\Pi_T}{(1+i)^T} \\ &= \Pi_0 + (1+i)^{-1} \Pi_1 + \cdots + (1+i)^{-t} \Pi_t \\ &\quad + \cdots + (1+i)^{-(T-1)} \Pi_{T-1} + (1+i)^{-T} \Pi_T = \sum_{t=0}^{T} (1+i)^{-t} \Pi_t \end{aligned} \tag{3-8}$$

短期の利潤の定義である(3-6)式と生産関数(3-7)式を上の式に代入すると，上のV_0は次のようになる．

$$V_0 = \sum_{t=0}^{T} (1+i)^{-t} [p_t F(K_t, L_t) - w_t L_t - p_{It} I_t] \tag{3-9}$$

長期の企業行動を考える際には，上の式がその目的関数となるはずである．す

なわち，企業は，資本ストックの変化を表す（3-1）式を制約として目的関数 V_0 を最大化するように，各期の労働投入量 L_t と資本財の購入量 I_t を決定する．

投資の費用：資本の使用者費用（user cost of capital）

（3-1）式を
$$I_t = K_{t+1} - (1-\delta)K_t$$
と変形して，（3-9）式に代入すると，
$$V_0 = \sum_{t=0}^{T}(1+i)^{-t}[p_t F(K_t, L_t) - w_t L_t - p_{It}\{K_{t+1} - (1-\delta)K_t\}] \quad (3\text{-}10)$$
となる．つまり，制約条件がない最大化問題となるので，微分して以下のような1階の条件を求めることができる．

$$\frac{\partial V_0}{\partial L_t} = 0 \ \Rightarrow \ p_t F_L(K_t, L_t) = w_t, \quad t=0,1,\cdots,T \quad (3\text{-}11\text{a})$$

$$\frac{\partial V_0}{\partial K_{t+1}} = 0 \ \Rightarrow \ p_{t+1} F_K(K_{t+1}, L_{t+1}) = ip_{It} + \delta p_{It+1} - (p_{It+1} - p_{It}) \quad (3\text{-}11\text{b})$$
$$t = 0, 1, \cdots, T$$

（3-11a）式はよく知られている，労働の限界生産物の価値が名目賃金に等しいという，労働投入に関する最適条件である．両辺を p_t で割ると，労働の限界生産力が（生産物で測った）実質賃金（w_t/p_t）に等しい，という条件に書き換えられる．

（3-11b）式は，資本の限界生産物の価値がその限界費用に等しいという，資本投入に関する最適条件である．静学的な最適化の場合，資本の限界費用は資本のレンタル価格である．これに対して，（3-11b）式の右辺は，資本の使用者費用（user cost of capital）と呼ばれ，動学的最適化問題に特有のものである．そこでこの式の意味を少し詳しく考えてみよう．

（3-11b）式の左辺は資本の限界生産物の価値であり，資本の1単位の増加によって増加する生産物の価値を，価格を掛けて金銭で表現したものである．これに対して右辺は，$t+1$ 期の資本ストック（K_{t+1}）を1単位増加させるために，t 期に投資財を1単位購入した時の費用，つまり投資の機会費用（opportunity cost）である．この機会費用は，投資を行うためにあきらめな

ければならない金銭的価値で表される．t 期に 1 単位の投資財を購入しなければ，p_{It} 円を節約でき，利子を加えた $(1+i)p_{It}$ 円のお金を $t+1$ 期に手にすることができる．しかし，t 期に投資財を購入した場合，$t+1$ 期にその投資財を売却することで購入費用の一部を取り戻すことができる．t 期の 1 単位の投資財は $t+1$ 期には $(1-\delta)$ 単位に減っていて，その価格は p_{It+1} 円であるので，$t+1$ 期に取り戻すことができる金額は $(1-\delta)p_{It+1}$ 円になる．それゆえ，t 期に投資財を 1 単位購入しその資本を $t+1$ 期の 1 期間だけ使用し売却することに伴う機会費用は，プラスの機会費用 $(1+i)p_{It}$ からマイナスの機会費用 ($t+1$ 期に取り戻すことができる価値) $(1-\delta)p_{It+1}$ を引いたものになる．つまり，$(1+i)p_{It}-(1-\delta)p_{It+1}=ip_{It}+\delta p_{It+1}-(p_{It+1}-p_{It})$ である．これは資本を $t+1$ 期の 1 期間だけ使用することによって発生する費用であるので，資本の使用者費用と呼ばれている．

要約すると，資本の使用者費用は，①利子費用 ip_{It}，②減価償却による費用 δp_{It+1}，③投資財価格の上昇によるマイナスの機会費用 $(p_{It+1}-p_{It})$ からなる．投資財の物価の上昇率を π_I，すなわち，$\pi_I=(p_{It+1}-p_{It})/p_{It}$ とすると，使用者費用は $(i-\pi_I+\delta+\delta\pi_I)p_{It}$ と表すことができる．δ も π_I もかなり小さな値（例えば，0.05 と 0.03）であるので，その積である $\delta\pi_I$ は無視しうるほどに小さな値（例えば，$0.05\times0.03=0.0015$）になる．そこで，これ以降はこの項を省略した $(i-\pi_I+\delta)p_{It}$ を使用者費用として話を進める．

最適資本ストックの導出

通常のマクロモデルで仮定されているように，1 つの財が投資財としても消費財としても用いられる状況を考えよう．この場合，企業の生産物の価格と投資財の価格は等しくなり（$p_t=p_{It}$），投資財の価格の上昇率 π_I は一般物価水準の上昇率であるインフレ率 π に等しくなる．よって，(3-11b) 式は

$$p_t F_K(K_t, L_t)=(i-\pi+\delta)p_t$$

すなわち，

$$F_K(K_t, L_t)=(i-\pi+\delta)=r+\delta \tag{3-12b}$$

となる．ただし，$r=i-\pi$ は実質利子率である．また，(3-12b) 式の左辺 $F_K(K_t, L_t)$ は資本の限界生産力（MPK）である．よって，図表 3-2 に描かれ

図表3-2　最適資本ストックの決定

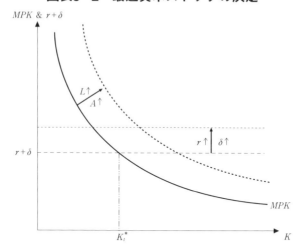

ているように，最適な資本ストックは，資本の限界生産力（MPK）が実質利子率と資本減耗率の和（$r+\delta$）と等しくなる点で決定される．

　生産関数をコブ＝ダグラス型に特定化して，最適資本ストック K_t^* の決定を具体的に見てみよう．生産関数を $Y=F(K,L)=AK^\alpha L^{1-\alpha}$ と仮定すると，$MPK=\alpha A(K/L)^{\alpha-1}=\alpha A(L/K)^{1-\alpha}$ となる．グラフから分かるように，①労働投入量 L が多くなると，あるいは，②技術水準 A が高くなると，資本の限界生産力は大きくなる．また，③実質利子率 r が高くなると，あるいは，④資本減耗率 δ が高くなると，資本の費用は高くなる．これらのことから，K_t^* は，L と A の増加関数で，r と δ の減少関数となる．また，この最適資本ストック水準は，L，A，r，δ が一定であれば，どの期においても同じである．そこで今後は時期を特定するための添え字 t を省いて，最適資本ストックを K^* で表そう．

税制と最適資本ストック

　最適資本ストックの特徴を検討するために，それが政府の政策によってどのように変化するかを考えてみよう．税制は企業の行動に大きな影響を与えると考えられている．政策には，単なる課税だけではなく，税の控除のようなもの

も含まれる．ここでは，企業の利潤に課税する法人所得税と，投資費用の一部が税額から控除される投資税額控除の効果について考えてみよう．法人所得税とは企業（法人）の所得（利潤）に課せられる税で，税率を τ ($0<\tau<1$) とすると，企業は $\tau\Pi_t$ だけの税金を支払うことになる．よって，税引き後の利潤 Π_t^A は，

$$\Pi_t^A = \Pi_t - \tau\Pi_t = (1-\tau)\Pi_t$$

となる．税率が一定の場合，税金がある場合の企業の長期の目的関数 V_0^A は，

$$V_0^A = (1-\tau)V_0$$

となる．ただし，V_0 は (3-8) 式で定義されたものである．この場合，V_0^A を最大化するのは，V_0 を最大化するのと同じなので，法人所得税は企業の行動に何の影響も与えない．それゆえ，最適資本ストックが法人税によって変化することもない．

次に，法人税だけではなく投資税額控除も同時に存在する場合を考えてみよう．投資費用 $p_t I_t$ のうち s ($0<s<1$) の割合が税金から控除されるとすると，税額は $\tau\Pi_t - s p_t I_t$ となり，税引き後の利潤は

$$\Pi_t^A = (1-\tau)\Pi_t + s p_t I_t$$
$$= (1-\tau)(p_t Y_t - w_t L_t) - (1-\tau-s)p_t I_t$$

となる．上の式は，投資税額控除が企業にとっての投資財の価格を引き下げる効果を持つことを示している．(3-12b) 式からの類推から，この税制の下では，最適資本ストックの決定条件は下記のようになることが分かる．

$$(1-\tau)F_K(K_t, L_t) = (1-\tau-s)(r+\delta)$$
$$\text{すなわち} \quad F_K(K_t, L_t) = \left(1 - \frac{s}{1-\tau}\right)(r+\delta) \tag{3-13}$$

すぐに分かるように，投資税額控除率 s が上昇すれば，(3-13) 式の右辺の資本の費用が低下するので，最適資本ストックは増加する．これに対して，法人所得税率 τ の効果はやや分かりづらいが，注意深く見ると法人税率の上昇によって資本の使用者費用が低下し，その結果，最適資本ストックが増加することが確認できる．この結論は意外に思われるかもしれないが，法人税がない場合と比較して考えると直観的に理解できる．$\tau=0$ の時，(3-13) の上の式は

$$F_K(K_t, L_t) = (1-s)(r+\delta)$$

となり，当然のことであるが，投資税額控除の恩恵は s となる．これに対して，(3-13) 式から分かるように，法人税がある場合，投資税額控除の恩恵は $s/(1-\tau)$ となり，法人税の税率が高いほど大きくなる．もちろん，控除の恩恵そのものが大きくなるのではなく，法人税率の上昇で税引き後の利潤が小さくなるので，小さくなった利潤に対して控除の相対的な価値が高まるのである．法人税率が投資にどのような影響を与えるかは，モデルの定式化や税率の構造などに依存するので，理論と実証の両面から今も盛んに研究が行われている．

投資水準の決定

最適化の結果としてこれまで求めたものは，最適な投資水準ではなく最適な資本ストック水準である．企業は資本ストックを最適な水準 K^* にすぐに調整するように投資を行うのであろうか．この疑問に対する答えは，一般的にはノーである．その理由として様々なものが考えられるが，次の2つが特に重要である．①一度に大きな投資を行うとそれに伴う大規模な組織の再編成などが必要になり，大きな費用がかかる．②現実の経済には不確実性が存在するので，現時点で最適と考えられる資本ストックが将来過剰設備となる可能性がある．そこで，企業は最適資本水準 K^* と現在（t 期）の資本ストック K_t とのギャップ（K^*-K_t）の一部（$0<\lambda<1$）だけを埋めるように投資を行うと考えられる．よって，投資関数は

$$I_t^* = \lambda(K^*-K_t) + \delta K_t$$

となる．この式を（3-1）式に代入すると次の式が導かれ，$t+1$ 期の資本ストックは t 期に比べて $\lambda(K^*-K_t)$ だけ K^* に近づくことが分かる．

$$\begin{aligned}K_{t+1} &= I_t^* + (1-\delta)K_t = \lambda(K^*-K_t) + \delta K_t + (1-\delta)K_t \\ &= \lambda(K^*-K_t) + K_t.\end{aligned} \tag{3-14}$$

最適資本ストック K^* が，L と A の増加関数，r と δ の減少関数だったので，最適投資 I_t^* も L と A の増加関数，r と δ の減少関数になる．さらには，現在（t 期）の資本ストック K_t が小さいほど最適資本ストックとのギャップも大きくなるので，最適な投資は現在の資本ストックの減少関数になる．

流動性制約

　これまで，企業が投資のための資金をどのように調達するかについては一切触れてこなかった．前章で消費について考えた際の家計の場合と同様に，企業も十分な資金がない場合，投資資金を借入れで賄っていると考えなければならない．仮に資金が全くなかったとしても，将来の利潤が見込め，確実に返せることが明らかであれば，市場で資金を調達できるはずである．逆に，資金に余剰があっても，企業はそれを貸し出して利子を稼ぐことができるので，最適な水準を上回る投資を行うようなことはしない．つまり，現在の資金の過不足は投資に何の影響も与えない．このことから，企業がどのような手段で資金を調達するかは企業の投資には全く影響を与えない，という結論が導かれる．

　しかし，これはあくまでも完全な資本市場が存在する状況下で成り立つものである．このような理想的な状況が実現するためには，①不確実性がない，②借り入れる際の利子率と貸し出す際の利子率が等しい，③資源配分の歪みをもたらすような税が存在しない，などのいくつかの条件が必要である．もちろん，現実の経済には多くの不確実性があるし，貸出利子率と借入利子率は異なり，税も存在する．特に，将来の利潤は見込みでしかないので，投資を行う企業とその企業に資金を貸し付ける金融機関や家計が同じような予想を抱いているとは考えにくい．それゆえ，通常企業に土地や建物などの資産がない限り，金融機関は容易に資金を提供しない．もし企業に十分な資産がなければ，企業は自らの資金の範囲内でしか投資費用を支出できない．つまり，第2章の家計の場合と同様に，流動性制約に直面していると考えることができる．この場合，投資は，企業の資金量によって大きく制約されることになり，資金の主な源泉であるその期の利潤の関数となると考えられる．

トービンの q

　株式会社の株式は，株式市場（資本市場）で評価され取引される．株価はその企業の市場での価値である．ジェームズ・トービンは，資本市場での企業の評価と投資の間に存在する重要な関係を見出し，q という概念を導入して投資を説明した．

K 単位だけの資本を所有している企業の市場での価値が V_M 円だとしよう．この時，資本 1 単位当たりの企業価値は V_M/K である．もし V_M/K が資本財の価格より高ければ，この企業はさらに資本財を購入することで，つまり投資をすることでさらに企業の価値を高めることができる．資本財の価格を p_I とすると，1 単位の投資によって，$V_M/K - p_I$ だけの企業の価値を高めることができる．これは，ある市場で 1 個 150 円（V_M/K）で評価されているリンゴを別の場所で 1 個 100 円（p_I）で購入することができる場合，リンゴを 100 円で買い増そうとするのと同じ理屈である．逆に，資本市場で評価された資本 1 単位の価値が資本財の価格より低い場合は投資を行っても損をするだけである．この関係をまとめると次のようになる．

$$\frac{V_M}{K} > p_I \Leftrightarrow V_M > p_I K \Leftrightarrow \frac{V_M}{p_I K} > 1 \Rightarrow \text{投資を行う}$$

$$\frac{V_M}{K} < p_I \Leftrightarrow V_M < p_I K \Leftrightarrow \frac{V_M}{p_I K} < 1 \Rightarrow \text{投資を行わない}$$

$p_I K$ は企業がすでに設置している資本を再度購入するのに必要な費用である．そこで，トービンは，設置済みの資本の市場価値 V_M の設置済みの資本の再取得費用 $p_I K$ に対する比率を q，すなわち $q = V_M/p_I K$ と定義し，q が 1 より大きければ企業は投資を行い，逆に 1 より小さければ投資を行わないと結論付けた．この q は，トービンの q（Tobin's q）と呼ばれている．

実は，このトービンの q を用いた投資の考え方は，最適資本ストックの考え方と密接に対応している．トービンの q が 1 より大きいということは現在の資本ストックが最適水準よりも小さいことを，逆にトービンの q が 1 より小さいということは現在の資本ストックが最適水準より大きいことを示している．このことを簡単に説明しよう．

企業は，ある資本ストックを選び，その後はその資本ストックをずっと維持するものとしよう．それゆえ，投資 I は資本の減価償却分 δK に等しくなる．簡化のために，生産物価格，賃金や投資財の価格を一定とすると，毎期の利潤 $\bar{\Pi}$ も一定になり，

$$\bar{\Pi} = pF(K, L) - wL - p_I I = pF(K, L) - wL - p_I \delta K$$

で表される．この企業の価値 V_M が，現時点（0 期）で株式市場において正し

く評価されるならば，それは次期（1期）以降の利潤の現在価値の合計と等しくなる．それゆえ，

$$V_M = \sum_{t=0}^{\infty}(1+i)^{-1}\overline{\Pi} = \frac{\overline{\Pi}}{i} = \frac{pF(K,L) - wL - p_I\delta K}{i}$$

である．

企業は初期時点（0期）で，次期（1期）以降の資本ストックを自由に決定できると考えているので，企業は，V_M からその V_M を得るために必要な資本の購入費用 $p_I K$ を差し引いたもの，すなわち，次の式で定義される V_0 を最大化するように資本ストックを選択する．

$$V_0 = V_M - p_I K = \frac{pF(K,L) - wL - p_I\delta K}{i} - p_I K$$

最大化のための1階の条件は，

$$\frac{dV_0}{dK} = \frac{dV_M}{dK} - p_I = 0 \quad \text{すなわち}, \quad \frac{pF_K(K,L) - p_I\delta}{i} = p_I \tag{3-15}$$

である．(3-15) 式の2番目の式を書き直すと

$$pF_K(K,L) = (i+\delta)p_I \quad \text{すなわち} \quad F_K(K,L) = i+\delta$$

となる．ただし，$p = p_I$ としている．ここではインフレーションを考えていないので（$\pi = 0$），名目利子率（$i = r + \pi$）と実質利子率（r）は等しい．よって，$F_K(K,L) = i + \delta$ は，最適資本ストックの決定式である (3-12b) 式と同じものである．(3-15) 式の最初の式から，

$$\frac{dV_M}{dK} > p_I \Leftrightarrow \frac{dV_M}{p_I dK} > 1 \Rightarrow 資本ストックを増やしたほうがよい$$

$$\frac{dV_M}{dK} < p_I \Rightarrow \frac{dV_M}{p_I dK} < 1 \Rightarrow 資本ストックは減らしたほうがよい$$

という関係があることは明らかで，$dV_M / p_I dK = 1$ の時，最適な資本ストックが実現する．

トービン自身は $V_M / p_I K$ が1より大きいかどうかに着目したが，上の関係が示しているように，厳密には $dV_M / p_I dK = dV_M / d(p_I K)$ と1とを比較すべきである．そこで，現在では $V_M / p_I K$ をトービンの平均 q（Tobin's average q），$dV_M / d(p_I K)$ をトービンの限界 q（Tobin's marginal q）と呼ぶのが一般

的である．トービンの平均 q がトービンの限界 q のかなり良い近似になっていれば，トービンの議論が成り立つことになる．

コラム 5　離散時間モデルと連続時間モデル，ストックとフロー

　第2章や第3章で用いられたモデルは，通常離散時間モデル（discrete-time model）と呼ばれる．時間があたかも不連続に，つまり飛び飛びに（離散的に）進んでいると想定しているように見えるためである．これに対して，時間が連続的に流れていると仮定したモデルを連続時間モデル（continuous-time model）と呼ぶ．もちろん，離散時間と連続時間という2つの種類の時間があるわけではなく，モデルの上だけで時間の進み方を区別しているに過ぎない．

　この章で用いた資本ストックの変化を表す式は，

$$K_{t+1}=I_t+K_t-\delta K_t=I_t+(1-\delta)K_t$$

であった．本文では1期間がどの位の長さであるかは明示しなかったが，1期間が1年間であるとすれば，K_t は2015年1月1日の資本ストック量であり，K_{t+1} は2016年1月1日の資本ストック量となる．I_t は2015年の間に行われた投資の量であり，δ は2015年の間に生じた資本減耗の割合である．

　今度は同じ式の1期間を1日と考えて，h 日後の資本ストックを考えてみよう．それは，

$$K_{t+h}=I_t+K_t-\delta K_t$$

となるであろうか．少し考えるとこの式は正しくないことが分かる．ここでは，I_t は1日の投資量であり，δ は1日の資本減耗率であるので，h 日間に行われる投資量は $h\times I_t$ であり，h 日間に生じる資本減耗率は $h\times\delta$ となる．よって，上の式は正しくは以下のようになる．

$$K_{t+h}=hI_t+K_t-\delta hK_t$$

K_{t+h}, K_t, I_t が t や h の関数であることを明示するために $K(t+h)$, $K(t)$, $I(t)$ で表し，上の式を書き直すと，

$$K(t+h)=hI(t)+K(t)-\delta hK(t)$$

となる．この式を変形すると

$$K(t+h)-K(t)=hI(t)-\delta hK(t)$$
$$\Rightarrow \frac{K(t+h)-K(t)}{h}=I(t)-\delta K(t)$$

となる．上の式の両辺の極限をとると，

$$\lim_{h\to 0}\frac{K(t+h)-K(t)}{h}=\lim_{h\to 0}[I(t)-\delta K(t)]$$
$$\Rightarrow \frac{dK(t)}{dt}=I(t)-\delta K(t)$$

となる．このように，離散時間モデルでの差分方程式は，連続時間モデルでは微分方程式で表されることになる．

I_t や δ はフローの変数であるので，その量は時間の長さに依存するので，一定期間（h 日間）に生じる量を考える場合は，その期間（h）を掛ける必要がある．これに対して，K_{t+h} や K_t はストックの変数であるので，その量は時間の長さには無関係で，時点にだけ依存するので，期間（h）を掛ける必要はないのである．このことは，その変数がストックなのかフローなのかをきちんと把握しておくことが，モデル分析を正確に行うためにも非常に重要であることを示している．

3.4 住宅投資と市場均衡

住宅市場のモデル

投資を考える際にはストックとフローを明確に区別する必要がある．この点を理解するために，住宅投資を例に市場均衡と投資の決定関係を見てみよう．単純化のために次のような仮定をおいて議論を進めよう．

(1) 住宅の質は全く劣化しないが，一定割合 δ で使えなくなってしまう．それゆえ，I_t を住宅投資（新規に建設される住宅の戸数）とすると，ストックである既存の住宅の戸数 H_t は，（3-1）式と同様に以下の式に従って変化する．

$$H_{t+1}=I_t+(1-\delta)H_t=I_t-\delta H_t+H_t \tag{3-16}$$

(2) 住宅の需要曲線は，住宅価格 P_H の減少関数である．そして，それは，好況の時と不況の時で異なるものとする．簡単化のために，好況の時は

$$P_H = a_H - bH \tag{3-17a}$$

不況の時は，

$$P_H = a_L - bH \tag{3-17b}$$

と仮定する．ただし，$a_H > a_L > 0$ である．

(3) 住宅ストックは短期的には一定なので，住宅のストック市場での供給曲線は，価格 P_H とは全く無関係で垂直である．

$$H_t^s = H_t \tag{3-18}$$

(4) 毎期住宅メーカーが新規の住宅を供給する．その戸数が住宅投資 I_t であり，以下の供給曲線（限界費用曲線）によって決定される．

$$P_H = c_0 + c_1 I_t \tag{3-19}$$

ただし，$a_H > a_L > c_0 > 0$，$c_1 > 0$ である．

ストック市場の均衡と住宅フローの生産

図表3-3の左のグラフは，好況の時の住宅のストック市場の均衡を描いたものである．t 期における住宅の戸数は，前述のように $t-1$ 期に新たに供給されたものとそれまでのストックによって決定されるので，t 期の住宅価格とは無関係に一定である．それが H_t^s のところの垂直な線で表されている．この直線と好況の時の住宅の需要関数 (3-17a) 式との交点で，t 期の住宅価格 P_{Ht}^* が決定される．P_{Ht}^* が与えられると，住宅メーカーは供給曲線 (3-19) 式に従って住宅を建設する．その戸数が右のグラフの I_t である．つまり，価格はストックの市場で決定され，その価格に基づいてフローとしての新規の住宅供給が決定されるのである．

図表3-3の左のグラフの垂直な点線は $t+1$ 期における住宅ストック，つまり $t+1$ 期における住宅の供給量を示している．これは，(3-16) 式に従って決定される．I_t が δH_t を上回っていれば住宅の戸数は増加し，I_t が δH_t を下回っていれば住宅の戸数は減っていく．グラフには I_t が δH_t を上回っている場合が描かれている．グラフを見れば分かるように，$t+1$ 期が好況であったとしても，$t+1$ 期の住宅価格は t 期に比べて低くなり，そのため新規に建設さ

図表3-3　住宅市場のストックの均衡とフローの住宅投資

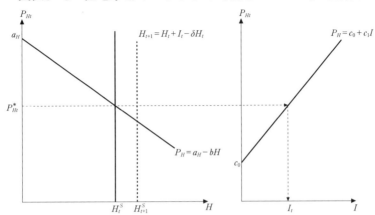

れる住宅の戸数も少なくなる．

ストック市場の定常均衡

　住宅ストックは時間とともに変化するが，それが永久に続くわけではない．図表3-3の例では住宅ストックが増加しているが，ストックの増加とともに住宅価格が低下するために新規の住宅供給は減少していく．また，住宅の減耗率 δ が一定であるので，ストックの増加とともに減耗していく住宅の戸数 δH_t は増加する．つまり，初期に $I_t > \delta H_t$ であれば，H_t は増加するが，H_t の増加による住宅価格の低下のために I_t は減少する一方で，δH_t は増加するので，やがて I_t と δH_t は等しくなる．逆に，初期に $I_t < \delta H_t$ であれば，H_t は減少し，H_t の減少による価格の上昇によって I_t は増加し，δH_t は減少するので，やはり I_t と δH_t はやがて等しくなる．

　図表3-4には，物的な減耗でなくなっていく住宅の戸数 δH_t が，新規に建設される住宅の戸数 I_t と等しくなる場合が描かれている．$I_t = \delta H_t$ であるので，$H_{t+1} = H_t$ となる．この状態に到達すると，住宅のストックは時期（t）とは無関係に一定なので，グラフでは H に時期を表す添字を付けていない．このように毎期同じことが繰り返される状態を定常状態（stationary state）と呼ぶ．また，そのような均衡を定常均衡（stationary equilibrium）と呼ぶ．この均

図表3-4 住宅市場の定常均衡

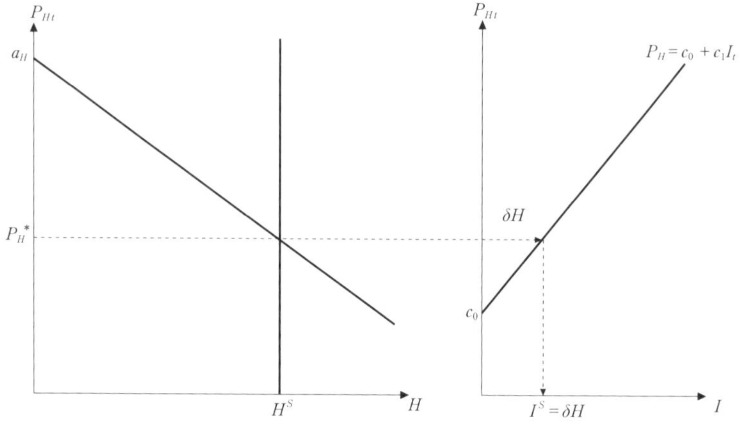

衡を攪乱するような出来事が起きない限り，この状態は永久に続くことになる．経済学では，均衡の攪乱要因のことをショック（shock）と呼ぶ．

需要のショックと投資の変動

好況が持続した結果，今住宅市場が図表3-4のような定常均衡にあるとしよう．そこで突然不況になり，住宅の需要が落ち込んだとしよう．つまり，マイナスの需要ショックが起きてこの定常均衡が攪乱されたのである．この場合，投資はどうなるであろうか．このショックの影響を考察するために図表3-5を見てみよう．

供給（住宅ストック）はすぐには変化しないので，需要の大きな落ち込みによって，価格だけが大きく下落する．大幅な価格の下落は住宅の建設を抑制する．グラフでは，価格がc_0を下回るP_H'まで低下し，新規の住宅建設が全く行われなくなっている．これは極端なケースのように思われるかもしれないが，長く続いた好況の後に突然不況がやってくると住宅投資が非常に低い水準になってしまうということは珍しくない．さらに，減耗率δが小さいと住宅ストックが過剰な状態が長く続くので，住宅投資の回復は大きく遅れることになる．

図表3-5 不況の住宅投資への影響

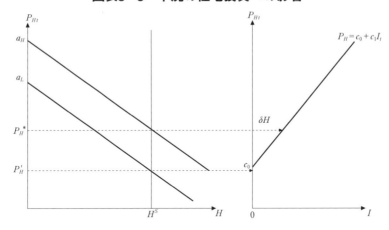

投資と消費の変動の違い

(3-16) 式は住宅ストックの供給関数と考えることができる．そこで鍵となる役割を果たしているのは δ である．$\delta=1$ である場合，つまり財の減耗率が100％である場合，財は耐久性を完全に失い，ふつうの消費財の供給関数と同じになる．別な言い方をすると，ここでは δ が1よりもかなり小さいこと，つまり財にある程度の耐久性があることが重要なのである．実際は，食品でも通常数日間は保存できるので，財の耐久性は程度の問題であるが，以下に説明するように，財の耐久性とその需要の変動の間には密接な関係があることには注意が必要である．

$\delta=1$ の場合，(3-16) 式は $H_{t+1}=I_t$ となる．この場合，財には全く耐久性がないので，t 期に生産されたもの (I_t) が $t+1$ 期に供給されると考えるのは無理がある．そこで，$H_{t+1}=I_t$ ではなくて $H_t=I_t$ と考えるのが妥当である．つまり，今期生産されたものがすぐに市場に供給される．この場合，毎期 (3-19) 式に従って財 H が供給されると考えられる．つまり，(3-19) 式に $H=I$ を代入して得られる

$$P_H = c_0 + c_1 H \tag{3-20}$$

を供給関数として考えることができる．

図表3-6 不況の影響：消費財の場合

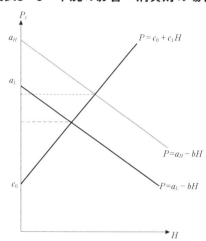

図表3-6には（3-20）式の供給関数と，好況の時の需要関数（3-17a）式と不況の時の需要関数（3-17b）式が描かれている．これは耐久性が全くない財の市場均衡と考えることができる．当然のことであるが，好況の時には価格が高く取引量も多くなるのに対して，不況の時には価格は低く取引量は少なくなる．しかし，図表3-5の左側のグラフと比較すると分かるように，住宅市場の場合よりも価格の低下は小さくなる．また，図表3-5の右側のグラフとの比較から取引量の減少も小さくなることが分かる．住宅の場合は，$a_L > c_0$ と仮定しても取引量がゼロになるケースが存在するのとは対照的に，耐久性のない消費財の場合，$a_L > c_0$ という仮定によって取引量がゼロになる可能性が排除される．

本章の最初で，投資需要は変動が大きいのに対して，消費需要は変動が小さいという事実について触れたが，その主要な原因の1つは耐久性の違いによるものである．それを端的に例示しているのが，図表3-5と図表3-6である．それゆえ，消費財でも耐久性が大きいものは需要の変動が大きくなる．酒やタバコの需要が，税率の引き上げの前後で大きく変動するのは，消費財の中でもそれらの耐久性が大きいためである．

3.5 結論

　消費はそれ自体が目的であるのに対して，投資はそれ自体が最終的な目的ではない．在庫投資は，必要な在庫ストックを持つことで生産の平準化を行い，在庫切れのリスクを回避することを目的としてなされる．設備投資であれば，蓄積された資本ストックを用いて生産を行い利潤を得ることが，住宅投資であれば，居住やオフィスなどのサービスを享受することが，最終的な目的である．その最終的な目的を達成するために必要なストックの水準に近づく手段として，フローとしての投資需要が存在する．

　短期のマクロ経済変動という観点では，投資需要はその変動の大きさが重要である．消費は毎期それ自体を目的としてなされるので，大きく減らすことはできない．これに対して投資はそれ自体を目的としているわけではないので，景気が悪ければすぐに減らされてしまう．また，消費財の場合，耐久性が低いので景気が良い時に大量に買い込んで将来のためにとっておくということはできない．これに対して，資本ストックは耐久性が高いので，投資は不況期には大きく落ち込み，好況期には過度になされることもある．それがさらに経済変動を大きなものにする．

　企業も家計もミクロのレベルでは最適な行動をとろうとしている．それゆえ，負債を抱えている企業が，不況の時に負債を減らさずに投資を行うことはないであろう．そのため，景気回復に必要な投資需要は生まれず，不況は深刻化し長期化する．ミクロレベルでの合理的な行動が，マクロレベルでの合理性を失い，個々の経済主体にとっても悪い結果を生み出す．これこそが，ケインズが消費行動と投資行動の中に見出した重要な点である．

　もちろん，投資は経済全体の需要を支えるという意味で短期的に重要なだけではなく，中長期的な視点からも非常に重要である．投資が経済成長に果たす役割については，第8章で詳しく考察する．

練習問題

問題1（消費及び投資の現実の変動）

内閣府のホームページ（http://www.esri.cao.go.jp/jp/sna/menu.html）の「国民経済計算（GDP統計）」にある四半期データを用いて，過去20年間の投資と消費のそれぞれがGDPに占める割合（％）の時系列的な変化を折れ線グラフで示しなさい．そして，それらの平均と分散を求めなさい．

問題2（在庫投資の生産平準化機能）

(1) おもちゃのように，販売が毎年ある時期に集中しているような財が存在する．そのような財については，同じように在庫が積み増されては急激に在庫がなくなる．そのような財の例を挙げ，なぜそのようなことが繰り返されるのかを説明しなさい．

(2) 加速度原理に基づく在庫投資が大きく変動するのは，「予想されない」販売の変化が起きる場合である．本文の在庫投資の具体例を用いて，販売の変化が「予想されている」場合，在庫投資及び生産水準はどのように変化するか，考えてみなさい．

問題3（税制が投資に与える影響）

本文では利潤Π_tを課税の対象とした．労働費用は労働者に支払われるのに対して，投資費用は，企業が自らの将来の利潤のために支出するのであるから，純粋に費用として考えるのは不適切であるという議論もある．そこで課税の対象になる法人所得（利潤）を$p_t Y_t - w_t L_t$としよう．つまり，企業は$\tau(p_t Y_t - w_t L_t)$だけの税金を支払わなければならないものとする．この場合，税金の引き上げは投資にどのような影響を与えるか．また，投資税率控除はどのような影響を及ぼすか．説明しなさい．

問題4（ストック市場の均衡と住宅投資の変動）

住宅市場は，既存の住宅（ストック）の市場と新規の住宅（フロー）の市場に分けられる．ここでは，簡単化のために，住宅は物的には全く劣化せず（すな

わち住宅設備の資本減耗率はゼロで），新しい住宅と古い住宅は全く同じ価値を持ち続けると仮定する．既存住宅に対する需要曲線が $P=100-(1/10)H$, （ただし，$P=$ 住宅価格，$H=$ 住宅ストック）で与えられている．また，新規の住宅の供給曲線が $P=10+I$（ただし，$I=$ 新規の住宅建設戸数＝住宅投資量）で与えられている．また，今年（現時点）の住宅の戸数は500であり，今年建設される住宅 I は来年完成し，来年のストックの一部になる．以下の問題に答えなさい．

(1) 今年の住宅価格はいくらか．求めなさい．
(2) 今年の住宅投資量 I はいくらか．求めなさい．
(3) 来年の住宅投資量 I はいくらになるか．求めなさい．
(4) この経済における長期（定常状態）における住宅の戸数（住宅ストック）はいくらになるか．求めなさい．

さらなる学習のために

1. デビッド・ローマー著，堀雅博他訳『上級マクロ経済学』日本評論社，2010年．
   モデルのより厳密な数学的定式化と分析に興味のある人は，この本の第8章「投資」を読むとよい．

2. 宮尾龍蔵「日本の設備投資行動：1990年代以降の不確実性の役割」『金融研究』日本銀行金融研究所，2009年3月．
   日本の最近の投資行動についての実証研究で，この章では取り上げることができなかった不確実性が果たす役割についても分析されている．

3. Fumio Hayashi, "Tobin's Marginal q and Average q: A Neoclassical Interpretation," *Econometrica*, Vol. 50, No. 1, 1982, pp. 213-224.
   トービンの平均 q と限界 q が一致するための条件を明らかにした重要な専門論文である．

4. 中村保『設備投資行動の理論』東洋経済新報社, 2003年.
   設備投資に関する上級レベルのトピックを解説した専門書である.

第4章

貨幣とファイナンス

In short, the financial and capital markets, are at their best highly imperfect coordinators of saving and investment, an inadequacy which I suspect cannot be remedied by rational expectations. This failure of coordination is a fundamental source of macroeconomic instability and of the opportunity for macroeconomic policies of stabilization.
James Tobin, "Money and Finance in the Macroeconomic Process,"
　　　　　　　　Nobel Memorial Lecture, 8 December, 1981.

この章で学ぶこと

＊貨幣の3つの主機能と対応する金融制度
＊情報の不完全性と貸借・出資契約
＊リスク・リターンと最適ポートフォリオ
＊金融政策の運営とテイラー・ルール
＊インフレーション・デフレーション及び貨幣量の関係

貨幣とは何だろうか．貨幣＝おカネを求めて人々が様々な行動をとるのは事実で，文学や哲学などのテーマにもなってきた．経済学から見ると，貨幣の第1の機能は，経済主体間の取引＝財・サービスの交換を，大幅に容易にする道具＝交換媒体となることである．第2の機能は，将来における財・サービスの購入に向けて購買力＝富を貯蔵する手段となることである．第3の機能は，財・サービス価格の表示とか貸借・購買の契約などにおける計算単位となることである．本章の前半では，貨幣の機能を順に検討しながら，対応する制度として決済や銀行システム及び貸出契約などを説明していく．

本章第2のテーマは，ファイナンスである．家計や企業などの経済主体のうち，現時点における資金ニーズが保有資金を上回っている資金不足主体に対して，逆の状況にある資金余剰主体から，資金を融通＝ファイナンスすることで，経済活動が活発になる．ファイナンスを検討する時には，情報の非対称性に留意しなければならない．資金不足主体の意図は，資金余剰主体には不完全にしか分からないからである．この非対称性の悪影響を軽減して，資金提供サイドが正当なリターンを得られるように，様々な金融契約が工夫され，金融機関や金融商品が発達してきた．また，家計は現時点で消費に使わない所得を貯蓄するが，その貯蓄をそれぞれの選好にしたがって，好ましい運用戦略を考えることになる．これが資産選択であり，その意思決定において重要な概念がリスクとリターンである．

貨幣とファイナンスに関する諸制度や考え方を検討した後に，本章の最後のテーマとして，マクロ経済の金融的側面に関わるテーマとして，インフレーションとデフレーション，及び金融政策の運営について学ぶ．

4.1　貨幣＝支払手段と決済システム

貨幣は複数の機能を果たしているが，その中心は支払い手段という機能である．現代の日本で生活していると，支払い手段としての貨幣がもたらす便利さは当然のものになっている．したがって，その機能を評価するには，貨幣のない状況と比較してみる必要がある．この作業は，頭の中で想像することでも可能であるし，興味深い実例から学ぶこともできる．

まず，想像してみることから始めよう．服を買いに行って，欲しい服を見つけたとしよう．貨幣がなければ，どうやって代価を支払えばいいだろうか．無料では服を入手できないだろうから，何かと交換しなければならない．あなたは，自分の持っているものを検討することになるだろう．今着ている服とか，たまたま持っている本やお菓子を呈示して，服の売り手と交渉しなければならないのである．そして，その何か＝代価は，服の売り手が受け取ってくれるものでないといけないことに気付くだろう．「その服のデザインは嫌いだ」とか，「その本には興味がないし，そのお菓子も好きじゃない」と言われると，欲しい服を手に入れられないことになる．

買い手の欲しいモノを持っている売り手が，買い手の持っているモノを欲しいと思うことが，取引の成立に必要なのである．この状況は，「欲求の二重の一致」と呼ばれている．世の中の人々はそれぞれにいろいろなモノやサービスを欲しいと思っているだろうが，互いに相手の欲しいモノを持っている人どうしが出会わないと，この取引＝物々交換を実現することは難しい．言い換えると，物々交換の世界では買い物に双方向的なマッチングが必要になってしまうのである．現実の世界において双方向的なマッチングが必要な代表例が就職や結婚だから，その難しさが理解できよう．就職や結婚に関しては，マッチングを助けるような様々な工夫が編み出されてきた．都心のホールを借り切った大規模な企業説明会やエントリーシートで選抜されて参加する個別企業の説明会，伝統的なお見合いからインターネット上の結婚情報サイトまで，すぐに思い付くだろう．

モノやサービスの交換に関するマッチングを助ける工夫が，支払い手段としての貨幣だったのである．その効果は劇的である．「売り手は，代価として貨幣を受け取る」というルールを皆が守ることで，双方向的なマッチングが不要になるのである．自分が買い手に回ったときに欲しいモノをどれでも貨幣と交換することができるのなら，売り手としての自分も貨幣を受け取ることで，何の不便も起こらない．どの買い手も貨幣を持ってくるので，売り手の商品を買い手が欲しいと思いさえすれば，取引は成立する．二重ではない単一の欲求の一致＝片方向的なマッチングのみでいいので，一定の期間により多くの取引が成立すると期待できる．貨幣が代価の支払い手段として皆に受け入れられるこ

とで，物々交換＝モノとモノとの直接的な交換から間接交換＝モノと貨幣との交換へと取引形態がより効率的なものへと変化し，経済が活性化されることとなったのである．

　間接交換のメリットは明白であり，個人レベルで工夫してもそのメリットをある程度は享受できるので，貨幣の誕生は自然発生的なものであったと考えられる．貨幣の歴史は，便利さが追求された歴史であった．日本の歴史を振り返ると，米や布など多くの人が必要とするモノが，多くの人に受け取ってもらえることを期待できるので，支払い手段の地位を獲得していった．しかし，米や布には変質してしまうとか，運搬に重いといった，欠陥があった．そこで，変質しにくく，高価なので金額当たりの重量も軽くすむ，希少な金属＝金や銀などが使われるようになった．基本的には，貨幣となっている物質＝商品（commodity）そのものの価値が貨幣の価値になっていた．これらは，商品貨幣と呼ばれている．商品もその品質や重量などを吟味しないと価値は確定されないので不便だが，金貨や銅貨は品質と重量とを決めて政府が鋳造することで，その不便が軽減された．江戸時代には，大判・小判や丁銀・豆板銀などが高額の取引に使われ，小口の取引には寛永通宝などの銅貨＝銭が使われるようになった．

　現在広く使われている紙幣の場合，紙そのものの価値は貨幣としての価値に比べて顕著に低い．しかし，印字された価値によって通用することが信用されることで，貨幣としての機能を果たしているのである．紙幣が使われるようになった当初は，金貨や銀貨の代用品であった．当時の紙幣は，基本的に，金貨や銀貨を一定額所有していることの証明書であり，金貨や銀貨を預かっているのが銀行である場合，銀行券と呼ばれた．金銀の持ち運びに比べて，圧倒的に軽量で便利な紙幣＝銀行券で取引をしておき，銀行券を受け取った売り手が，後で都合の良い時に銀行に行って，金貨や銀貨と交換するようになったのである．政府が紙幣を発行するようになっても，信用を高めるために，当初は金や銀との交換が約束された兌換紙幣であった．交換対象である金や銀などの価値によって，紙幣価値が裏打ちされていたのである．現在は，金や銀との交換が約束されていない不換紙幣（fiat money）となっており，政府による法的強制によって，紙幣が広く受け取られることが保証されている．

図表4-1　決済プロセス

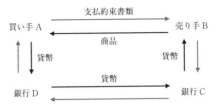

　上述したような，商品と銀行券が交換された後に，銀行券の受け取り側が支払い側の銀行に対して金貨の支払いを要求するシステムは，その基本形が今日の決済システムに受け継がれている．日常の小口取引は現金で支払われることも多いが，大口取引の場合には商取引の現場で現金を受け渡すことは少ない．多額の現金の運搬にはリスクや不便が伴うからである．そこで，取引の実行時点では，買い手Aが売り手Bに対して代価X円の支払いを約束する書類（小切手や手形）を渡す．後に，売り手Bが自分の取引銀行Cにその書類を提示して，自分の預金口座へのX円入金を依頼する．銀行Cは，支払約束の書類を買い手Aの取引銀行Dに提示して，銀行DからのX円入金と交換に引き渡す．最後に，銀行Dは買い手Aの預金口座からX円を引き下ろし，Aに支払約束の書類を渡す．これで支払い完了であり，銀行は決済システムの中核なのである．なお，この決済プロセスの各段階において，関係する主体が倒産してプロセスが途切れてしまうリスクがある．そこで，このリスクを軽減するように，できるだけ速やかに決済プロセスが完了するような制度改良が実施されてきた．

4.2　貨幣＝貯蓄手段と銀行システム

　貨幣を支払い手段として使うためには，保有しておく必要がある．そこから，貨幣の貯蓄手段，富の保蔵手段という機能が生まれてきた．商品貨幣として使われた金銀などの貴金属は，変質しにくいので保蔵手段として優れていたのである．しかし，金属貨幣は紙幣に比べると運搬に不便である．本格的な金庫をつくったりして盗難に備えるのもコストがかかる．そこで，貴金属そのものは

図表4-2　銀行の中核ビジネスモデル

資産	負債
貸付	預金
準備	資本

　特定の保蔵機関＝銀行に預けて，その預かり証＝銀行券で取引時の支払いをするようになった．銀行券を受け取った人は，銀行に持っていくと金や銀と交換できたのである．

　銀行はどのようなビジネスモデルを採用して，利潤を得たのだろうか．預かった金貨や銀貨を保蔵しておくだけでは，保管手数料などの収益しか生まれない．しかし，金貨や銀貨を資金の必要な人々に貸し付ければ，利子収入を得ることができる．預かっている金貨や銀貨は銀行の所有物ではないが，預かっている全額が使われてしまう可能性は低い．賢い銀行家は，預かった金貨や銀貨の一部を貸出に回すようになっただろう．初めは慎重に少しだけを運用し始めて，次第に運用の比率を増やしていっただろう．

　これが，現代の銀行のビジネスモデルの起源である．現代の銀行は，金貨や銀貨を預かっているわけではないが，多くの人々から貨幣＝紙幣を預かって，その一部を貸出などに運用して収益を上げている．基本的なビジネスモデルは同じである．運用に回さない残りは，預金引き出しに備えた支払準備として保有する．また，貸付が完全に返済されない場合に備えて，一定の自己資本も保有しておかねばならない．このビジネスモデルは，図表4-2のようなシンプルなバランスシート（貸借対照表）に要約される．

　上記のビジネスモデルは伝統的なものだが，実は不安定さを内包している．資産サイドの相当部分を占める貸付は，数か月から数年といった期間が経過しないとフルには返済されない長期性の資産である上に，借り手の経済状況によってはフル返済されない危険性もある資産である．他方で，負債サイドの大部分を占める預金は，預金者が引き出そうと思えば支払わねばならない短期性の負債であり，かつ元本の完全返済を約束している安全性の高い負債である．つまり，バランスシートの両面の主要構成要素が，満期とリスクの両面で対応

していない，ミスマッチな構造なのである．多くの預金者が預金を引き出そうとすれば，支払準備を超過して銀行が支払いに応じられない状況が発生してしまう．第2次大戦以前には，景気下降に伴って貸付資産の返済が疑問視されるようになると，預金者が殺到して預金を引き出そうとする銀行取付（bank run）が起きていた．多数の銀行が破綻する恐慌（panic）は，景気悪化を深刻かつ長引くものにした．

そうした事態を予防するために考案されたのが，政府による預金保険の提供であった．巨大な支払能力を持っている政府が一定額までの預金に対して元本保証を行うと，預金者は早い者勝ちで銀行から預金を引き下ろす必要がなくなり，銀行取付はほとんど発生しなくなった．ただし，公的な預金保険の提供は，保険料を徴収しているとはいっても政府が民間銀行を助けていることに変わりはない．そこで，その代償として銀行に対する規制・監督が課せられた．政府の定めた規制によって危険性の高い資産の保有や資産規模の拡大が制限されて，銀行が遵守していることを確認するための検査監督が公的機関によって実施されるようになったのである．

長期的にも，銀行のビジネスモデルは，経済社会にとって大きなプラスとマイナスの影響をもたらしてきた．プラスの影響は，経済活動の活発化である．金貨や銀貨が個々人のレベルで保蔵されると社会には貢献しないが，銀行を通じて貸し出されると投資や消費を増やす．現代でも，開発途上国などでは，銀行システムへの信頼が低く，個々に富が保蔵されているので，経済活動が低水準に留まっていると指摘されている．他方で，銀行の活動がマイナスの影響ももたらしうる．それは，バブルの生成と崩壊に代表されるような，経済活動の不安定化である．銀行による預かり資金の運用が過剰になったり杜撰になったりすることが一般的になると，経済は一時的に好景気となり株価や地価などの資産価格も高騰する．しかし，長続きはしないので借入金の返済が数多く滞り，企業の連鎖倒産や銀行の破綻が発生するようになる．資産価格も大幅に下落して，経済活動も相当期間にわたって沈滞してしまう．銀行のビジネスモデルは，経済活動の振幅を拡大する傾向も内包しているのである．

個々の銀行のビジネスモデルは，上述のようにシンプルなものであるが，多くの銀行から成る銀行システム全体としては，追加的な経済現象を生み出す．

図表4-3 信用創造のモデル

信用創造とか貨幣創造と呼ばれるプロセスであり，中央銀行などが発行している貨幣の数量を膨らませる働きを，銀行システムが持っているのである．銀行に預けられた資金が経済─銀行システム間を循環することで，企業や個人が保有できる貨幣量が増えるのである．

銀行システムがどれぐらい貨幣量を増やすことができるのか，簡単なモデルを用いて検討してみよう．

仮定1：どの銀行も，受け入れた準備に対して，同じ比率（rr）の準備を保有して，残りを貸出に回すものとしよう．

仮定2：借り手は，借り入れたローンの全額を，財・サービスの購入に対する支払いに充てる．

仮定3：財・サービスの売り手は，受け取った販売代金の全額を，自分の取引銀行に預金する．

このモデルのメカニズムを図示してみよう（図表4-3）．最初に X 円の預金が，銀行Iに，預けられたものとしよう．

図表4-3のプロセスが続いていくのであるから，生み出される預金の総額は，簡単な数列の計算で算出できる．

$$\text{創造される預金総額} = X\text{円} + (1-rr)X\text{円} + (1-rr)^2 X\text{円} + \cdots = \frac{X}{rr}\text{円}$$

当初の預金額に信用創造乗数（準備率 rr の逆数）を掛けただけの預金が生み出されることになる．

貨幣というと，日常生活の文脈では紙幣や硬貨などの現金を意味しているだろう．しかし，これまで述べてきた貨幣の機能，支払い手段と貯蔵手段という2つの機能を果たすという点から見ると，現金に加えて，様々な銀行預金も貨幣であると考えることができよう．実際の経済を分析する時には，そうした諸金融資産も加えて，マネーストックを計算している．すぐに支払いに使える現

図表4-4　マネーストックの諸定義

(億円, 2013年平残)

M1	M3	広義流動性		
5,603,112.1	11,554,777.3	15,075,528.5		
		流動性の高い金融資産（投資信託や国債など）	352,0751.3
	CD（譲渡性預金）		33,7418.5
	準通貨（定期預金や外貨預金など）		561,4246.7
預金通貨（当座・普通預金など）			480,5503.3
現金通貨			79,7608.8

(注)　詳細な説明は，日本銀行のHPに掲載されている「マネーストック統計の解説」を参照のこと．なお，長期の時系列に接続するために，ゆうちょ銀行など一部金融機関をM3から除いたM2が発表されている．
(出所)　日本銀行「マネーストック統計」．

金通貨と預金通貨の合計がM1で，それに定期預金などの準通貨やCDを加えた合計がM3，さらに投資信託や国債など流動性の高い金融資産を加えた合計が広義流動性とされている．

貨幣は，中央銀行や民間銀行の負債側に注目した量的統計であるが，資産側に注目した量的統計もある．中でも，銀行貸出などを集計した信用量は，金融活動の規模の指標として重要視されている．

4.3　貨幣＝計算単位と価格硬直性＋銀行貸出

貨幣が支払い手段として使われるようになると，モノ・サービスの値段が貨幣単位で表記されるようになった．日本では円を単位として，アメリカではドルを単位として，中国では人民元を単位として，値段が表示されている．21世紀に入ると，EU域内の多くの国で，共通通貨ユーロが導入された．ユーロを導入した諸国では，一定の移行期間をおいてそれぞれの旧貨幣は通用しなくなり，新たなユーロ貨幣のみが貨幣として通用されることになった．これに対応して，モノ・サービスの値段も，ユーロ単位の表示へと変更されたのである．

モノ・サービスの価格が貨幣単位で表示されるようになると，いろいろな契約に関わる支払い額も貨幣単位で表示されるようになった．賃金や給料も貨幣単位で決められるし，借金額と返済額も貨幣単位で決められる．このように価格表示や契約における計算単位となることが，貨幣の第3の機能である．この

ことは，日常的に目にしていることなので，当たり前だと考えられるかもしれない．しかし，経済的な契約が貨幣単位で記録されることは必然ではない．日本の歴史を振り返ると，農民が年貢という税金を領主に対して納めていた時代があるが，年貢の数量は金銭で決定されていたのではなく，例えば米の生産量に対する一定比率として定められていた．水田を借りて耕作していた小作農と地主との間の契約においても，借地代は米の量で決められていた．江戸時代においても後期に入ると，貨幣の使用が普及して，納税の形式も生産物を納める物納から一定の金額を納める銭納へと変化したのである．

おカネの貸借契約において返済額が貨幣単位で記録されていることは，貨幣を借りて貨幣を返すのだから，自然であると考えられるかもしれない．この契約形態に欠点はないのだろうか．貸借関係においては，借りた時点と返す時点との間に時間が経過する．問題が生じるのは，その2時点の間に，貨幣の価値が変動してしまう場合である．紙幣は本来的な物質としての価値をほとんど持っていないので，貨幣の価値は，貨幣によって購入できるモノ・サービスの量によって，測られることになる．例えば，1万円の貨幣で購入できるモノ・サービスの量は，物価が上がれば減少し，物価が下がれば増大する．つまり，貨幣価値は，物価水準に反比例する．したがって，例えば100万円借りて翌年に110万円を返済するという貸借契約を締結した場合，1年間で物価が10%上昇すると，借りた資金の貨幣価値と返す資金の貨幣価値とは等しくなってしまう．貨幣という計算単位は，実は伸び縮みしてしまう，不完全な計算単位なのである．

経済学の用語でいうと，モノの値札に表示されている価格とか貸借契約書に書かれている借入・返済金額，雇用契約書に書かれている賃金・給料など，貨幣単位で表現された変数は名目変数と呼ばれている．それに対して，生産量や消費量，雇用者数や労働時間など，モノの数量や時間・人数などの変数は，実物変数と呼ばれている．名目変数は貨幣価値を反映して決まっているので，物価水準に対応して調整することで，実物変数に転換することができる．例えば，あるモノの（名目）価格を物価水準（様々なモノ・サービスの価格の平均値）で割ると，そのモノの相対価格，つまり，他の様々なモノの価格に対する相対的な水準が計算できる．

$$\text{第}i\text{財相対価格} = \frac{\text{第}i\text{財名目価格}[\text{円}/(\text{第}i\text{財})\text{個}]}{\text{物価水準}[\text{円}/(\text{平均的財})\text{個}]}$$

第i財の相対価格の単位は，右辺の2変数の単位どうしで一種の割り算を行うことで，

$$\frac{(\text{平均的財})\text{個}}{(\text{第}i\text{財})\text{個}}$$

となる．第i財の相対価格は，第i財1個で平均的な価格の財何個と交換できるかを示しているのである．

同じ計算を1時間当たりの賃金率に対して行うと，実質賃金率が計算できる．

$$(\text{実質})\text{賃金率} = \frac{(\text{名目})\text{賃金率}(\text{円}/\text{労働時間})}{\text{物価水準}[\text{円}/(\text{平均的財})\text{個}]}$$

実質賃金率の単位は，[(平均的財)個／労働時間] となり，1時間働いて獲得できる平均的な価格の財の個数を，示しているのである．

一般的に名目変数を物価水準で割ると実質変数に変更することができて，該当するモノ・サービスと交換に，平均的な価格の財を何個購入できるかを示すこととなる．上述した価格や賃金率のようにモノや労働サービス1単位当たりで交換できる平均的財の個数を示す場合もあるが，1単位当たりとは限らない．例えば，貨幣保有量を物価水準で割ると実質貨幣保有量が計算できるが，それは保有している貨幣量が平均的財何個と交換できるかを示すことになる．

例外的なケースもある．例えば，利子率を実質化するには，名目利子率から物価上昇率を差し引いて，実質利子率を計算することが多い．通常の実質化の計算とは，全く異なるように見える．しかし，これは簡便な計算法の結果であり，正式な計算方法を見ると，物価水準による割り算が2回適用されていることが分かる．

実質利子率

$$= \frac{\text{返済金額}/\text{返済時点の物価水準}}{\text{借入金額}/\text{借入時点の物価水準}}$$

$$= \frac{\text{返済金額}/\text{借入金額}}{\text{返済時点の物価水準}/\text{借入時点の物価水準}}$$

$$\approx \frac{返済金額}{借入金額} - \frac{返済時点の物価水準}{借入時点の物価水準}$$

$$= 名目利子率 - 物価上昇率$$

最初の式の右辺の諸変数の単位を丁寧に検討すると，実質利子率の単位が（返済時点の平均的な価格の財の個数／借入時点の平均的な価格の財の個数）であり，借入時点における平均的財1単位当たりの借入に対して，返済時点における平均的財を何個返済しなければならないかの比率を，示していることが分かる．

外国為替レートの実質化においても，よく似た計算方法が用いられる．

$$実質為替レート = \frac{名目為替レート（円／ドル）}{日本物価水準／アメリカ物価水準}$$

この右辺の諸変数の単位を検討すれば，実質為替レート（real exchange rate）の単位が（日本の平均的財の個数／アメリカの平均的財の個数）であり，アメリカの平均的財1個を購入するのに日本の平均的財が何個必要かを示していることが分かる．なお，上式では為替レートの上昇が円安を示す通常の形になっているが，円高時に実質為替レートが上昇するように逆数を用いる場合もあるので，注意してほしい．

$$実質為替レート = \frac{名目為替レート（ドル／円）}{アメリカ物価水準／日本物価水準}$$

こちらは，日本の平均的財1個でアメリカの平均的財何個と交換可能かを示すことになる．この計算式の分母を（アメリカの輸出財価格／日本の輸出財価格）に変更すれば，交易条件（terms of trade）が計算できる．日本の平均的輸出財1個でアメリカの平均的輸出財が何個買えるかを示してくれる変数である．また，実質為替レートの計算には，実質利子率に似た簡便法も用いられる．

$$実質為替レート変化率 \approx 名目為替レート変化率 - 日米インフレ率格差$$

4.4 ファイナンス

前節までは貨幣をテーマに検討してきたので，銀行についての叙述が多くなった．銀行は多くの国々において，金融システムの中核をなしている．しかし，

現時点での使途のない資金を持っている資金余剰主体から，現時点で必要な資金の足りない資金不足主体へと資金を融通するという，金融本来の機能を果たしているのは，銀行を経由した資金貸借関係のみではない．現実の金融産業は，多様で複雑に発展している．本節では，銀行以外の金融機関や，貸借関係以外の資金融通方法を見てみよう．

　最初に，情報の非対称性（information asymmetry）という考え方を学んでおこう．経済理論で単純化された市場を扱う場合は，商品や取引相手に関しての情報が完全であることを想定している．しかし，現実の市場ではそうした情報が不完全であることが多い．特に，金融市場の取引においては，多くの場合，資金不足主体が受け取った資金をどのように用いるつもりなのかが資金余剰主体には，完全には分からない．悪くすると，初めから返すつもりがないかもしれないし，一か八かのギャンブルに使ってしまうかもしれない．商売を始めてもあまり努力しないかもしれないし，儲けを正直に報告してくれないかもしれない．個々の資金余剰主体にとってはそうした点を吟味することが難しかったり費用がかかり過ぎるので，専門能力を持った銀行が，事前に借り手の返済能力と返済意思とを審査したり，事後的なパフォーマンスを確認することで，社会的に審査・確認費用が節約されたり，審査の質が向上したりすることが，見込まれている．

　次に，貸借と違う資金融通の方法の代表として，出資を説明しよう．資金余剰主体が資金不足主体に出資する場合，提供した資金の返済は約束されない．資金提供主体が受け取るのは，資金を提供された資金不足主体が実施した（ビジネス）プロジェクトによって獲得した収益の一部である．基本的には，収益の額に対して比例的に配当を受け取ることになる．現実における典型例は，企業に対して投資家が出資して株主となることである．株主にとっての利点としては，資金が投入されたプロジェクトからの収益が高く上振れした場合に，配当の受取額も大きくなる点が挙げられる．企業側の利点としては，実施したビジネスからの収益が低くても，返済不能として法的ペナルティを受けずにすむ点が挙げられる．リスクの高いビジネス・プロジェクトには適していると言えよう．ただし，事業の実施の努力を怠ったり，事後的に収益を過小報告したりするインセンティブが，被出資サイドに働いてしまうことが，欠点である．そ

図表4-5　ファイナンス方法の分類

	市場型取引	相対取引
貸借契約	債券の公募	銀行貸出 債券の私募
出資契約	株式の公募	株式の私募

　れを回避するためには，プロジェクトの実施担当サイドの行動をモニターすることが必要となる．貸借関係の場合には，そうしたインセンティブが働かないように，契約がデザインされているのである（練習問題で確認）．

　最後に，上述したような貸借契約や出資契約が売買される金融市場を検討しておこう．銀行を通じた貸借契約は，借り手と銀行，あるいは預金者と銀行という，1対1の相対取引で実施される．他方で，通常の株式の売買は，株式市場を通じて行われている．企業が株式を発行して資金調達をしようとする場合，株式市場で発表して買い手を募集（公募：public offer）し，多くの買い手の中から高い買値を提示した買い手に対して，株式を売却することになる．株式市場を通じずに，一部の投資家を選んで相対取引で売却する私募（private offer）という形が選ばれる場合もある．貸借契約も，銀行経由の相対取引でなく，市場を通じて発行されることもある．返済額と（利子率や満期などの）返済条件が記入された債券を売買するという形である．株式や債券の発行は，多くの場合，発行する事業会社が証券会社に委託して実施される．金融市場を通じて売却すると，多くの投資家を対象とするので良い発行条件が得られると期待される一方で，多くの投資家に発行企業や債券の情報を提供するためのコストや売却手続きのコストもかかるのである．証券会社は，売却（セル）サイドと購入（バイ）サイドの双方に対して，情報を提供したり手続きを代行したりすることで，収入を得ている．公募の場合は，証券会社が一定額で引き受けて購入し，それ以上の金額で売却できた場合の差額を収益として獲得することも多い．

　また，株式市場や債券市場においては，新規発行の株式や債券のみでなく，既発の株式や債券も売買されている．前者は発行市場，後者は流通市場と呼ばれたりする．既発の株式や債券が市場を通じて容易に売買できることは，新規

発行の株式や債券に投資しようとする投資家にとって，大きなメリットである．購入時点では予定していないような資金需要が生じたときには流通市場で売却できるのだから，将来の資金需要の不確実性は現時点での投資にとって大きな障害にならないことになる．こうした流通市場における売買に関しても，証券会社が情報を提供したり売買を代行したりして手数料を得ている．

　他の金融機関もいくつか見ておこう．死亡や事故，疾病などのリスクに対応した保険を販売する保険会社は，保険契約を購入した人々から保険料を徴収し，それを諸資産に運用している．一部は貸出に回しているし，大きな保険金支払いに向けて準備している点など，銀行に似た面も持っている．金融会社は，銀行と違って預金受け入れは行わずに貸付だけを行うもので，そのための資金は金融市場における社債発行や銀行などからの借入によって賄っている．また，受託した資金の運用だけを行う投資ファンドには，その運用対象や運用目的などによって，短期金融市場投資信託（MMF）から年金基金に至るまで，様々な形態が存在している．

4.5　投資の基礎

　通常の貸借契約においては，借り手から貸し手に対して利子の支払いが行われる．借り入れた元本に対する利子の比率が利子率であり，年率で表示されるのが慣行となっている．現実の経済においては，極めて多様な利子率が存在しているが，どれも3つの構成要素に分解することができる．

$$\text{利子率} = \text{短期安全利子率} + \text{タームプレミアム} + \text{リスクプレミアム}$$

様々な利子率には，返済不能に陥る危険性に応じた割増部分（リスクプレミアム）と，返済までの満期の長さに応じた割増部分（タームプレミアム）が含まれている．それらを除くと，諸利子率に共通したものとして，短期で安全な貸借に対応した利子率が残るのである．多くの国々では，中央政府が一番安全な借り手と考えられており，その発行する債券＝国債の利子率が返済不能リスクのない，リスクフリー金利として扱われている．

　利子率を応用すると，様々なプロジェクトの実施によって将来獲得することができる収益を，評価し比較することができる．中核となるのが，現在価値

(present value) という概念である．国債などのリスクフリーな金融資産に1万円投資すれば，1年後には（1＋1年満期のリスクフリー利子率）×1万円が獲得できる．逆算すると，1年後の（1＋1年満期のリスクフリー利子率）×1万円という資金を獲得するには，現時点で1万円の資金があればよい．そこで，リスクフリーなプロジェクトによる1年後の（1＋1年満期のリスクフリー利子率）×1万円の収益に対して，その現在価値は1万円であると考えることとしたのである．つまり，その計算方法は

$$\text{リスクフリーなプロジェクトによる1年後の収益}X\text{の現在価値} = \frac{X}{1+1\text{年満期のリスクフリー利子率}}$$

である．この考え方をリスクのあるプロジェクトの Y 年後の収益に応用すると，

$$\text{リスクのあるプロジェクトによる}Y\text{年後の収益}X\text{の現在価値} = \frac{X}{(1+Y\text{年満期のリスクフリー利子率}+\text{リスクプレミアム})^Y}$$

となる．プロジェクトのリスクと満期に見合った利子率で，複利計算を用いて，割り引けばいいのである．

これが収益還元法（capitalization method）法と呼ばれる計算法である．プロジェクトからの収益が複数年にわたって見込まれる場合は，それらの現在価値を足し合わせれば良い．将来収益の現在価値合計額がプロジェクトの価値であり，プロジェクトの実施費用よりも高ければ，実行するに足るプロジェクトであると評価される．

$$t\text{時点におけるプロジェクトの価値}$$
$$= \frac{\text{収益}_t}{(1+1\text{年満期のリスクフリー利子率}+\text{リスクプレミアム})}$$
$$+ \frac{\text{収益}_{t+1}}{(1+2\text{年満期のリスクフリー利子率}+\text{リスクプレミアム})^2}$$
$$+ \frac{\text{収益}_{t+2}}{(1+3\text{年満期のリスクフリー利子率}+\text{リスクプレミアム})^3} + \cdots$$

利子率が上昇すると，プロジェクトの価値は低下することが，容易に分かるだ

ろう．プロジェクト実施の費用は変わらないので，利子率が上昇すると，実施するべきプロジェクトは減少してしまうのである．

収益還元法は，諸資産の価格付けにも適用することができる．t時点における株価と債券価格及び地価は，それぞれ以下の式で評価される．

$$\text{株価}_t = + \frac{\text{配当}_t}{(1+\text{1年満期のリスクフリー利子率}+\text{リスクプレミアム})}$$
$$+ \frac{\text{配当}_{t+1}}{(1+\text{2年満期のリスクフリー利子率}+\text{リスクプレミアム})^2}$$
$$+ \frac{\text{配当}_{t+2}}{(1+\text{3年満期のリスクフリー利子率}+\text{リスクプレミアム})^3} + \cdots$$

$$\text{債券価格}_t = \frac{\text{利子}_t}{(1+\text{1年満期のリスクフリー利子率}+\text{リスクプレミアム})}$$
$$+ \frac{\text{利子}_{t+1}}{(1+\text{2年満期のリスクフリー利子率}+\text{リスクプレミアム})^2}$$
$$+ \frac{\text{利子}_{t+2}}{(1+\text{3年満期のリスクフリー利子率}+\text{リスクプレミアム})^3} + \cdots$$

$$\text{地価}_t = \frac{\text{地代}_t}{(1+\text{1年満期のリスクフリー利子率}+\text{リスクプレミアム})}$$
$$+ \frac{\text{地代}_{t+1}}{(1+\text{2年満期のリスクフリー利子率}+\text{リスクプレミアム})^2}$$
$$+ \frac{\text{地代}_{t+2}}{(1+\text{3年満期のリスクフリー利子率}+\text{リスクプレミアム})^3} + \cdots$$

各時点における収益が，それぞれの資産に対応したものに変更されているだけである．利子率が上昇すると，どの資産の価格も低下する傾向を持つことが明らかであろう．

なお，実際には，諸資産の価格は市場における需給によって決定される．上掲の計算式によって算出されるのは，資産保有によって得られる所得に基づいた価値のみであって，資産価格のうちでファンダメンタルズと呼ばれる部分で

あり，残りの部分をバブルと呼んでいる．

　　　資産価格＝ファンダメンタルズ＋バブル

　こうした資産を売買する時に，人々はどのように意思決定を行うのであろうか．過去のデータや証券アナリストから提供される諸情報などに基づいて，ファンダメンタルズの部分を検討して市場価格と比較するというのが，正当な手順であろう．様々な資産に対してこうした検討をした後に，購入すべき資産を選ぶ目安となるのが，リスク（危険性）とリターン（収益性）という2つの概念である．資産を保有すると，上掲のファンダメンタルズの分析で注目した所得収入（インカムゲイン）以外に，資産価格の値上がり（キャピタルゲイン）によって，収益が得られる．こうした収益は不確実なものなので，その期待値をリターン，その分散をリスクと呼んでいる．

$$リターン = \left(\frac{インカムゲイン + キャピタルゲイン}{購入価格} \right) の期待値$$

$$リスク = \left(\frac{インカムゲイン + キャピタルゲイン}{購入価格} \right) の分散$$

資産選択（ポートフォリオ）の分析においては，自分の選好に応じて，このリスクとリターンとの組み合わせの中から，最も好ましいバランスを選択することになる．リスクとリターンとは通常はトレードオフの関係にあるのだが，複数の資産に分散投資することで，リターンを低下させずに，リスクを軽減する可能性が生まれる．これをリスク分散と呼んでいる．

　様々な資産に分散投資することで実現可能なリスクとリターンの組み合わせを，リスクを横軸にリターンを縦軸にとった平面において，図示してみよう（図表4-6）．実現可能な最善の組み合わせは，効率性フロンティアFFという曲線で表される．この効率性フロンティアよりも右下側の領域が，よりリスクが高いかよりリターンが低い，実現可能なポートフォリオの集合となる．普通の効用最大化と同じように考えてみよう．通常の人々はリスクを回避しがちなので，その選好は右上がりの無差別曲線UUで表される．効用にマイナスに働くリスクが高まると，効用にプラスに働くリターンも高めないと，効用が同一水準に維持できないからである．この2つの曲線を用いると，人々の最適な選択は，両曲線の接点Pで決定されることになる．効率性フロンティアと

図表4-6　最適なポートフォリオの選択

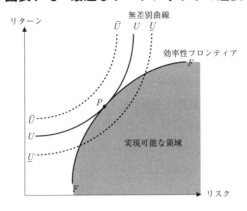

交わる無差別曲線 UU は効用水準が低下してしまうだろうし，接しも交わりもしない無差別曲線 $\overline{UU}$ は実現不可能だからである．

　普通の人々にとって，こうした資産分析やポートフォリオ選択を自力で行うことは，かなり面倒であろう．そこで，専門家にそうした作業を委託するビジネスモデルが誕生する．投資信託がその代表である．投資信託は，それぞれに様々な運用手法を用いているが，パッシブ運用とアクティブ運用とに大別される．様々な分析を行って，それぞれの観点から有利な株式を探して投資するのが，アクティブ運用である．パッシブ運用は特別な分析や個別株の選択を行わない．基本的には，市場に存在する諸資産を存在比率通りに購入しておいて，市場の平均価格と同じように価値が変動するポートフォリオを作成しよう，というものである．金融市場については，多くの投資家が情報を集めて分析して投資しているので，その結果が市場価格に反映されていると期待される．この考え方を効率市場仮説と呼ぶ．この仮説が成立していれば，アクティブ運用を行うファンドマネージャーがどれだけ努力したとしても，特別に高い利益を獲得する可能性は高くない．それなら，あまり努力しない代わりに手数料も安いパッシブ運用が，多くの顧客にとっては悪くない選択と考えられよう．

　最後に，ポートフォリオ選択の枠組みをベースにしつつ，少し拡張して，貨幣への需要を検討しておこう．貨幣は，リターンが特に低く（現金ならゼロ，預金なら預金金利），リスクも特に低い（基本的にゼロ）という，特殊な安全

資産である．したがって，他の金融資産が提供するリターンが高まったり，他の金融資産に伴うリスクが低下したりすれば，貨幣の相対的な魅力は低下してしまうだろう．実のところ，短期国債など，リスクが低いのに（預金金利よりも高い）リターンが見込める金融資産が，存在している．それでも，人々が貨幣を保有するのは，支払いの利便性によるものであると考えられている．短期国債などでも，支払いのために現金化するには一定の手続きが必要で時間がかかる．さらに，多くの金融資産は，買い手を探さないといけないので，急いで売ろうとすると低い値段になってしまいがちである．正当な値段で売却して現金化するのに必要な時間の長さを見ると，貨幣ならほぼゼロで最短である．これが流動性（liquidity）と呼ばれて，貨幣性の指標とされている．流動性の最も高い資産が貨幣なのである．他の諸資産の流動性が高まると，貨幣への需要は低下すると考えられる．また，経済的な取引額が増大すると，支払いのための流動性への需要は高まるであろう．これらをまとめてみると，貨幣への需要は次式のように表されよう．

貨幣需要
$$= L(\underset{(-)}{\text{他資産のリターン}},\ \underset{(+)}{\text{他資産のリスク}},\ \underset{(-)}{\text{他資産の流動性}},\ \underset{(+)}{\text{取引額}})$$

4.6 金融政策

ここまで，貸借・出資や資産選択などに関する個々の家計や企業の行動について学んできたが，そうした行動から生まれる資金の流れの増減は，経済全体の活動水準の変動と共に動く傾向を持っている．その因果関係は双方向的で，GDPが高まれば資金の流れも太くなるし，逆に資金の流れを縮小させればGDPも低下することが多い．消費や投資といった経済活動を実施するには何らかの形でその代金を賄う必要があり，その全部が自己資金では賄いきれないからである．

こうした経験則に基づいて，全体的な資金の流れの規模をコントロールすることで，景気や物価水準という政策（最終）目標に影響しようとするのが，マクロの金融政策の基本である．その運営手法は，調節の（運営）目標と（政策）手段とによって次のように大別される．運営目標に関しては，何らかの量

図表4-7 金融政策の運営手法

		運営目標	
		量的目標	価格目標
運営手段	市場型手段	貨幣量調節	利子率調整
	公的規制	貸出総量規制	利子率規制

を目標として調節しようとするものと，何らかの価格を目標としてコントロールしようとするものがある．次いで，政策手段としては，市場を通じた調節と，公的規制による調節とがある．現実に実施されてきた金融政策の運営手法を例にすると，図表4-7のように分類できよう．

先進国の多くは市場型手段と価格目標の組み合わせである利子率調整を，主な金融政策運営手法として採用している．利子率を高めることが金融引き締めであり，企業や家計が資金コスト上昇に対応して投資や消費の水準を低下させるので，景気を下降させることができる．個々の選択は民間主体に任されているので，政策行動がもたらす歪みが少ない．このタイプの金融政策運営の代表例として知られているのが，ジョン・テイラーが提唱した次のテイラー・ルールである．

$$\text{名目利子率} = \text{長期的な均衡利子率} + \text{インフレ率} + 0.5 \times (\text{インフレ率} - \text{目標インフレ率}) + 0.5 \times \frac{\text{GDP} - \text{潜在GDP}}{\text{潜在GDP}}$$

テイラー・ルールは，生産と物価という2つの最終目標に向けた，システマティックな政策運営を示している．政策当局が名目利子率の水準を，長期的な均衡利子率の周囲で，インフレ率が目標より高ければ利上げ＝引き締め，GDPが潜在GDPより低ければ利下げ＝緩和して，物価安定と景気安定とを図ることを示している．

ただし，2008年のリーマンショックから広まった世界金融危機の下，先進各国は金融緩和を進めてゼロ金利の下限に直面することとなった．例外的にマイナス金利も採用されたが，多くの国々では何らかの量的な緩和手法が試される

こととなった．その中核は，中央銀行による大規模資産購入である．長期金利の低下や予想インフレ率の上昇といった効果をねらって，長期国債や住宅ローン債券の大量購入などが実施されて，中央銀行の保有資産は何倍にも膨張した．

中国などの途上国では，公的規制と量的目標を組み合わせた運営手法が採用されていることが多い．その代表が貸出総量規制である．景気を抑制するためには，経済全体の新規貸出停止といった政策が実施される．銀行から貸出を受けて設備投資をしようとしている企業などが，突然の停止に直面してしまう．強い政策手段ではあるものの，規制回避のインセンティブが高くなるので，非公式な形の資金調達などにつながりやすい．途上国では，利子率規制も実施されていることが多いのだが，自国通貨の外為レートを低水準に維持するためなどの理由から，利子率の上昇を回避しがちである．そこで，貸出総量規制のような政策手法が用いられることになる．

日本などの先進国でも，利子率規制は第2次大戦下の経済コントロールの一環として導入されて，1980年代頃まで長期間にわたって実施された．中央銀行から民間銀行への貸出金利（公定歩合：discount rate）が変更されると，通常の銀行貸出や預金などの諸金利が連動して動く体系が出来上がっていた．しかし，こうした規制は資金需給の実態から乖離しやすいので非効率であり，銀行貸出以外の様々な金融手法が開発されるにつれて効果的でなくなり，最終的には撤廃された．

貨幣量の調節は，1970年代から80年代にかけて，各国が高いインフレーションに直面した時期によく採用された．そのバックグラウンドには貨幣数量説（コラム6を参照）があって，貨幣量の増加率を抑制することでインフレ率を低下させようと考えたのである．しかし，様々な水準の貨幣性を持った金融資産が連続的に存在していることが，貨幣量コントロールの障害となった（図表4-4を参照）．貨幣としてコントロール対象に含める範囲を決定してそれらの成長を抑制すると，境界線のすぐ外側にある代替資産が大きく成長することとなったのである．この現象は，グッドハート（Goodhart）の法則として知られている．貨幣的諸資産への需要関数が過去には安定的であったとしても，コントロール対象とした後は不安定になってしまうという経験則である．

最後に，市場型の金融政策運営を理解するために，簡単なモデルを見ておこ

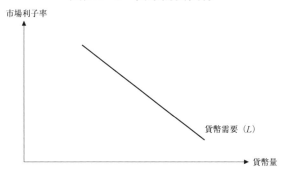

図表4-8 貨幣需要曲線

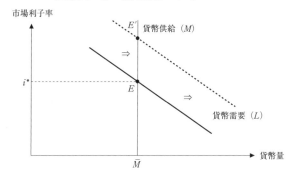

図表4-9 貨幣量コントロール

う．前掲の貨幣需要関数が，基礎となる．現実には貨幣の定義にどれだけの金融資産を含めるかが微妙かつ重要な問題であるが，当面は簡単化して現金と銀行預金だけが貨幣であると想定して，グッドハートの法則も捨象しておこう．その場合，安定的な貨幣需要関数が得られるので，分析の基礎となる．前掲した貨幣需要関数

　　　貨幣需要

　　　　$= L$(他資産のリターン，他資産のリスク，他資産の流動性，取引額)

において，他資産のリターンは市場利子率で代表できる．そこで，取引額や他資産のリスク・流動性が一定であるとすれば，市場利子率に応じて右下がりの貨幣需要曲線を描くことができる（図表4-8）．

この貨幣需要曲線をベースとして，貨幣市場の均衡の分析を通じて，金融政

図表4-10 利子率コントロール

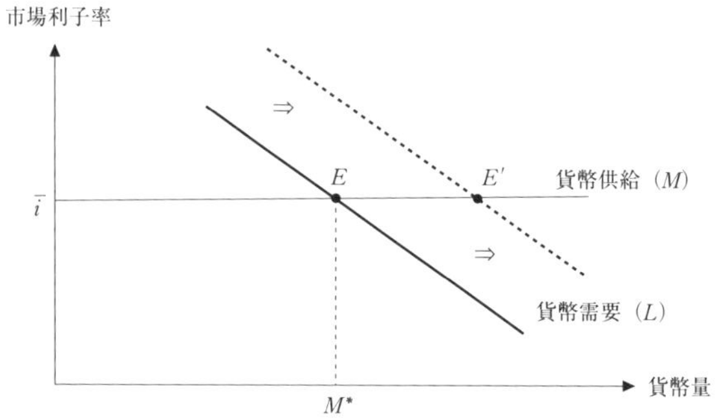

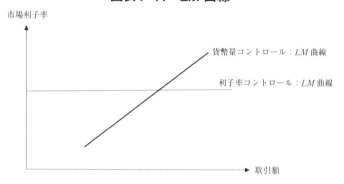

図表4-11　*LM* 曲線

策運営手法を図によって理解しておこう．まずは，貨幣量コントロールである（図表4-9）．この運営手法を単純に考えると，政策当局が適切と判断した貨幣量（$\bar{M}$）を，市場利子率に無関係に供給することとなる．したがって，垂直な貨幣供給で示すことができる．両曲線の交点（E）が貨幣市場の均衡であり，市場利子率（i^*）が決定されることとなる．

次に，利子率コントロールである（図表4-10）．この運営手法の下では，政策当局が適切と判断した市場利子率の水準（$\bar{i}$）を実現するために，必要なだけの貨幣量を供給することとなる．したがって，水平な貨幣供給で示すことができる．両曲線の交点＝貨幣市場の均衡点（E）で，貨幣量（M^*）が決定されることになる．

市場利子率以外の規定要因の変動は，貨幣需要関数をシフトさせることにな

コラム 6　貨幣数量説

　次節で詳しく見るが，経済に供給される貨幣量が増加すると，長期的にはインフレ率の上昇につながることが，観察されてきた（図表4-12）．この経験則に基づいて展開されたのが，貨幣数量説（quantity theory of money）である．貨幣数量説は，数量方程式（quantity equation）から始まる．

$$\underset{\text{貨幣量}}{M} \times \underset{\text{流通速度}}{V} = \underset{\text{物価水準}}{P} \times \underset{\text{総取引量}}{T}$$

数量方程式は，直観的に理解できよう．経済の様々な取引には代金支払いが伴うので，貨幣が買い手から売り手へと渡される．経済全体の（単位期間当たり）取引総額は取引量と物価水準との積（右辺）で表されるので，その総額に見合うだけの貨幣が買い手から売り手へと移動しなければならない．後者は，貨幣量に貨幣の流通速度（一定の期間内に貨幣が取引に使われる回数）を掛けた積（左辺）で表される．

　数量方程式は流通速度を計算するための定義式として，常に成立するものである．しかし，貨幣数量説は，2つの仮定を追加することで，貨幣量から物価水準への因果関係が短期的にも成立すると主張した．
(1) 取引量（T）は，経済システムの構造や生産量に依存しており，貨幣量の変化から影響を受けない（「貨幣の中立性」）．
(2) 貨幣の流通速度（V）は，経済システムの構造や取引慣習などに依存しており，短期的にはあまり変動しない．
この2つの仮定が成立する場合，貨幣量（M）を変更すると物価水準（P）が比例的に変化することを，数量方程式は意味する．

　しかし，現実にはこうした2つの仮定は成立しておらず，物価水準は貨幣量に対して比例的には変化していない．取引量や生産量は本文でも説明したように可変的である上に，流通速度も利子率やインフレ率の影響を受けてしまうからである．

る．以上の図を用いて，規定要因の一つである取引額の変動の影響を検討しておこう．取引額が増加すると，貨幣需要曲線が右シフトして，均衡点は E から E' に移る．貨幣量コントロールの下では，市場利子率が高まることになる（図表4-9）．しかし，利子率コントロールの下では，市場利子率は一定で，貨幣供給が増加することになる（図表4-10）．後の章のために，取引額を横軸に，市場利子率を縦軸にとった平面に，この関係を図示しておこう（図表4-11）．貨幣供給（M）と貨幣需要（L）との均衡を示す曲線なので，慣例として LM 曲線と呼ばれている．

4.7 インフレーションとデフレーション

短期的な影響

3.1節で見た名目変数の実質化の計算から，重要なことが理解できる．物価水準が変化した時に，名目変数が比例的に変化しなければ，名目変数の実質的な水準（価値）は変化してしまうことになる．例えば，貸借契約などで返済金額が固定されている場合には，返済金額の実質価値は物価水準上昇＝インフレーションによって低下してしまう．逆に，物価水準下落＝デフレーションが発生すると，固定された名目変数の実質価値は上昇する．そこで，貸借契約を締結する場合には，貸し手と借り手も損しないように，物価水準の変動を予測して契約内容に盛り込むことになる．前掲の実質利子率の計算で示したように，実質利子率を一定に保つためには，契約時点において予想された物価上昇率を利子率に反映させればよい．しかし，現実においては，予想された通りのインフレーションが実現されるとは限らない．予想以上のインフレが生じれば借り手が得をして，予想以下のインフレに留まれば貸し手が得をすることになる．日本においては，バブル崩壊後にマイルドなデフレーションが続いたが，バブル崩壊前には予想されていなかった事態なので，長期的な住宅ローンなどの借り手の負担が高まったことになる．

多くの名目変数は，物価水準の動きに対応して変化することが多いのだが，実は完全には比例しない変数が多い．様々な理由があると考えられている．例

えば，価格の変更には様々な費用がかかるであろう．まず，値札の印刷と付け替えとか，メニューやカタログなどの印刷・配布とかの，直接的な費用が存在している．これらは，メニューコストと呼ばれるが，価格を頻繁に変更すると費用がかさむので，価格を設定する側は価格変更頻度を低下させることになる．例えば，公共交通機関などは年に1回しか価格を変更していない．多くの企業において，給料や賃金も年に1回しか変更されていない．インフレーションやデフレーションが進行している場合，価格・賃金変更時点までの過去の物価変化と，次の価格・賃金変更時点までの予想される物価変化とを考慮に入れて，新たな価格・賃金水準が設定されているであろう．したがって，貸借関係のように契約で固定されているわけではないが，予想されないインフレーションの変動によって，相対価格や相対賃金が想定外の変化を被ることになる．

　さらには，インフレーション（デフレーション）という全般的な物価水準の変動を，個々の企業や個人が把握しきれないことも起きるかもしれない．そうした状況を貨幣錯覚が生じているという．貨幣錯覚の下では，名目価格や名目賃金の増加（減少）がもたらす相対価格や実質賃金の変動を，評価し損なうことになる．インフレーションの規模を過小評価する場合，インフレーションに見合った名目価格や名目賃金の上昇でも，相対価格や実質賃金の上昇と解釈される．企業なら，利益が増大していると考えて，生産を増やすであろう．家計も，実質賃金が上昇していると考えて，労働参加率を高めたり，労働供給を増やすかもしれない．デフレーションの規模を過小評価する場合には，逆のことが起きるであろう．このような貨幣錯覚が一般的な状況であれば，インフレーションはGDPの増大を，デフレーションはGDPの減少をもたらすことになる．これも，景気変動を説明する1つの仮説なのである．

長期的な関係：貨幣供給量とインフレーション

　インフレーションやデフレーションが予想された水準から乖離したり，正しく把握されずに貨幣錯覚が生じたりするのは，短期的な現象である．予想が一方向に外れ続けたり，貨幣錯覚が発生し続けたりすることは，長期においては考えにくい．長期的には，インフレーションと景気変動とは，相互に独立した現象であると考えられる．

図表4-12 貨幣成長率とインフレ率

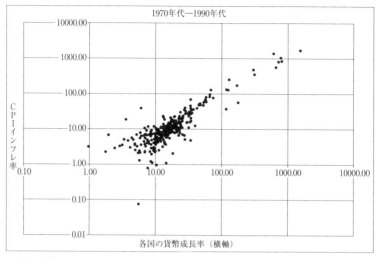

(注) 貨幣としては Money を，インフレ率としては CPI 変化率を使用した．各点は，各国の1970年代・1980年代及び1990年代の10年間の平均値を表している．IFS で，両方のデータが利用できる国々と期間について，最大限使用している．縦軸・横軸ともに対数目盛．
(出所) IMF, *International Financial Statistics* (IFS).

　長期的なインフレーションやデフレーションに関しては，興味深い経験則が2つある．その第1は，高いインフレーションが，高い貨幣供給量の伸び率に対応してきたということである．様々な国の様々な時代を通じて，観察されてきた（図表4-12）．もちろん，データが示しているのは両者の間の相関関係でしかなく，因果関係については分からない．しかし，貨幣数量説は，貨幣の増大がインフレ率の上昇をもたらすという因果関係があると，主張してきた．

　第2の経験則は，年率で100％を超えるような極めて高率なインフレーション（ハイパー・インフレーション）は，財政破綻に対応して発生してきたということである．これも，第2次大戦後の日本を含めて，ハイパー・インフレーションを経験した様々な国々に共通している．財政が破綻すると，財政支出を賄うために，極端な紙幣増発に依存することが多い．さらに増税や混乱を回避しようとして，当該国から国外への資金逃避が発生しやすい．その結果，外為レートも暴落して，輸入品価格も高騰してしまう．

4.8 おわりに

　本章では，初めに貨幣の3機能と関連付けて，金融システムの基礎を学んだ．決済システムと銀行システム，貸借契約と出資契約などであり，情報の不完全性の概念が重要な役割を果たした．次いで，金融資産に関して，リスクとリターンの概念を学び，ポートフォリオ選択の基礎を展開した．最後に，マクロ経済に影響する金融政策運営の基礎と，全般的な物価水準の変動であるインフレとデフレを学んだ．

　金融の主機能は，資金余剰主体から資金不足主体に資金を融通することである．資金不足主体が入手した資金をどのように使用するのかに応じて，実物経済へのインパクトは異なる．金融は実物経済活動のサポート役に過ぎないとも言われるが，経済へのプラスのインパクトの大きいプロジェクトを選んでファイナンスすることで，経済活動や成長を推進することになる．金融制度の整備が長期的な成長率を高めることもありうるのである．しかし，プラスのインパクトの大きいプロジェクトには，リスクも付きものである．リスクを適切に管理することも重要なのである．金融部門が誤った用途への資金融通を繰り返したりリスク管理に失敗すると，バブルや金融危機が発生したり，経済が停滞してしまったりすることになる．

練習問題

問題1
貨幣量が顕著に増えると，長期的にはインフレがもたらされやすいという経験則を学んだ．金属貨幣が用いられていた頃，貨幣量は，産出された金銀の量に左右された．大規模な金鉱が発見されるとインフレが起きて，経済成長が高まるとデフレーションが起きたのである．

(1) 19世紀後半のアメリカは高度成長期で，長期的なデフレーションに直面していた．当時，アメリカは金本位制（gold standard）を採用しており，貨幣量は公的な金保有量に依存していた．農民層を中心に，公的な銀保有も貨幣発行の裏付けにする金銀複本位制への，移行が主張されることになった．金銀複本位制のメリットとデメリットを考察しなさい．

(2) 江戸時代の日本においては，江戸で金貨が，大坂では銀貨が，主たる支払い手段として用いられた．別々の貨幣が使用されたことのメリットとデメリットを考察しなさい．

問題2
銀行の信用創造のモデルを少し拡張して，より現実に近づけてみよう．

(1) 本文のモデルでは，財・サービスの売り手が，受け取った代金を全額預金するものと仮定していたが，一部は現金で保有するかもしれない．受取額に対する現金保有の比率（CR）が，すべての売り手に共通で一定であるものとしよう．信用創造プロセスはどう変わるか．本文中の図に変更を加えて検討し，信用創造乗数がどう変化するか考えなさい．

(2) 本文のモデルの銀行は，すべての預金に対して一定比率を準備として保有して，残り全額を貸出に充てると仮定していた．しかし，貸し倒れで大損失を被った銀行なら，資本が縮小するので自己資本比率規制に制約されて，それほど貸出を増やさないかもしれない．本文の図表4-3で，銀行Jが自己資本比率規制に直面して，貸出を増やせないものとしよう．この場合の，信用創造乗数はどのように変化するか，計算しなさい．

問題 3

株価と債券価格のファンダメンタルズは，どちらも同じ収益還元法によって，計算される．計算式から見ると，配当と利子とが異なるだけのように見える．しかし，株価は債券価格よりも大きく変動することが多い．その理由を考察しなさい．

問題 4

ビジネス・プロジェクトへの投資決定において，収益還元法で算出されたプロジェクトの価値と，プロジェクトの費用との大小比較が，決定的に重要であった．同じ比較をするのに，内部収益率（internal rate of return）という概念を用いることもできる．内部収益率とは，プロジェクトの価値とプロジェクトとの費用とを等しくするような，割引率のことであり，次式で表される．

$$\text{プロジェクトの費用} = \frac{\text{収益}_t}{(1+\text{内部収益率})} + \frac{\text{収益}_{t+1}}{(1+\text{内部収益率})^2} + \frac{\text{収益}_{t+2}}{(1+\text{内部収益率})^3} + \cdots$$

簡単化のために，プロジェクトの価値の計算で用いられる利子率を，タームプレミアムもリスクプレミアムも共通で一定だとすると，

$$t\text{時点におけるプロジェクトの価値} = \frac{\text{収益}_t}{(1+\text{利子率})} + \frac{\text{収益}_{t+1}}{(1+\text{利子率})^2} + \frac{\text{収益}_{t+2}}{(1+\text{利子率})^3} + \cdots$$

となる．この時，当該プロジェクトが実施されるには，内部収益率と利子率のどちらが大きくなければならないか．

問題 5

通常の金融政策運営は，金融機関間の短期貸借の利子率（日本では翌日物のコールレート）を調節している．しかし，家計の住宅投資や企業の設備投資に影響するのは，その資金調達に関わる長期金利であろう．金融政策が効果的であるためには，金融引締め＝短期金利引き上げが長期金利を高め，金融緩和＝

短期金利引き下げが長期金利を低めなければならない．どのようなメカニズムが，短期金利と長期金利を連動させるのであろうか（ヒント：長期金利は将来の短期金利予想値に影響される（金利の期間構造に関する期待仮説）．テイラー・ルールのようにシステマティックな金融政策運営は，将来の短期金利を予想しやすくする）．

━━━━━━━━━━━━━━━━━━━━━━━━━━━━━━━━

さらなる学習のために

貨幣の交換媒体としての役割に注目して，精密に理論化した論文としては，下記が知られている．同じ著者たちによる一連の論文がある．

> Nobuhiro Kiyotaki and Randall Wright, "A Search-theoretic Approach to Monetary Economics," *The American Economic Review*, Vol.83, No.1, Mar., 1993.

銀行などに関する情報の不完全性を考慮した分析については，

> 酒井良清・前多康男『新しい金融理論』有斐閣，2003年．

ファイナンスに関する標準的なテキストとしては，本〈サピエンティア〉シリーズの『ファイナンス』（砂川・奥山・地主，近刊予定）を参考にしてほしい．

金融政策に関する基本的な考え方の変化については，アメリカの中央銀行幹部も経験したプリンストン大学教授による，下記が分かりやすい．

> アラン・S・ブラインダー著，鈴木英明訳『中央銀行の「静かなる革命」——金融政策が直面する3つの課題』日本経済新聞出版社，2008年．

テイラー・ルールに関しては，

> John B. Taylor, "Discretion versus Policy Rules in Practice," *Carnegie-Rochester Conference Series on Public Policy*, Vol. 39, Dec., 1993.

を初めてとして大量の分析が行われて，最適金融政策ルールを探るようになった．テイラー・ルールも最適政策ルールではないのである．

Lars Svensson, "Inflation Forecast Targeting: Implementing and Monitoring Inflation Targets," *European Economic Review*, Vol. 41, Issue 6, Jun., 1997.

世界金融危機に関しては,
　櫻川昌哉・福田慎一編『なぜ金融危機は起こるのか』東洋経済新報社, 2013年.

金融危機後の金融政策については,
　翁邦雄『金融政策のフロンティア——国際的潮流と非伝統的政策』日本評論社, 2013年.
　小林照義『金融政策』中央経済社, 2015年.

第5章

IS − LM 分析

The instability is not a property of wages; it is a property of money and of securities, those awkward things which are not demanded for their own sake, but as a means to the purchase of commodities at future dates.

John Richard Hicks (1939)

この章で学ぶこと

* 短期の国民所得の決定と乗数理論を理解するために，45度線分析について学習し，経済変動の要因や財政政策の効果について考える．
* 財市場と貨幣市場の相互作用によって国民所得と利子率が同時に決定されるメカニズムを，IS − LM モデルによって理解し，金融・財政政策の効果について検討する．
* 均衡の安定性とその重要性及びその分析方法について，IS − LM モデルを用いて学習する．
* 物価水準及び期待インフレ率の変化がマクロ経済に与える影響について正しく理解する．

第1章では国民所得の基本的な概念とその測定方法について学習した．そして，国民所得の支出面（需要面）を見た場合，消費と投資が重要な構成要素であることを知った．そこで，第2章では消費需要，第3章では投資需要がどのように決まるのかについて学んだ．その結果，国民所得や利子率がこれら2つの需要の重要な決定要因であることが分かった．また，第4章では貨幣市場について考察し，国民所得や利子率が貨幣市場の均衡において重要な役割を果たすことを学習した．つまり，消費需要と投資需要は国民所得の主要な決定要因であるが，その国民所得は消費需要と投資需要の重要な決定要因にもなっている．さらに，国民所得は貨幣市場を通して利子率に影響を与えるが，その利子率は投資需要や消費需要にも影響を及ぼし，それらが再び国民所得に影響を与える．このような相互依存関係を通じて，国民所得，利子率，消費需要，投資需要は決定されることになる．

　この章の第1の目的は，財市場と貨幣市場の相互作用によって国民所得と利子率，そしてそれらの関数である消費需要や投資需要が決定されるメカニズムを理解することである．短期の国民所得の決定においては，総需要が主要な役割を果たすという「有効需要の原理」を提示したのはケインズである．そして，この章で展開される IS-LM モデルは，ケインズが『一般理論』を出版した直後にヒックスによって開発された分析装置である．そこでは，財市場と貨幣市場（その背後にある債券市場）の相互依存関係が明快かつシンプルに描き出されている．この IS-LM モデルを用いることで，国民所得の決定について理解するだけではなく，小さなショックがマクロ経済の大きな変動を生み出しうることや，財政政策や金融政策の効果についても考察することができる．さらには，ヒックスが述べている経済の不安定性の原因を考える糸口にすることもできる．

　この章の第2の目的は，IS-LM モデルを応用して現実の経済をより深く理解することである．1990年代の初めにバブルが崩壊して以降，日本経済は永く停滞し，デフレーションが続いている．2007年のサブプライムローン危機以降，日本だけでなく，アメリカをはじめとした先進諸国の多くが経済停滞とデフレーションを経験している．これらの現象やその背後にあるメカニズム，そしてそこから抜け出すための政策を考える上でも IS-LM モデルは有用である．

これらのことについて学ぶと同時に，モデルの限界について考えることもこの章の重要な課題である．

5.1 財市場の均衡と IS 曲線

有効需要の原理

政府が存在しない閉鎖経済を考えると，財・サービスに対する総需要は消費と投資だけからなる．総需要を Y^D，消費を C，投資を I とすると，

$$Y^D = C + I \tag{5-1}$$

となる．国民所得（GDP）を Y，貯蓄を S で表すと，定義より，

$$S = Y - C \quad \text{すなわち} \quad Y = C + S \tag{5-2}$$

である．経済主体は供給した額と同じだけの所得を受け取るので，所得 Y は総供給 Y^S と等しくなる．つまり，$Y^S = Y$ であるので，(5-2) 式は次のようになる．

$$Y^S = C + S \tag{5-3}$$

消費を行う主体と投資を行う主体が同じである場合，生産物を廃棄するという非合理的な行動をしない限り，貯蓄は必ず投資に等しくなる．この場合，$I = S$ が成り立つので，(5-1) 式と (5-3) 式から，$Y^D = Y^S$ が成立することが分かる．しかし，消費主体と投資主体が異なる場合，この関係が常に成り立つとは限らない．投資が貯蓄より小さい場合，つまり $I < S$ である場合，$Y^D < Y^S$ となるので，総需要が総供給より小さくなる．企業は需要（Y^D）に合わせて生産を行うので，総供給 Y^S が次第に小さくなり，その結果として $Y^D = Y^S$ すなわち $I = S$ が成り立つようになる．逆に $Y^D > Y^S$ であれば，（生産能力の限界を超えない限り）企業は生産を増やすので，Y^S が増加することで $I = S$ が成立することになる．つまり，総需要 Y^D に合わせて総供給 Y^S が変化することによって，$I = S$ という状態が達成されるのである．

政府が存在する閉鎖経済でも同じことが言える．この場合，政府購入を G とすると，総需要は消費と投資と政府購入から構成されるので，

$$Y^D = C + I + G \tag{5-4}$$

図表5-1　45度線分析と有効需要の原理

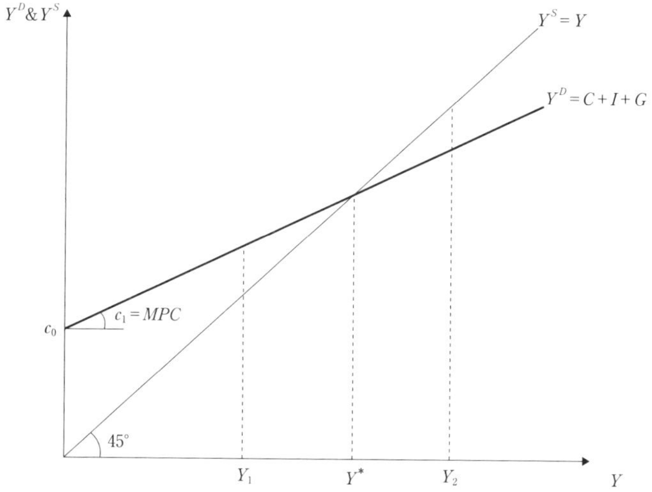

となる．また，Y は先ほど述べたように総供給 Y^S と等しいので，

$$Y^S = Y \tag{5-5}$$

が成り立つ．均衡条件である「総需要＝総供給」は次のように表される．

$$Y^S = Y^D \tag{5-6}$$

　第2章で見たように，税金を T とすると，短期においては，消費は主として可処分所得 $Y-T$ に依存するので，消費関数は $C=C(Y-T)$ と表せる．限界消費性向（MPC）はゼロと1の間にあり，平均消費性向は所得ともに低下するので，消費関数を

$$C = C(Y-T) = c_0 + c_1(Y-T), \quad c_0 > 0, \quad 0 < c_1 < 1 \tag{5-7}$$

と仮定しよう．ただし，c_1 は限界消費性向である．第3章で見たように，投資 I は実質利子率の減少関数であるが，ここでは簡単化のために一定であると仮定しよう．同様に，政府購入 G も税金 T も一定であるとする．これらの点を考慮すると，(5-4) 式は以下のようになる．

$$Y^D = C(Y-T) + I + G = c_0 + c_1(Y-T) + I + G \tag{5-8}$$

　図表5-1に描かれているように，(5-8) 式は，縦軸切片が $c_0 - c_1 T + I + G$ で傾きが c_1 の右上がりの直線である．そして，(5-5) 式は原点を通る45度線である．(5-6) 式の均衡条件が成り立つのは，これら2本の直線が交わる時

であり，その時の Y はグラフの Y^* である．それゆえ，Y^* を均衡国民所得あるいは均衡 GDP という．また，このグラフは，**ケインジアン・クロス** (Keynesian cross) あるいは**ケインズの交差図**と呼ばれ，このグラフを用いた分析を **45度線分析**という．

いま GDP が Y_1 のような水準にあったとしよう．その場合，総需要 Y^D が総供給 Y^S すなわち GDP を上回っている．つまり，GDP が Y_1 であるような時には需要を賄うのに有効な供給（＝所得）が存在しない．逆に，所得水準が Y_2 のような水準の時には需要が供給を下回っており，その所得を支えるだけの有効な需要が存在しない．GDP が Y^* である時のみ，有効な需要とそれを支えるのに十分な所得が存在する．それゆえ，この所得水準の決定理論は「有効需要の原理」と呼ばれる．先ほど説明したように，企業による生産の調整，すなわち，総需要に応じて総供給が変化することを通して，Y^* が均衡国民所得として実現する．

乗数理論と財政政策の効果

この簡単なモデルを用いて，投資の小さな変動が GDP の大きな変動を引き起こすことを説明することができる．(5-5) 式，(5-6) 式と (5-8) 式の 3 式から，均衡 GDP である Y^* が次の式で決定されることが分かる．

$$Y^* = \frac{1}{1-c_1}(c_0 + I + G - c_1 T) = m(c_0 + I + G - c_1 T),$$
$$m = \frac{1}{1-c_1} > 1 \tag{5-9}$$

いま I が ΔI だけ上昇したとしよう．その時の均衡 GDP の増加分 ΔY^* は，(5-9) 式から

$$\Delta Y^* = m\Delta I = \frac{1}{1-c_1}\Delta I$$

となる．m は 1 より大きいので，均衡 GDP の増加分は投資の増加分より大きくなる．支出の増加がその増加分以上に均衡所得を増加させることを**乗数効果** (multiplier effect) といい，m を**乗数** (multiplier) と呼ぶ．この場合は投資支出の増加によって引き起こされた所得の増加を考えているので，投資乗数と

呼ばれる．c_1 が限界消費性向であることに注意すると，投資乗数は，より一般的に以下のように表すことができる．

$$\text{投資乗数}: \frac{\Delta Y}{\Delta I} = \frac{1}{1-MPC} = \frac{1}{MPS}$$

ただし，$MPS = 1 - MPC$ は**限界貯蓄性向**（marginal propensity to save），すなわち，所得が1単位増加した時，貯蓄が何単位増加するかを示すものである．次に，投資の1単位の増加が所得の1単位以上の増加をもたらす理由について考えてみよう．

企業が新規に100億円の工場を建設するとしよう．投資の増加 ΔI が100億円である．これによって，生産が100億円増加するのであるから，GDPはその分増加する．そして，この工場の建設に携わった人々の所得が合計で100億円増加することになる．これを所得の第1次増加と呼ぼう．それは，図表5-2において ΔY_1 で示されている．限界消費性向 MPC が0.6であれば，この所得の増加のうち60億円は消費財に支出され，それらの消費財の生産が60億円増え，消費財生産者の所得を60億円増加させる．これが，図表5-2の ΔY_2 で示されている所得の第2次増加である．そして，この所得の増加が消費を増加させ，さらなる所得の増加を生む，という過程は無限に繰り返されることになる．よって，最終的な所得の増加 ΔY は以下のようになる．

$$\begin{aligned}
\Delta Y &= \Delta Y_1 + \Delta Y_2 + \Delta Y_3 + \cdots \\
&= \Delta I + [MPC \times \Delta I] + [(MPC)^2 \times \Delta I] + [(MPC)^3 \times \Delta I] + \cdots \\
&= \Delta I \{1 + MPC + (MPC)^2 + (MPC)^3 + \cdots\} \\
&= \frac{1}{1-MPC} \Delta I
\end{aligned}$$

乗数は限界消費性向 MPC が大きければ大きいほど大きくなるが，図表5-2はその理由についても明らかにしてくれる．投資の増加によってもたらされる所得の増加は消費を増加させ，それが総需要すなわちGDPを増加させ，さらに所得と消費を増加させる．増加した所得の中から追加的に消費される割合つまり限界消費性向が大きいほど，この過程を通しての所得の増加は大きくなるので，乗数の値も大きくなるのである．

政府は政府購入や税金を変化させることによってGDPに影響を与えること

5.1 財市場の均衡とIS曲線　133

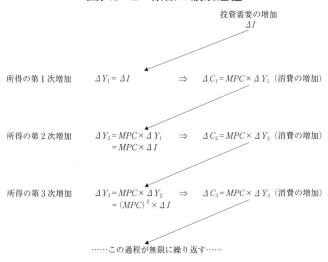

図表5-2　乗数の波及過程

ができる．これが財政政策であるが，(5-9)式から財政政策の効果がわかる．政府が政府購入を1単位増やした時のGDPの増加を政府購入乗数，政府が税金を1単位増やした際のGDPの減少分を租税乗数と呼ぶ．一般的な消費関数$C=C(Y-T)$を用いると，$MPC=C'(Y-T)$であるので，これらの乗数は以下のように表すことができる．

政府購入乗数：$\dfrac{\Delta Y}{\Delta G} = \dfrac{1}{1-c_1} = \dfrac{1}{1-MPC} = \dfrac{1}{1-C'(Y-T)} > 1$

租税乗数：$\dfrac{\Delta Y}{\Delta T} = \dfrac{c_1}{1-c_1} = \dfrac{MPC}{1-MPC} = -\dfrac{C'(Y-T)}{1-C'(Y-T)} < 0$

GDPを増加（拡張）させるような財政政策のことを拡張的財政政策，逆にGDPを減少（縮小）させるような経済政策のことを縮小的財政政策と呼ぶ．政府購入の増加は拡張的財政政策であるのに対して，政府購入の削減は縮小的財政政策である．税金に関して言えば，増税は縮小的財政政策であるが，減税は拡張的財政政策となる．

コラム 7　ゼノンのパラドクスと乗数理論

　投資や政府購入による乗数の波及過程は無限に続くが，その効果（乗数効果）は無限大ではない．これを不思議に思った人がいるかもしれない．もしそうなら，皆さんは「ゼノン（Zeno）のパラドクス」として知られている問題に遭遇したと言える．「俊足のアキレスでも L メートル先の A 地点を歩いている亀には，亀が歩いている限り追い付けない」というのがゼノンのパラドクスである．ゼノンによる説明は以下の通りである．

　アキレスは毎秒 S_A メートルで走り，亀は毎秒 $S_T=aS_A(0<a<1)$ で歩いているとする．アキレスが A 地点に達するのに L/S_A 秒かかるが，その L/S_A 秒の間に亀は $aS_A\times(L/S_A)=aL$ メートル先の B 地点まで進んでいる．アキレスは A 地点から B 地点までの距離 aL を進むのに，aL/S_A 秒かかることになるが，その間に亀は再び $aS_A\times(aL/S_A)=a^2L$ メートル先の C 地点まで進むことになる．これを繰り返すとアキレスと亀の差は縮まってはいくが，無限に繰り返さない限り追い付くことはない．その間に経過する時間 T は，$L/S_A, aL/S_A, a^2L/S_A, \cdots$，を足したもの，つまり，$T=(L/S_A)+(aL/S_A)+(a^2L/S_A)+\cdots$，となる．ゼノンは，「足し算を無限に続けるので，合計である T もまた無限になる」と考えて，「アキレスは亀に追い付けない」と結論付けたのである．

　しかし，足し算が無限であってもその合計が無限であるとは限らない．上記の過程を仮に n 回繰り返したと仮定すると，

$$T=\frac{L}{S_A}+\frac{aL}{S_A}+\frac{a^2L}{S_A}+\cdots+\frac{a^nL}{S_A}=\frac{L}{S_A}\left(\frac{1-a^{n+1}}{1-a}\right)$$

となる．$0<a<1$ であれば，n が無限大の時，a^{n+1} はゼロとなる．つまり，$T=L/(1-a)S_A$ 秒の時間でアキレスは亀に追い付くことになる．$(1-a)S_A=S_A-aS_A$ はアキレスと亀の（1秒間の）速度の差なので，T は最初の距離の差（L メートル）を1秒間に追い付く距離（(S_A-aS_A) メートル）で割ったもの，というごくごく当たり前の答えになる．

　乗数理論も全く同様で，波及過程は無限に続くがその効果は有限である．また，ゼノンのパラドクスの場合と同様に，波及過程を考えなくてもすぐ

にその大きさが分かる．財市場の均衡では投資と貯蓄は等しくなる．投資が ΔI だけ増えたのであれば，貯蓄も同じだけ増えていなければならない．消費や貯蓄の増加は所得の増加 ΔY のみによって生じる．貯蓄の増加を ΔS とすると，$\Delta S = \Delta Y - \Delta C = \Delta Y - (MPC \times \Delta Y) = (1 - MPC)\Delta Y$ である．したがって，$\Delta S = \Delta I$ から，$(1 - MPC)\Delta Y = \Delta I$，つまり $\Delta Y = \Delta I / (1 - MPC)$ がすぐに導き出せるのである．

45度線分析から IS 曲線へ

財市場が均衡している時は，$Y^D = Y^S = Y$ であるので，

$$Y = C + I + G \Rightarrow Y - C - G = I$$
$$\Rightarrow [(Y - T) - C] + [T - G] = I \tag{5-10}$$

が成り立つ．$Y - T$ は家計の可処分所得，C は消費であるので，$(Y - T) - C$ は家計の貯蓄である．T は税収すなわち政府の所得，G は政府の支出であるので，$T - G$ は政府の貯蓄と考えることができる．通常，$T - G$ は政府の財政収支と呼ばれており，正であれば財政黒字，負であれば財政赤字という．家計の貯蓄を $S_P = (Y - T) - C$，政府の貯蓄を $S_G = T - G$，両者の合計である経済全体の貯蓄を S で表すと，財市場の均衡式 (5-10) は以下のようになる．

$$I = S_P + S_G = S \tag{5-11}$$

つまり，財市場の均衡では貯蓄と投資が等しくなる．前に説明したように，この均衡は所得の変化によって達成される．ここでは投資は外生変数なので所得が変化しても変化しない．外生変数である投資が与えられると，内生変数である所得の変化を通して貯蓄が変化し，均衡では投資と貯蓄が等しくなるのである．しかし，投資は第3章で見たように実質利子率 r の減少関数である．それゆえ，財市場をより詳しく分析するためには，利子率の変化に伴う投資の変化が均衡 GDP に与える影響も考慮する必要がある．

これまでと同様に政府購入と税金は一定であるとする．45度線分析では投資も一定だったので，唯一の内生変数である GDP の変化によって財市場の均衡が達成される．しかし，今度は投資が利子率 (r) の関数となっているので，利子率が与えられて投資が決まり，その投資の下で均衡 GDP が決定される．

図表5-3 IS曲線と財政政策によるシフト

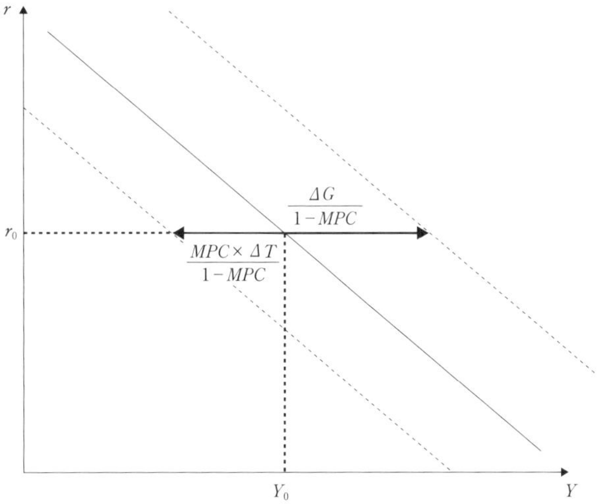

グラフ中の注記:
- $\frac{\Delta G}{1-MPC}$
- $\frac{MPC \times \Delta T}{1-MPC}$
- 縦軸: r、r_0
- 横軸: Y、Y_0

すなわち,

$$r \Rightarrow 投資関数 \Rightarrow I \Rightarrow Y$$

という決定関係を考えることができる. つまり, 財市場を均衡させるような利子率と均衡 GDP の間には一定の関係があることになる. 利子率が上昇 (下落) すると, 投資関数 $I(r)$ を通して投資が減少 (増加) する. 投資の減少 (増加) は, 先ほど見た乗数効果 ($\Delta Y/\Delta I = 1/(1-MPC)$) を通じて, 所得を減少 (増加) させる. すなわち,

$$r\uparrow(\downarrow) \Rightarrow I\downarrow(\uparrow) \Rightarrow 乗数効果 \Rightarrow Y\downarrow(\uparrow)$$

という関係がある. 財市場の均衡においては, 投資 I と貯蓄 S が等しくなるので, 財市場を均衡させるような r と Y の組み合わせを, IS曲線あるいは IS 関数と呼ぶ. 実質利子率 r と財市場における均衡 GDP である Y との間には負の関係があるので, 図表5-3に描かれているように, IS 関数は (r, Y) 平面上では右下がりの曲線となる.

45度線分析で明らかになった財政政策によって生じる所得の変化は, ここでは IS 曲線のシフトによって表される. いま財市場は図表5-3の (r_0, Y_0) で示される均衡にあるとしよう. 利子率が変化しなければ投資は変化しないので, 利子率が一定の下では, 政府購入や税金の変化による効果だけを考えることが

できる.つまり,前に求めた政府購入乗数や租税乗数だけを取り出して見ることができる.これらの乗数効果は,図表5-3の利子率r_0の時のIS曲線の水平方向へのシフトの幅として表される.つまり,政府購入がΔG増加すると,IS曲線は同じ利子率r_0の下で$\Delta G/(1-MPC)$だけ外側(右方)にシフトする.税金がΔTだけ増加すると,IS曲線は同じ利子率r_0の下で$\dfrac{\Delta T \cdot MPC}{1-MPC}$だけ内側(左方)にシフトする.

5.2 IS-LMモデル:財市場と貨幣市場の同時均衡

前節で導き出した財市場の均衡を表すIS曲線と第4章で分析した貨幣市場の均衡を表すLM曲線を用いて,両市場の同時均衡を考えることができる.このモデルはIS-LMモデル(IS-LM model)と呼ばれ,それを用いた分析はIS-LM分析と呼ばれる.投資は実質利子率rの関数であるが,実質利子率と名目利子率の間には,期待インフレ率π^eを媒介として

$$i = r + \pi^e \tag{5-12}$$

という関係がある.それゆえ,IS-LMモデルは以下の2本の式で表すことができる.

$$IS曲線: Y = C(Y-T) + I(r) + G \tag{5-13a}$$

$$LM曲線: \frac{M}{P} = L(r+\pi^e, Y) \tag{5-13b}$$

税金や政府購入は政府が,貨幣供給は中央銀行が決定するものであり,市場で決定されるものではないので,モデルの外生変数である.それゆえ,期待インフレ率π^eを一定とすると,上の2本の式には,国民所得Y,実質利子率r及び物価水準Pという,市場で決定されるべき変数が3つ含まれている.式が2つしかないのであるから,3つの変数を決定することはできない.そこで,IS-LMモデルについては,以下の2通りの解釈が可能である.

第1の解釈は,物価水準Pが一定である短期において国民所得と利子率を決定するモデルと考えるというものである.言い換えると,Pも外生変数とみなすということである.この背後には,物価は完全に伸縮的ではなく,少なくとも短期的にはゆっくりとしか調整されないという考えがある.第2の解釈は,

図表5-4 IS-LM モデルにおける均衡

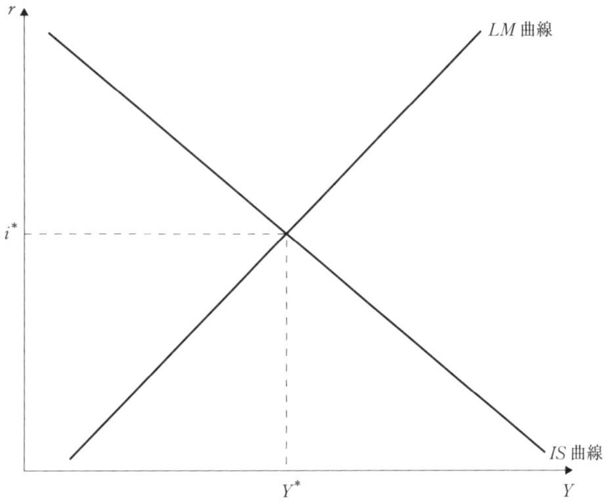

(グラフ: 縦軸 r、横軸 Y。右下がりの IS 曲線と右上がりの LM 曲線が交点 (Y^*, i^*) で交わる)

物価水準 P と国民所得 Y の関係を示す総需要曲線を導出するためのモデルと考えるというものである．数学的には，IS-LM モデルから利子率 r（あるいは i）を消去して，P と Y の関係を示す1本の方程式を導き出すことができる．この考え方は，価格調整がある程度行われる中期に妥当すると考えることもできる．本節では第1の解釈に基づき，IS-LM モデルを用いて短期の所得と利子率の決定を分析しよう．

先ほど述べたように，IS-LM モデルでは期待インフレ率（π^e）は外生変数である．この時，図表5-4に示されているように，(r, Y) 平面上で，IS 曲線は右下がりで LM 曲線は右上がりであるので，両曲線の交点は1つだけである．この点は IS 曲線上にあるので，この点では財市場は均衡している．同様に，この点は LM 曲線上にもあるので，この点では貨幣市場も均衡している．つまり，この点は，財市場と貨幣市場の2つの市場が同時に均衡している唯一の点である．今後はこの (r^*, Y^*) を IS-LM モデルの均衡と呼んで分析を進めよう．

図表5-5　投資関数のシフトの効果

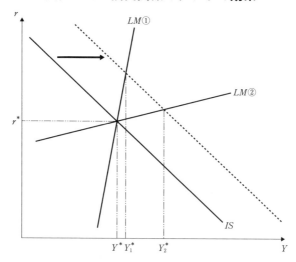

投資関数のシフト及び財政・金融政策の効果

　第3章で述べたように，経済変動の主要な要因の1つが投資の変動である．投資は利子率の関数であるが，その他の要因によっても変化する．例えば，企業家が将来に対して楽観的になれば投資は増えるであろうとし，悲観的になれば投資を控えるであろう．このような企業家心理の役割を強調したのがケインズであり，彼はそれを血気（animal spirits）と呼んだ．それをどう呼ぶかは別にして，人々の将来への期待（不安）が投資行動に影響を与えるのは間違いない．将来への楽観的な期待が高まると投資が増加するであろう．その場合，同じ実質利子率の下で投資が増加する，すなわち投資関数が右にシフトする．これは，図表5-5のグラフではIS曲線の右へのシフトとして表される．

　図表5-5には傾きが異なる2本のLM曲線が描かれている．投資関数のシフトによって，IS曲線は右にシフトするが，その時のGDPの増え方はLM曲線の傾きに依存する．LM①のようにLM曲線の傾きが急な場合，GDPはあまり増加しない．人々の期待の改善によって投資需要が増加したにもかかわらず，利子率が大きく上昇してしまい投資が抑制されるためである．利子率の変化によって乗数効果が抑制される点が45度線分析と決定的に違うところであ

る．しかし，LM②のようにLM曲線の傾きが緩やかな場合，所得は大きく増加する．これは利子率の上昇による投資の抑制効果がほとんどないためであり，45度線分析で求めた投資乗数効果とほぼ同じくらいの国民所得を増加させる効果がある．

　前に述べたように，財政政策はIS曲線をシフトさせる．政府購入を増やすと，図表5-3に示されているように，IS曲線は右にシフトし，増税を行うと左にシフトする．別な言い方をすれば，IS曲線は，政府購入の増加や減税のような拡張的財政政策を行うと右にシフトし，政府購入の減少や増税のような縮小的財政政策を行うと左にシフトする．投資関数のシフトの場合と同様に，それらが所得に及ぼす効果はLM曲線の傾きに依存する．LM曲線の傾きが急である場合，拡張的な政策を行っても，利子率の上昇によって投資が減少するために政策の効果は小さくなってしまう．このように，拡張的財政政策によって総需要を増加させた際に，利子率が上昇して投資が減少してしまい，その効果が小さくなってしまうことをクラウディング・アウト（crowding-out）と呼ぶ．つまり，拡張的財政政策が利子率を上昇させることを通じて，民間の投資を追い出してしまう（crowd-out）のである．上で説明したように，クラウディング・アウトの大きさはLM曲線の傾きに依存する．

　中央銀行は貨幣供給Mを変化させることによって，利子率や国民所得に間接的に影響を与えることができる．図表5-6に示されているように，Mを増加させるとLM曲線が右にシフトし，利子率が低下し，国民所得が増加する．これも乗数効果によるものである．貨幣供給の増加によって利子率が低下するので，投資が増加する．投資は乗数効果を通じて国民所得を増加させる．貨幣供給を増加させる政策を金融緩和政策，逆に減少させるような政策を金融引き締め政策と呼ぶ．

　財政政策の効果がLM曲線の傾きに依存するのと同様に，金融政策の効果はIS曲線の傾きに依存する．図表5-6には傾きが異なる2本のIS曲線が描かれている．投資関数が利子率の影響を受けないほど，IS曲線の傾きは急になる．投資が利子率に全く依存しないという極端な場合，IS曲線は垂直になる．グラフから分かるように，IS①のようにIS曲線の傾きが急である場合，金融政策によってLM曲線が右にシフトして利子率が低下しても GDP はそれ

図表5-6　*IS−LM* モデルにおける金融政策の効果

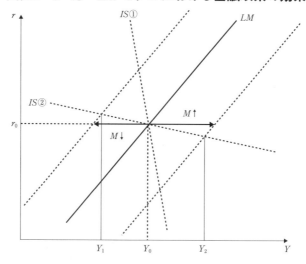

ほど増加しない．これは，利子率の低下が投資の増加に結び付かず，乗数効果が働かないためである．逆に，*IS* ②のように *IS* 曲線が水平に近い場合，利子率の小さな下落であっても投資を刺激するので，乗数効果によって GDP が大きく増加することになる．

> **コラム 8**　政府購入（政府支出）の乗数効果は1以下になりうるか
>
> 　最近「財政支出（政府購入）を増やしてもあまり所得が増えない」と言われている．ここ20年間利子率はずっと低い水準のままなので，ここで紹介した利子率の上昇を通じた投資のクラウディング・アウトが大きな役割を果たしているとは考えにくい．それではなぜ非常に小さな乗数効果しかないのであろうか．
> 　「財政支出のうちで真水の部分が少ない」との議論がある．「真水」に関しては正確な定義はないようだが，「直接 GDP を増やすような財政支出」という意味で使われている．例えば，道路建設という公共事業の中で，用地の買収などに使われた部分は真水には含まれない．これは単なる資産の移転であるから GDP（総生産）を直接増やすことはない．ただ，用地を売却した人は，収入が増えたので消費を増やすのではないかとも考える人

もいるかもしれないが，第2章での消費の議論から必ずしもそうは言えないことが分かる．以前から持っていた実物資産（土地）が金融資産（現金）になっただけで，その人の資産総額には何の影響も与えないからである．それゆえ，例えば財政支出が10兆円でも真水の部分が8兆円しかなければ，最初の10兆円に対する乗数という意味では小さくなってしまうことは間違いない．

次に，本文での工場建設による設備投資の乗数効果の例を思い出してほしい．そこでは最初の100億円から次々に所得が生み出された．しかし，そこでは暗黙のうちにいくつかの仮定がおかれていた．まず，企業の100億円の支出が直接GDPを100億円分増やすというものである．しかし，これが常に成り立つわけではない．道路建設を例に考えてみよう．長く不況が続いた後に，（用地取得などを除いた）道路工事のために100億円の政府支出が行われたとしよう．その工事を受注した企業には，不況の間にセメントや鉄骨など建設資材の在庫がたまっていたと考えられる．企業はまずはそれを使い，不況の間は在庫の補充はしないであろう．在庫の減少部分はGDP（総生産）には全く貢献しない．80億円分の在庫の取り崩しと20億円の人件費だけで工事が完成したとすると，本当の「真水」は20億円と考えられる．

しかし，これだけではない．限界消費性向が非常に高いとしてもそれが次々に所得を生み出すとは限らない．現在ではコンピュータ等の家電や車のような耐久消費財が消費に占める割合が大きい．仮に消費が増えても，不況期には企業は生産を増やさず在庫で販売に対応する可能性が高いので，消費が生産を刺激し所得を生み出すという効果も弱められてしまう．

不況の時は大きな乗数効果が求められるが，不況そのものに乗数効果を弱める働きがあるので，不況の初期では政府支出の乗数効果が1を下回っても何の不思議もない．ある程度持続的に政府支出を続けなければ，不況期には十分な効果が表れない可能性が高いのである．

IS - LM モデルにおける調整過程

ここまで，投資関数のシフト，財政政策や金融政策のようなショックによって，均衡GDPや均衡利子率がどのように変化するかについて詳しく分析してきた．しかし，このような分析が意味を持つためには，ショックが起きても経済が再び均衡に戻ってくることが保証されていなければならない．このことは，経済学では**均衡の安定性**（stability of equilibrium）と呼ばれている．IS - LM モデルには1つだけ均衡があることは確認したが，これと均衡の安定性とは別のものである．ここでは，IS - LM モデルにおいて，市場での調整を通して，経済が常に均衡に戻ってくるかどうかを考えてみよう．

財市場が均衡するような所得と利子率の組み合わせを示したものが IS 曲線である．逆に言うと，IS 曲線上にない利子率と所得の組み合わせでは，財市場は均衡しないということである．そのような場合，財市場は不均衡にあるというが，それには需要が大き過ぎる場合（超過需要）と供給が大き過ぎる場合（超過供給）の2つがある．

図表5-7(a)の IS 曲線のグラフの点 (Y_0, r_0) は IS 曲線上にあるので，その点で財市場は均衡している．ところが，GDP は Y_0 のままで利子率が r_0 より高い r_1 であれば，r_0 の時よりも投資需要は小さくなり，財の需要全体も減少する．供給は Y_0 のままなので，財市場では供給が需要を上回ることになる．つまり，超過供給が発生する．これと同じことが，IS 曲線の右上の領域すべてに当てはまる．逆に，GDP は Y_0 のままで利子率が r_0 より低い r_2 であれば，超過需要が発生する．これは IS 曲線の左下の領域すべてに当てはまる．

財市場では均衡 GDP が決定される．企業は需要に合わせて生産をしようとするので，財市場で超過需要が発生している IS 曲線の左下の領域では，GDPは増加する．これはグラフの右向きの太い矢印で示されている．これに対して，IS 曲線の右上の領域では供給が過剰であるので，企業は生産を減らそうとし，その結果 GDP は減少する．これはグラフの左向きの太い矢印で示されている．

貨幣市場の均衡を表す LM 曲線についても IS 曲線の場合と同様に考えることができる．図表5-7(b)の LM 曲線の点 (Y_0, r_0) は LM 曲線上にあるので，その点で貨幣市場は均衡している．ところが，利子率が r_0 のままで GDP が

図表5-7 財市場と貨幣市場における不均衡とその調整

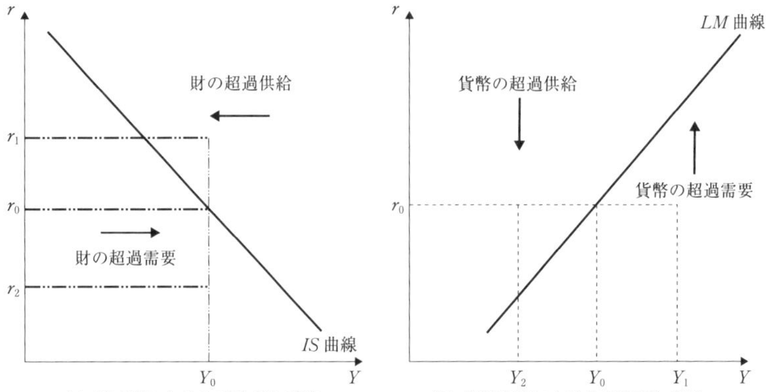

(a) 財市場における不均衡と調整
(b) 貨幣市場における不均衡と調整

Y_0 より大きい Y_1 であれば，Y_0 の時よりも貨幣の取引動機に基づく需要は大きくなる．貨幣供給は中央銀行によって一定に保たれたままなので，貨幣市場では需要が供給を上回ることになる．つまり，超過需要が発生する．これと同じことが，LM 曲線の右下の領域すべてに当てはまる．逆に，利子率が r_0 のままで GDP が Y_0 より小さい Y_2 であれば，超過供給が発生する．これは LM 曲線の左上の領域すべてに当てはまる．

　貨幣市場では利子率が決定される．貨幣市場で超過供給が発生している時，つまり，利子率が均衡水準より高い時，利子率はどのように変化するであろうか．IS-LM モデルでは金融資産として債券と貨幣の2つを考えており，利子率は債券の利回りを表している．それゆえ，2通りの調整過程を考えることができる．1つは貨幣の需要と供給に注目する方法であり，もう1つはその背後にある債券市場での調整に注目する方法である．まずは債券市場の方を考えてみよう．この場合，貨幣の超過供給があるということは，債券には超過需要があるということを意味する．それゆえ，債券の価格は上昇する．債券の価格の上昇は，債券の利回りの低下を意味する．よって，貨幣市場で超過供給が発生している時，利子率は低下することになる．これはグラフの下向きの太い矢印で示されている．逆に貨幣市場で超過需要が発生している時は，利子率が上昇することになる．これはグラフの上向きの太い矢印で示されている．

　貨幣の需要と供給に注目すると次のように考えることができる．貨幣が超過

図表5-8　IS-LMモデルにおける調整過程

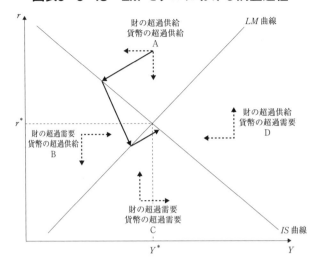

供給状態にあるということは，その利子率の下では貨幣が過剰になっているということなので，貨幣を手放して利子を生む金融資産（債券）を買おうとする．お金が余っている人から見れば，たとえわずかでも利子が付けば良いので，貨幣が超過供給状態にある限り利子率は低下することになる．貨幣の超過需要がある場合は逆のことが言えるので，利子率は上昇することになる．

以上のようなGDPと利子率の調整過程を1つのグラフに描いたのが図表5-8である．調整過程はIS曲線とLM曲線によって，A，B，C，Dの4つの領域に分けられる．例えば，財市場でも貨幣市場でも超過供給があるAの領域では，GDPは減少し利子率も低下するので，経済はグラフの左下の方向に動いていく．そして，財市場では超過需要があるが貨幣市場では超過供給があるBの領域に入る．そこでは，GDPは増加に転じるが，利子率は依然として下落を続ける．つまり，この領域に入ると経済はグラフの右下方向に動いていくので，そのまま均衡に到達する可能性があるが，均衡に到達しない場合は，経済はCの領域に入る．このような市場での調整過程を注意深く追いかけていけば分かるが，グラフのどの点から出発しても，GDPと利子率は反時計回りの渦を巻くような動きをしながら，最終的には均衡に到達する．つまり，均衡は安定であり，どのようなショックがあっても，経済は最終的には均衡状態に到

達することになる.

5.3 物価の影響と総需要曲線

　$IS-LM$ モデルの均衡における GDP の水準は資本や労働の完全雇用を保証するものではない. それよりもかなり低い GDP 水準で, 無視できない失業を伴っている可能性もある. その場合, 政府は財政・金融政策を用いて GDP を引き上げることができる. しかし, そのようなことをしなくても, 経済が自然率水準の GDP, すなわち, 自然失業率に対応した GDP へと向かうかもしれない. 政府による政策が必要なのは, ①経済にそのような自律的回復力がない場合, あるいは②回復力はあってもそれに長い時間がかかる場合, である.

　図表5-9には, $IS-LM$ モデルの均衡 GDP である Y^* が自然率水準の GDP である Y^N を下回っている場合が描かれている. Y^* が Y^N より小さいということは, 現実の需要が潜在的供給能力を下回っていることを意味する. それゆえ, 物価水準が下落することになる. 物価水準の下落は, 実質貨幣供給 M/P を増加させる. つまり, 貨幣供給の増加と同じ効果を持ち, グラフに示されているように, LM 曲線を右にシフトさせ均衡 GDP を増加させる. この過程は, Y^* が Y^N を下回っている限り続く. 逆に Y^* が Y^N より大きい場合は, 現実の需要が潜在的供給能力を上回っているので価格が上昇し, それによって LM 曲線が左にシフトし, 均衡 GDP が減少する. この過程は均衡 GDP である Y^* が Y^N より大きい限り続く. このように, 経済には価格メカニズムを通した自律的な回復機能が備わっていることが分かる. それゆえ, 問題は価格の調整速度, つまり, 経済がどれくらいの速さで自然率水準に到達するかである. しかし, 一般には物価にはある程度の硬直性があるので, 自律的回復機能にも限界がある.

物価下落の安定化効果と不安定化効果

　名目利子率は通常ゼロ以下にはなりえないので, 期待インフレ率 (π^e) が一定の下では, 実質利子率にも下限が存在する. 例えば, $\pi^e=0$ であれば, フィッシャー方程式 $r=i-\pi^e$ から $r=i$ となるので, 実質利子率もゼロ以下には

図表5-9 物価の下落が IS−LM の均衡に及ぼす影響

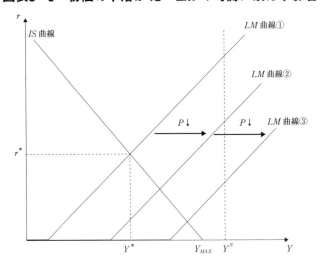

なりえない．それゆえ，図表5-9のように，LM曲線は利子率がゼロのところで屈折して水平になる．この場合，この経済において価格がいくら低下しても，GDP は Y_{MAX} までしか増加せず，自然率水準 Y^N には到達しない．利子率が下限に達してしまい，LM 曲線が右にシフトしても GDP が増加しないような状態を**流動性の罠**（liquidity trap）の状態と呼ぶ．ここでは，$\pi^e=0$ と仮定しているので，実質利子率がゼロパーセントの時に経済は流動性の罠に陥るが，期待インフレ率がマイナス（$\pi^e<0$）であれば，実質利子率がプラス（$r=-\pi^e>0$）の時に流動性の罠に陥ることになる．つまり，デフレ期待（$\pi^e<0$）があると経済は流動性の罠に陥りやすくなり，流動性の罠の状態では物価は下がり続けてしまうので，デフレ期待は解消されず，流動性の罠から抜け出すことが困難な状況に陥ってしまう可能性がある．このような状況では，罠から抜け出すために必要なことは，物価の下落ではなく，むしろ物価の上昇とそれが生み出すインフレ期待であるかもしれない．

これに対して，ピグー（A. C. Pigou）は，物価の下落によって流動性の罠から抜け出せると主張した．第2章で議論したように消費関数は家計が保有する資産の増加関数になりうる．土地や建物のような実物資産の価値は物価と同じように動くであろうが，金融資産は多くが金額で固定されているので，物価

が下がれば，購買力が上昇するという意味でその実質的な価値が上昇する．ピグー自身も最初はこの金融資産の価値の増加が消費を刺激すると考えた．しかし，第2章のコラムで触れたように，金融資産の場合，ある人の債権は他の人の債務であるので，これらを差し引きしたマクロ全体で見ると，民間の純金融資産はゼロになる．唯一の例外は貨幣である．中央銀行の債務である貨幣は民間の人々にとっては債権になり，その実質価値は価格の下落によって上昇する．そこで，次のような消費関数を考えることができる．

$$C = C(Y - T, M/P) : M/P \uparrow \quad \Rightarrow \quad C \uparrow \tag{5-14}$$

流動性の罠に陥った場合，物価の下落によって貨幣の価値が増加し，それが消費を刺激し，IS曲線を右にシフトさせる．この効果をピグー効果（Pigou effect）あるいは貨幣の実質残高M/Pの上昇によるものなので，実質残高効果（real balance effect）と呼ぶ．その結果，図表5-10に示されているように，GDPは自然率水準に向かって増加していくことになる．

ピグーの議論は説得的であるように思われるが，1つの重要な点を忘れている．それを指摘したのがフィッシャー（I. Fisher）である．それは，ある家計はなぜ借金をし（負債を持ち），ある家計はなぜ資産（債権）を持つことができたのか，という点である．資産を持つためには貯蓄をしなければならない．つまり，所得より支出が小さくなければならない．これに対して，負債を持っているということは所得以上に支出をしてきたことを示している．消費性向が小さくなければ資産を蓄えることはできないので，資産を保有している家計の消費性向は小さいことを意味する．逆に，借金をしている家計の消費性向は大きいということになる．債権と債務はコインの裏表のような関係なので，物価が変化してもそれらの価値は常に等しいが，物価の変化が債権・債務の関係を通して消費に何の影響も与えない，つまり完全に中立的であるとは言えないのである．

物価が下落すると債権の価値額も債務の価値額も同じように上昇する．債権を持っていた人は資産価値の上昇によって消費を増やすであろうが，彼らはもともと消費性向が小さいので，それほど消費を増やさない．これに対して，債務を抱えていた人たちには借金の負担が増加するので，彼らは消費を減らさざるをえない．彼らの消費性向はもともと大きいので，負債価値の上昇によって

図表5-10　流動性の罠におけるピグー効果とフィッシャー経路

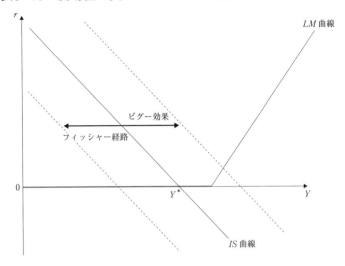

大きく消費を減らすであろう．金融資産の名目額を B とすると，

$$C=C(Y-T, M/P, B/P) : M/P\uparrow \Rightarrow C\uparrow, \ B/P\uparrow \Rightarrow C\downarrow \quad (5\text{-}15)$$

というような関係を持つ，マクロ全体の消費関数を考えることができる．物価の下落によって債務（＝資産）の価値が増加し，それが消費を押し下げる．この経路をここではフィッシャー経路と呼ぼう．その結果，図表5-10に示されているように，IS曲線は左にシフトし，GDPは減少することになる．つまり，ピグー効果とフィッシャー経路の両方が存在する場合，物価水準の低下によってIS曲線が右にシフトするか左にシフトするかは，これら2つの相対的な大きさに依存することになる．

期待インフレ率の影響

現実の経済においては，人々の将来への期待も重要な役割を果たす．経済が流動性の罠に陥ると価格の下落が続く．先ほど述べたように，それによって消費が刺激されるか抑制されるかは分からないが，物価の下落が続くと人々はその後も物価下落（デフレ）が続くと期待し始めるであろう．このデフレ期待が今度は投資需要や消費需要を減少させる．消費についてはある意味で自明である．将来の物価が下がると期待するのであるから，将来安く買える物を今の時

点の高い値段でわざわざ買う必要はない．いわゆる買い控えが発生する．それでは投資についてはどうであろうか．それを理解するためには，負の期待インフレ率（デフレ期待）によって IS 曲線や LM 曲線がどのように変化するかを考える必要がある．

図表5-11に示されている LM 曲線(0)は，期待インフレ率がゼロ（$\pi^e=0$）の時の LM 曲線である．期待インフレ率 π^e は，IS-LM 分析では内生変数ではなくパラメータなので，π^e の変化は IS 曲線か LM 曲線，あるいはその両方をシフトさせる．ここで，貨幣需要は，実質利子率 $r=i-\pi^e$ ではなくて名目利子率 i の関数であることに注意する必要がある．π^e が低下し，マイナスになったとしよう（例えば，$\pi^e=-3\%$）．この時，実質利子率の下限はゼロ％ではなくて，プラスになる（$\pi^e=-3\%$ であれば，$r=i-\pi^e=0-(-3\%)=3\%$）．つまり，LM 曲線は期待インフレ率が低下した分だけ上にシフトすることになる．これは，名目利子率が $\pi^e(-)$ のところで水平になっている LM 曲線($-$)へのシフトで表されている．この結果，均衡 GDP は，Y^* から Y^- へ減少する．流動性の罠の状態にある時，期待インフレ率の低下はそれと全く同じだけ実質利子率を引き上げ，それによって投資が減少し，乗数効果を通じて均衡 GDP を減少させることになる．

このように，流動性の罠の時にいったんデフレ期待が形成されると，GDPが低下し，それがさらなるデフレの原因になる．そのため，流動性の罠から抜け出すのはより一層難しくなり，

　　　　実質利子率↑　⇒ 投資↓　⇒ GDP↓　⇒　さらなるデフレ
　　　　⇒ 一層のデフレ期待　⇒ 実質利子率↑　⇒ 投資↓　⇒ GDP↓
　　　　⇒ さらなるデフレ　⇒ 一層のデフレ期待

という過程が繰り返される可能性が生じる．このようにデフレを伴ったGDPの下落過程が続くことをデフレ・スパイラル（deflationary spiral）と呼ぶ．

逆に，期待インフレ率がゼロからプラスに変化すると，LM 曲線(0)は LM 曲線($+$)へと下にシフトすることになる．実質利子率が低下するので，投資が増加し，乗数効果を通じて GDP は，Y^* から Y^+ へ増加する．このことから，人々にインフレ期待を抱かせるというのが，流動性の罠から脱するための有効な手段となる可能性があることが分かる．ただし，均衡での利子率の

図表5-11 流動性の罠におけるインフレ期待とデフレ期待の影響

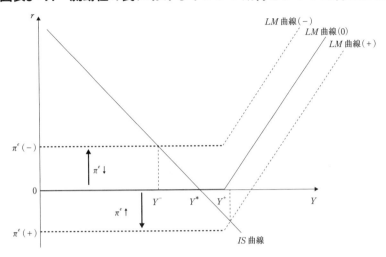

変化には，GDPの増加によって生じる利子率の上昇が反映されるために，図表5-11から分かるように，実質利子率の低下は期待インフレ率の上昇分（$\pi^e(+)$）より小さくなる．

ここでの考察は，現実の経済がその時に起きていることだけではなく，人々の将来に関する予想（期待）にも大きく依存していることを端的に示している．

IS-LMモデルから総需要曲線へ

これまで述べたように，名目利子率の下限のために物価の調整機能が働かない場合が存在する．しかし，それ以外では，物価が下落するにつれてLM曲線が右にシフトしGDPは増加する．それゆえ，IS-LMモデルから物価とGDPの関係を導き出すことができる．

図表5-12には，異なった価格水準の下でのLM曲線が描かれている．そこでは，$P_1 > P_2 > P_3$と仮定され，物価水準がP_1の時には均衡GDPとしてY_1が，P_2の時にはY_2が，P_3の時にはY_3がそれぞれ実現する．それゆえ，図表5-12のグラフのような物価水準と均衡GDPの関係を描くことができる．これは，財市場で需要に応じて供給（GDP）が調整されると仮定しているIS-LMモデルから導き出されたものである．それゆえ，財の需要と価格との関係

図表5-12　IS-LM モデルからの総需要曲線の導出

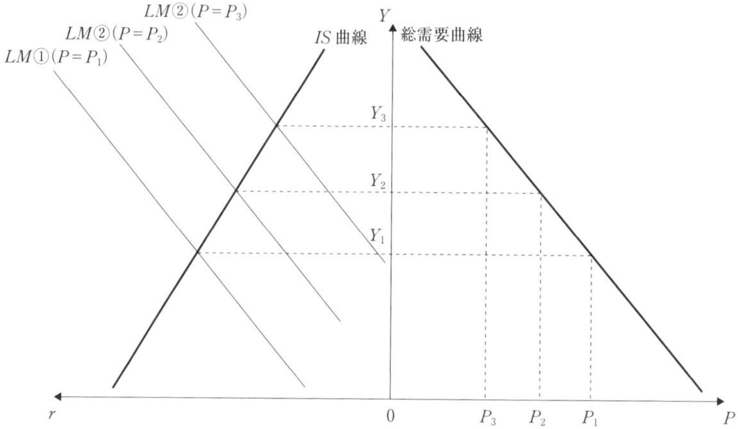

を表している．ただし，ある特定の財の需要ではなく経済全体の財の需要（総需要）と一般物価水準の関係を示しているので，総需要曲線と呼ばれる．

　総需要曲線が右下がりになることも乗数理論によって直観的に説明することができる．物価水準が下落すると，貨幣の実質供給が大きくなる，すなわち流動性の超過供給が生じる．超過供給を解消するためには利子率の低下が必要であり，この利子率の低下が投資を増加させる．投資の増加は乗数効果によって国民所得を増加させるので，物価が下落すると国民所得が増加するという関係が得られるのである．

　総需要曲線は，金融・財政政策によってシフトする．金融政策であれ財政政策であれ，拡張的な政策であれば，物価水準一定の下で均衡 GDP を増加させることが IS-LM 分析から分かっている．それゆえ，拡張的な政策は総需要曲線を右方に，縮小的な政策は左方にシフトさせる．

5.4　まとめ

　IS-LM モデルは以下の2本の式で成り立っている．
　　IS 曲線：$Y = C(Y-T) + I(r) + G$
　　LM 曲線：$M/P = L(r + \pi^e, Y)$

このモデルを用いて，物価水準が一定である短期における名目利子率と国民所得の決定について分析することができる．それとは反対に，物価水準が完全に伸縮的であるとすれば，GDP は自然率水準 Y^N に等しくなるので，IS-LM モデルから名目利子率と物価水準が決定されることになる．しかし，これらは 2 つの極端な場合ということができる．物価は完全に硬直で一定であるわけではないし，逆にすぐに均衡 GDP が自然率水準に等しくなるほど伸縮的でもない．このような場合，総需要曲線が重要な役割を果たすが，物価水準と GDP を同時に決定するためには，次章で見ていく総供給曲線が必要となる．

数学注：変化率に関する近似式

ここでフィッシャー方程式との関連でマクロ経済学でよく使う変化率に関する近似式を紹介しておこう．

(1) ある変数が他の 2 つの変数の**掛け算**である場合，その変化率は 2 つの変数の「**変化率の足し算**」になる．

$Z = X \cdot Y$ を成長率に直すと，$\dfrac{\Delta Z}{Z} = \dfrac{\Delta X}{X} + \dfrac{\Delta Y}{Y}$ となる．

直観的な証明：縦の長さが X，横の長さが Y の長方形の面積 Z は，$Z = X \cdot Y$ である．縦が ΔX と横が ΔY だけ長くなると，新たな長方形の面積 Z' は，$Z' = (X + \Delta X)(Y + \Delta Y)$ となり，面積の増加分 $\Delta Z = Z' - Z$ は，$\Delta Z = \Delta X \cdot Y + X \cdot \Delta Y + \Delta X \cdot \Delta Y$ となる．よって，

$$\frac{\Delta Z}{Z} = \frac{\Delta X \cdot Y + X \cdot \Delta Y + \Delta X \cdot \Delta Y}{XY} = \frac{\Delta X}{X} + \frac{\Delta Y}{Y} + \frac{\Delta X}{X} \cdot \frac{\Delta Y}{Y}$$

$\Delta X / X$ と $\Delta Y / Y$ について，4 %，2 %というような微小な変化を前提にすれば，$(\Delta X / X) \times (\Delta Y / Y)$ は無視できるほど小さくなるので（0.08%），上の式が近似的に成り立つと考えて問題ない．

同様の近似式は，変数が 3 個以上の変数の掛け算である場合でも成り立つ．

$$V = U \cdot Z = U \cdot X \cdot Y \Rightarrow \frac{\Delta V}{V} = \frac{\Delta U}{U} + \frac{\Delta Z}{Z} = \frac{\Delta U}{U} + \frac{\Delta X}{X} + \frac{\Delta Y}{Y}$$

(2) ある変数が他の 2 つの変数の**割り算**である場合，その変化率は「**分子の変化率－分母の変化率**」になる．

$$Z = X \cdot Y \Rightarrow X = \frac{Z}{Y} \text{ かつ } \frac{\Delta Z}{Z} = \frac{\Delta X}{X} + \frac{\Delta Y}{Y} \Rightarrow \frac{\Delta X}{X} = \frac{\Delta Z}{Z} - \frac{\Delta Y}{Y}$$

よって,「Xの変化率＝Zの変化率－Yの変化率」となる．ある変数が3個以上の変数の割り算や掛け算であっても同じ近似式を使うことができる．

$$V = U \cdot Z = U \cdot X \cdot Y \Rightarrow U = \frac{V}{Z} = \frac{V}{X \cdot Y}$$

$$\Rightarrow \frac{\Delta U}{U} = \frac{\Delta V}{V} - \frac{\Delta Z}{Z} = \frac{\Delta V}{V} - \left(\frac{\Delta X}{X} + \frac{\Delta Y}{Y} \right) = \frac{\Delta V}{V} - \frac{\Delta X}{X} - \frac{\Delta Y}{Y}$$

(3) 応用：フィッシャー方程式

Mを貨幣量，Pを物価水準，mをMの実質的な価値つまり購買力とする．この時，$m = M/P$ となるので，貨幣の実質価値mの成長率は

$$\frac{\Delta m}{m} = \frac{\Delta M}{M} - \frac{\Delta P}{P}$$

となる．貨幣の実質的な価値の変化率($\Delta m/m$)が実質利子率(r)，預金や債券での運用によって生み出される名目貨幣量の変化率($\Delta M/M$)が名目利子率(i)，物価の変化率($\Delta P/P$)がインフレ率(π)である．よって，上の式から$r = i - \pi$となる．しかし，πを事前に正確に知ることはできないので，πに代えて期待インフレ率π^eを用いるのが適切である．その結果，フィッシャー方程式$r = i - \pi^e$が導出される．

練習問題

問題1（ケインジアン・クロス）

45度線分析が適応可能な閉鎖経済モデルを考える．消費関数は

$$C = 20 + \frac{3}{4}(Y-T)$$

で与えられ，投資（I）は80，政府支出（G）は80，税金（T）は80である．以下の4つの問題に答えなさい．

(1) 均衡国民所得はいくらか．また，均衡における消費及び民間貯蓄はそれぞれいくらになるか．

(2) 完全雇用に対応する国民所得水準が500であるとする．税金はそのまま（$T=80$），政府支出（G）だけを使って完全雇用（$Y=500$）を達成するためには，Gはいくらでなければならないか．また，均衡における消費はいくらになるか．

(3) 政府は均衡予算 $G=T$ を維持したまま，完全雇用（$Y=500$）を達成したいと考えている．この場合，Gはいくらでなければならないか．また，均衡における消費はいくらになるか．

(4) 人々の幸福が消費水準だけに依存すると仮定しよう．(1)，(2)，(3)の答えを比較しながら，完全雇用を達成するための財政政策の意味を考えなさい．

問題2（政府の資金調達手段と財政政策の効果）

IS-LM分析を用いて次の問いに答えなさい．

(1) 本文で政府支出の増加 ΔG の効果を考えた際は，税金は一定のままであった．しかし，政府購入を増加させるためには，政府は資金が必要である．この場合，政府はどのようにして資金を調達（財源を確保）していると考えられるであろうか．

(2) 現在の先進諸国では，中央銀行は政府から独立した存在であると考えられているが，もし政府が中央銀行に影響を与えることができ，政府購入のための資金を貨幣発行によって賄うことができるとした場合，拡張的財政政策の効果は本文で考察した場合と比較してどうなるか．

問題 3 （期待インフレ率の変化の影響）

本文では横軸に国民所得 Y，縦軸に実質利子率 r を測ったグラフを用いて IS - LM モデルを分析した．ここでは横軸に国民所得，縦軸に名目利子率 $i(=r+\pi^e)$ を測ったグラフを用いてみよう．具体的に言うと，次の2式から (Y, i) 平面上に IS 曲線と LM 曲線を描いて，期待インフレ率 π^e の変化が経済にどのような影響を与えるかを分析しよう．

IS 曲線：$Y = C(Y-T) + I(i-\pi^e) + G$

LM 曲線：$M/P = L(i, Y)$

(1) 期待インフレ率 π^e が低下すると，IS 曲線，LM 曲線のどちらが，あるいは両方が，どのようにシフトするか．その結果，名目利子率，国民所得はどのように変化するか．グラフを用いて説明しなさい．

(2) 期待インフレ率 π^e が上昇すると，IS 曲線，LM 曲線のどちらが，あるいは両方が，どのようにシフトするか．その結果，名目利子率，国民所得はどのように変化するか．グラフを用いて説明しなさい．

問題 4 （IS - LM モデルに関する計算問題と総需要曲線の導出）

短期の閉鎖経済のマクロモデルが次の諸式で表されている．以下の各問に答えなさい．

消費関数：$C = 0.8(Y-T)$，　投資関数：$I = 160 - 20r$

貨幣需要関数（流動性選好関数）：$L = 0.1Y - 10r + 100$

貨幣供給量：$M = 1,000$，　税金：$T = 200$，

政府支出：$G = 200$，　物価水準：P

ただし，r は実質利子率である．

(1) IS 関数（曲線）を求めなさい．ただし，r を Y の関数として書きなさい．すなわち，$r = \bullet\bullet\bullet$ の形で書きなさい．

(2) LM 関数（曲線）を求めなさい．r を Y と P の関数として書きなさい．すなわち，$r = \bullet\bullet\bullet$ の形で書きなさい．

(3) $P = 10$ のときの均衡国民所得と均衡利子率を求めなさい．

(4) 物価水準は $P = 10$ で一定ではなく，P は変化しうるとしよう．総需要曲線を求めなさい．ただし，P を Y の関数として書きなさい．すなわち，

$P=\bullet\bullet\bullet$ の形で書きなさい．

問題5 （変化率の近似計算）

$y=x^\alpha$ を微分すると，$\dfrac{dy}{dx}=\alpha x^{\alpha-1}=\dfrac{\alpha x^\alpha}{x}=\alpha\dfrac{y}{x}$ である．ここで，$dy=\Delta y$, $dx=\Delta x$ と考えることができるので，$\dfrac{\Delta y}{\Delta x}=\alpha\dfrac{y}{x}$, すなわち $\dfrac{\Delta y}{y}=\alpha\dfrac{\Delta x}{x}$ という近似式が成り立つ．この式と数学注の近似式を用いて，$Y=AK^\alpha L^{1-\alpha}$ である時，次の近似式が成り立つことを証明しなさい．

$$\frac{\Delta Y}{Y}=\frac{\Delta Y}{A}+\alpha\frac{\Delta K}{K}+(1-\alpha)\frac{\Delta L}{L}$$

さらなる学習のために

1．オリヴィエ・ブランシャール著，鴇田忠彦他訳『マクロ経済学・上』東洋経済新報社，1999年．
　$IS-LM$ モデルを用いた経済変動の詳細な分析が第2部・第3部で展開されている．

2．ポール・クルーグマン著，三上義一訳『世界大不況からの脱出——なぜ恐慌型経済は広がったのか』早川書房，2009年．
　流動性の罠の重要性を指摘して注目をあつめた論文をはじめ，不況とそれへの対策に関するいくつかの重要な示唆を与えてくれる本である．

3．ジョージ・A・アカロフ/ロバート・シラー著，山形浩生訳『アニマルスピリット』東洋経済新報社，2009年．
　行動経済学の研究成果を取り入れながら，経済活動における期待や信頼などが果たす役割を興味深くかつ分かりやすく説明している．

第6章

総需要と総供給

... the ideas of economists and political philosophers, both when they are right and when they are wrong, are more powerful than is commonly understood. Indeed the world is ruled by little else. Practical men, who believe themselves to be quite exempt from any intellectual influences, are usually the slaves of some defunct economist.

John Maynard Keynes (1936)

この章で学ぶこと

* 第5章の最後に総需要曲線（*AD* 曲線）を導出した．この章では総供給曲線（*AS* 曲線）を導出し，物価版の総需要・総供給モデルを学んだ上で，金融・財政政策の効果を考えよう．
* インフレ率を主要変数とするインフレ版総需要・総供給モデルを学んで，金融・財政政策の効果を検討しよう．
* 簡単なニューケインジアン・モデルを学び，金融・財政政策の効果についてのシミュレーションを行ってみよう．

経済の安定を保つことが政府の最も重要な責務の1つとして明確に期待されるようになったのは，1929年にアメリカの株価暴落に端を発した大恐慌からであると言われている．政府に期待される経済の安定化とは，景気の大きな変動（とりわけ深刻な不況）を防ぐことと物価あるいはインフレを制御することを主に意味している．第5章で学んだ財政政策と金融政策は，政府が経済を安定化させる主要な政策の二本柱である．この章では，政府が財政政策と金融政策を用いて，どのように総需要を調整し生産と物価（あるいはインフレ）をコントロールするかを考えることにしよう．

6.1 物価版 AD - AS 分析

総需要曲線（AD 曲線）

第5章で学んだように，総需要曲線（AD 曲線）は物価水準と総需要について負の関係があることを示すものである（図表6-1）．復習のため第5章の図表5-12に戻って，物価水準（P）が例えば下落するケースを考えてみよう．この時，マネーサプライ M が所与で一定とすると，実質貨幣残高 $\left(\equiv \frac{M}{P}\right)$ は増加することになる．これにより LM 曲線は，拡張的な金融政策の場合と同じく右にシフトする．その結果，IS 曲線と LM 曲線の交点も右にシフトするので，物価水準（P）の減少が総需要を増加させることになる．したがって，図表6-1で示されているように右下がりの総需要曲線（AD 曲線）が得られた．

総供給曲線（AS 曲線）

均衡物価水準と GDP の導出には，この総需要曲線に加えて，総供給曲線を導出する必要がある．総供給曲線は，他の条件を一定にすれば，短期的には物価水準と総供給の間には正の関係があることを示すものである．

それでは総供給曲線はどのように導出されるか見てみよう．短期的に可変な生産要素が労働 L のみとし，次のような生産関数を考えよう．ここでは経済全体の生産関数を考えているとしよう．

$$Y = F(L) \tag{6-1}$$

図表6-1　総需要曲線（AD 曲線）

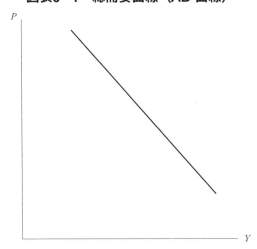

生産関数については，$F'(L)>0$, $F''(L)<0$ であるとする．この企業の利潤 Π は，次のように表される．

$$\Pi = PF(L) - WL \tag{6-2}$$

ここで P は価格（ただし経済全体では物価水準），W は名目賃金である．企業の利潤最大化より，以下の式が導かれる．

$$F'(L) = \frac{W}{P} \tag{6-3}$$

名目賃金 W が短期的に硬直的である場合，P が上昇すると，右辺の実質賃金が低下する．この時労働市場が均衡するためには，右辺の実質賃金の低下に伴って，左辺の限界生産性 $F'(L)$ が低下する必要があり，労働需要 L が増加しなければならない．実質賃金が下がった場合，企業はより多くの労働を雇用しようとするであろう．労働需要 L が増加すると，生産つまり総供給 $Y(=F(L))$ も増加することになる．つまり物価水準（P）の上昇は，生産要素の実質価格を低下させるので，生産要素がより多く使用され生産が増加するのである．このように短期的には，物価水準（P）の上昇には総供給の増加が伴う．したがって，図表6-2で示されているような右上がりの総供給曲線（AS 曲線）が得られる．

図表6-2 総供給曲線（AS曲線）

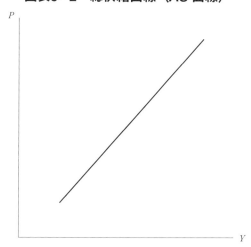

物価版 AD‒AS モデルの均衡

以上のように短期的な物価と生産の関係を，需要と供給の両面から導出した AD 曲線と AS 曲線を図示したのが図表6‒3である．図表6‒3で AD 曲線と AS 曲線の両曲線の交点である E 点が，経済の均衡を表しており，均衡 GDP と均衡物価水準が同時に決定されている．

物価版 AD‒AS モデルによる供給ショックの分析

それでは導出した物価版 $AD‒AS$ モデルを用いて，初めに供給ショックが経済に及ぼす影響を考えてみよう．供給ショックとは，供給曲線をシフトさせるショックのことである．生産費用を上昇させて，図表6‒2において，どの価格水準においても供給を減少させる（あるいはどの生産水準においても価格を上昇させる）ものを負の供給ショックという．例えば，1970年代のオイル・ショックが，負の供給ショックの顕著なケースである．図表6‒4に示されているように，負の供給ショックは AS 曲線を左（あるいは上）にシフトさせる．図表6‒4から明らかなように，負の供給ショックによって，経済の均衡は E_0 から E_1 へと移り，生産が低下しているにもかかわらず，物価水準が上昇してい

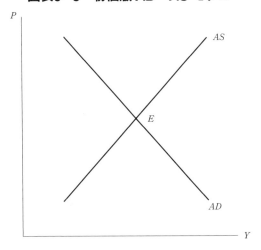

図表6-3　物価版 AD-AS モデル

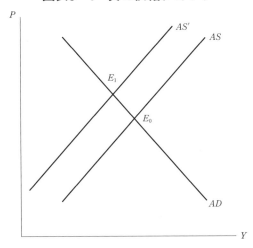

図表6-4　負の供給ショック

ることが分かる．このように生産の低下と物価の上昇が同時に起こる現象は，スタグネーション（不況）とインフレーションの合成語であるスタグフレーションという言葉で呼ばれている．

図表6-5 物価版 AD-AS モデルによる拡張的な金融・財政政策の効果

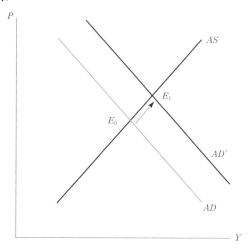

物価版 AD-AS モデルによる財政・金融政策の分析

それでは次に，導出した物価版 $AD-AS$ モデルを用いて，財政政策と金融政策が経済に及ぼす効果について検討しよう．第5章ですでに学んだように，総需要曲線は，金融政策や財政政策によってシフトするものである．$IS-LM$ 分析によると，物価水準一定の下で金融政策と財政政策のどちらの場合でも拡張的な政策が行われると，均衡 GDP は増加したことを思い出そう（第5章5.2節）．このため，拡張的な金融・財政政策は総需要曲線（AD 曲線）を右にシフトさせるのである．したがって，拡張的な金融・財政政策によって，経済の均衡点は短期的に図表6-5の E_0 から E_1 へと移り，物価と生産が同時に上昇することが分かる．

それでは金融政策と財政政策によって，長期的に生産を潜在産出量よりも高い水準に維持することは可能であろうか．これについて，図表6-6を用いて考えてみよう．図表6-6では説明の便宜上，E_0 での生産水準を潜在産出量（Y_F）としている．ここで長期の場合には，経済の均衡は短期的な均衡点である E_1 から，AD 曲線と潜在産出量（Y_F）の水準を示す点線との交点である E_2

図表6-6　物価版 AD-AS モデルによる拡張的な金融・財政政策の効果：Y>Y_F のケース

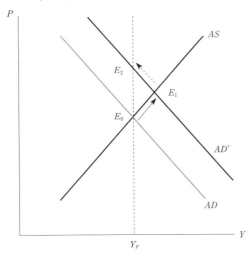

へと，さらにシフトすることに注意しよう．これは長期的には価格が伸縮的であり名目賃金も伸縮的であるので，名目賃金（W）が労働の超過需要により，やがて上昇し総供給（AS）曲線が上にシフトするためである．つまり拡張的な金融・財政政策は，生産を潜在産出量より高い水準に短期的に増加させるが，長期的には生産は潜在産出量の水準に戻るのである．したがって，このような場合，拡張的な金融・財政政策の長期的な効果とは，物価の上昇のみということになる．

6.2　インフレ版 AD-AS 分析

　前節では，縦軸に物価をとる AD-AS 分析を学んだ．近年の多くの教科書では，こうした縦軸に物価をとった AD-AS 分析ではなく，縦軸にインフレ率をとる AD-AS 分析も多く見られるようになってきた．これは，多くの国ではインフレ率がゼロではなくプラスの値をとる場合が一般的であり，物価よりもむしろインフレ率について経済の均衡を考える方が自然であるためである．また，それと関連して，多くの国の中央銀行は政策を考慮する際に，物価水準

よりインフレ率を目標にすることが多いからでもある．そこで本節では，縦軸にインフレ率をとるインフレ版 AD-AS 分析をさらに学ぶことにしよう．

インフレ総需要曲線（AD 曲線）

第5章5.1節で学んだように，IS 曲線は実質利子率と生産量の負の関係を示すものである．この章では IS 曲線を以下のように表すことにしよう．

$$Y = \bar{Y} - a(r - \bar{r}) + \epsilon_g \tag{6-4}$$

$\bar{Y}$ と $\bar{r}$ は，それぞれ価格が伸縮的な場合の長期的な均衡の水準である潜在産出量と自然利子率を表し，a は（一定で正の値をとる）パラメータとする．ϵ_g は需要ショックであるが，ここでは政府支出ショックのみを考えることとする．また，このショックは一時的なものであり，定常状態ではゼロであるとする．

次に金融政策については，この章では次のような単純な利子率ルールによるものとしよう．

$$r = \bar{r} + \theta(\pi - \bar{\pi}) + \epsilon_r \tag{6-5}$$

θ は（一定で正の値をとる）パラメータとする．(6-5) 式の利子率ルールは，定常状態のインフレ率（$\bar{\pi}$）よりもインフレ率（π）が高くなれば実質利子率（r）を上昇させて緊縮的な政策をとり，反対に定常状態のインフレ率（$\bar{\pi}$）よりもインフレ率（π）が低くなれば実質利子率（r）を低下させて緩和的な政策をとることを意味している．なお，より一般的には中央銀行はインフレ率に加えて，生産についても考慮すると考えられ，(6-5) 式に生産の変動の項を加えた利子率ルールを考慮することが多い．こうした利子率ルールについては，本章の6.3節で検討する．ここでは単純化のため，中央銀行はインフレ率についてのみ対応するものとしている．また，ϵ_r は利子率ショックであり，ここでは ϵ_r が負の場合が利子率を引き下げるので拡張的な金融政策（そして ϵ_r が正の場合が利子率を上昇させるので緊縮的な金融政策）を意味するものとし，上述の政府支出ショック ϵ_g と同様に一時的なショックであるとする．

以上の (6-4) 式と (6-5) 式の2本の式をまとめると，以下の AD 曲線を表す式が得られる．

$$\pi = \bar{\pi} - \frac{\epsilon_r}{\theta} + \frac{\epsilon_g}{a\theta} - \frac{1}{a\theta}(Y - \bar{Y}) \tag{6-6}$$

図表6-7 インフレ版 AD-AS 曲線

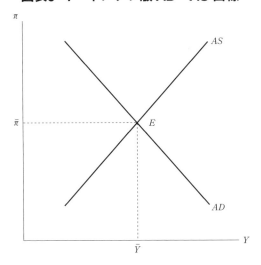

(6-6)式から明らかなように，π と Y には負の関係があり，これを図示したのが図表6-7中の AD 曲線である．

インフレ総供給曲線（AS 曲線）

次にインフレ総供給曲線を定式化しよう．インフレ総供給曲線は，しばしばフィリップス曲線と同じ意味で使われている．伝統的なフィリップス曲線は，好景気で失業率が低い時インフレ率は高く，一方不景気で失業率が高い時インフレ率は低いというインフレと失業率の間のトレードオフを表す．一般に失業率と GDP の間には負の関係があると考えられるので，インフレと GDP の間のトレードオフの関係をフィリップス曲線と呼ぶことが多い．このよく知られているフィリップス曲線は，次のように表すことができ，インフレ総供給曲線と呼ぶことにしよう．

$$\pi = \bar{\pi} + \phi(Y - \bar{Y}) + \epsilon_\pi \tag{6-7}$$

この式においてインフレ率（π）と GDP（Y）の間にトレードオフの関係があることを確認しよう．つまり GDP（Y）の増加には，インフレ率（π）の上昇が伴ってしまうのである．インフレ総供給曲線は，このように π と Y には正の関係があることを示しており，これを図示したのが図表6-7の AS 曲線であ

図表6-8 負の供給ショック

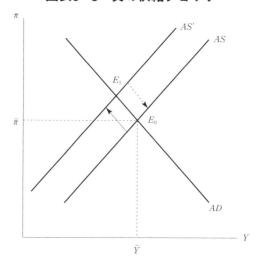

る. (6-7) 式において, ϵ_π は供給ショックを表す. 例えば, ϵ_π が正の値をとると, π を一定とした場合 Y を低下させる（あるいは Y を一定とした場合 π を上昇させる）ので, この場合は負の供給ショックを表していることになる.

インフレ版 AD-AS モデルによる供給ショックの分析

図表6-7において, 以上のように導出されたインフレ版 AD 曲線と AS 曲線の交点 E で, 経済の均衡が示されている. それでは, インフレ版 AD-AS モデルを用いて, 物価版 AD-AS モデルと同様に, まず供給ショックの経済への影響を検討しよう. ここでは, 前述した負の供給ショックを考えることとし, (6-7) 式の ϵ_π の上昇による経済への影響を分析する.

前項で説明した通り, ϵ_π が増加すると, π を一定とした場合 Y を低下させる（あるいは Y を一定とした場合 π を上昇させる）ので, 図表6-8に示されているように, この負の供給ショックによって AS 曲線は左（あるいは上）にシフトする. このように負の供給ショックによって, AS 曲線が左（あるいは上）にシフトするのは, 6.1節で学習した物価版 AD-AS モデルの場合と同様である. 一時的な負の供給ショックが生じた場合, ショックが生じた時点で, 経済の均衡は当初 E_1 へと即座にジャンプし, ϵ_π がゼロへと戻るのに伴って,

図表6-9 インフレ版 AD-AS モデルによる拡張的な金融・財政政策の効果

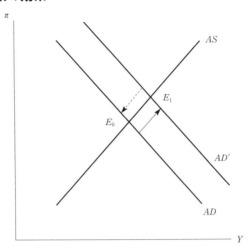

やがて経済の均衡は元の均衡である E_0 に徐々に戻ることになる.

インフレ版 AD-AS モデルによる財政・金融政策の分析

次に導出したインフレ版 $AD-AS$ モデルを用いて, 財政・金融政策の効果について検討しよう. インフレ総需要曲線の導出の際に説明したように, 財政政策と金融政策のショックが, それぞれ (6-4) 式の ϵ_g と (6-5) 式の ϵ_r によって表され, その両方のショックが (6-6) 式に含まれている. また, 拡張的な財政政策のショックを表す ϵ_g の増加と, 拡張的な金融政策のショックを表す ϵ_r の低下は, どちらの場合も (6-6) 式から明らかなように, インフレ版 AD 曲線を上にシフトさせることを理解しよう. この AD 曲線の上へのシフトが, 図表6-9において AD から AD' へのシフトとして示されている. したがって, 拡張的な金融・財政政策によって, 経済の均衡点は短期的に図表6-9の E_0 から E_1 へと移りインフレ率と生産 (GDP) が同時に上昇することが分かる. その後, ϵ_g あるいは ϵ_r がやがてゼロに戻るに伴って, AD 曲線は元の位置に戻り, 経済は元の長期的な均衡へと戻ることになる.

6.3 ニューケインジアン・モデル

これまで6.1節では物価版 $AD-AS$ モデル，6.2節ではインフレ版 $AD-AS$ モデルを見てきたが，この節では，近年大学院レベルのマクロ経済学の教科書で扱われることの多いニューケインジアン・モデルを簡単に紹介しておこう．ニューケインジアン・モデルは，本来，家計や企業の経済主体による最適化行動から導出されるものであるが，ここでは，そうしたミクロ的基礎付けに関しては触れないこととしたい．この節では，むしろニューケインジアン・モデルが，6.2節で学んだインフレ版 $AD-AS$ モデルと，基本的には同じであることを理解してもらえれば十分である（もっとも両者の違いは，マクロ経済学の発展に大きく関わるところであり，その点を理解することが大学院レベルではとても大切であることを付記しておく）．

以上の前提で最も基本的なニューケインジアン・モデルは，以下の3本の式で構成される．1つ目は，次の動学的 IS 式（dynamic IS equation あるいは，DIS）と呼ばれるものである．

$$\widetilde{Y}_t = -a(\widetilde{i}_t - E_t\widetilde{\pi}_{t+1}) + E_t\widetilde{Y}_{t+1} \tag{6-8}$$

ここで，$\widetilde{Y}_t(\equiv Y_t - \bar{Y})$，$\widetilde{i}_t(\equiv i_t - \bar{i})$ と $\widetilde{\pi}_t(\equiv \pi_t - \bar{\pi})$ は，それぞれ Y_t，i_t と π_t の定常状態からの乖離を表す．また，a は一定の正の値をとるパラメータとする．E_t は t 期における期待値を意味し，$E_t\widetilde{\pi}_{t+1}$ と $E_t\widetilde{Y}_{t+1}$ は，それぞれ $t+1$ 期の変数であるが，それらの t 期における期待値を表している．したがって，$(\widetilde{i}_t - E_t\widetilde{\pi}_{t+1})$ の項は実質利子率を表している．前述の通り経済主体の最適化行動からどのように上記の動学的 IS 式が導出されるかについては，大学院レベルの教科書に譲るとしよう．ここでは直観的な理解として，この (6-8) 式がインフレ版 $AD-AS$ モデルで見た (6-4) 式と比べて，$E_t\widetilde{Y}_{t+1}$ の $t+1$ 期に関する期待値の項が加わり，動学的になっていることに注意しよう．インフレ版 $AD-AS$ モデルの (6-4) 式は，一時点の生産量と実質利子率の関係を示しているが，ニューケインジアン・モデルの (6-8) 式では，t 期に加えて，$t+1$ 期の生産量も含まれているのである．

2つ目は，ニューケインジアン・フィリップス曲線（NKPC）と呼ばれるも

ので以下のように表される．

$$\tilde{\pi}_t = \beta E_t \tilde{\pi}_{t+1} + \kappa \tilde{Y}_t \tag{6-9}$$

β と κ は，ともに一定の正の値をとるパラメータとする．ここでも直観的な理解として，このニューケインジアン・フィリップス曲線を表す（6-9）式と，6.2節のインフレ版 $AD-AS$ モデルで見た（6-7）式を比べると，（6-9）式には $E_t \tilde{\pi}_{t+1}$ の $t+1$ 期に関する期待値の項が含まれ，動学的になっていることが分かるであろう．インフレ版 $AD-AS$ モデルの（6-7）式には含まれなかった $t+1$ 期のインフレ率が，ニューケインジアン・モデルの（6-9）式には，含まれているのである．

3つ目は，インフレ版 $AD-AS$ モデルで少し紹介した利子率ルールと呼ばれるものである．

$$\tilde{i}_t = \phi_y \tilde{Y}_t + \phi_\pi \tilde{\pi}_t \tag{6-10}$$

ϕ_y と ϕ_π は一定の正の値をとるパラメータとする．6.2節のインフレ版 $AD-AS$ モデルでは，単純化のため含めなかった生産量への反応についてもここでは含めている．

コストプッシュ・ショックの影響

以上の3本の式で構成される最も基本的なニューケインジアン・モデルを用いて，まず初めに6.1節の物価版 $AD-AS$ モデルと6.2節のインフレ版 $AD-AS$ モデルで見た負の供給ショックの影響を見ることにしよう．なお，ニューケインジアン・モデルでは，これをコストプッシュ・ショックと呼ぶことが多く，本節もそれに従うことにする．コストプッシュ・ショックを ϵ_c で表し，（6-9）式のニューケインジアン・フィリップス曲線に入れたのが，次の（6-11）式である．

$$\tilde{\pi}_t = \beta E_t \tilde{\pi}_{t+1} + \kappa \tilde{Y}_t + \epsilon_c \tag{6-11}$$

それでは，このコストプッシュ・ショック ϵ_c が，他の主なマクロ変数にどのように影響するかを見ていくことにしよう．

その際に，ここではMATLABとそれをベースとするDynareと呼ばれるソフトを利用して，その効果を検討することにしよう．

> **コラム 9** 本章で用いるソフト
>
> 　本節で用いている Dynare は，以下のウェブサイトから無償でダウンロードできる．
> http://www.dynare.org/download/dynare-stable
> Dynare は，経済学の分野でも広く使われている数値計算ソフトである MATLAB をベースにしている．学生版 MATLAB についての詳細は，以下のウェブサイトにある．
> https://www.mathworks.co.jp/programs/nrd/buy-matlab-student.html
> Dynare の大きな特徴の1つは，技術的にどのように解くかということに煩わされることなく，マクロ経済モデルをより直観的に分析できるところである．また，ベイズ推計といった，より高度な分析にも対応できるように開発が進められている点も特徴の1つである．

　Dynare において，code と呼ばれるプログラムは次の通りである．まず初めに，内生変数を var に続けて指定する．

　Var pi y i r c;

ここで，pi, y と i は，(6-8) 式，(6-10) 式と (6-11) 式の $\tilde{\pi}_t$, $\tilde{Y}_t$ と $\tilde{i}_t$ を表すものとする．r は後に定義するが，実質利子率を表す．c は (6-11) 式の ϵ_c を表しており，コストプッシュ・ショックの時間的変化を表す変数である．ただし理論的には，c は外生変数であるが，ここでは次の z を外生変数として c があたかも内生変数であるかのように取り扱っている．varexo に続けて，この外生変数 z を指定する．

---

　varexo z;

つまり c がコストプッシュ・ショックの時間的変化を表すのに対し，z は初期

時点でのショックを表している.

次に，parameters に続けて，パラメータの変数を指定して，各パラメータに値を与える.

```
parameters A B K PhiY PhiPI Rho;
A=1;
B=0.99;
K=0.1;
PhiY=0.5;
PhiPI=1.5;
Rho=0.5;
```

上記の A, B, K, PhiY, PhiPI と Rho のそれぞれが，(6-8) 式，(6-10) 式と (6-11) 式で，どのパラメータに対応するかは次のモデル部分で確認できる.

次に，model (linear); に続けて，(6-8) 式，(6-10) 式と (6-11) 式に対応する式を次のように記述する.

```
model(linear);
y = -A*(i-pi(+1)) + y(+1); \\ (6-8)式：動学的 IS 式（DIS）
pi = B*pi(+1) + K*y + c;
\\ (6-11)式：ニューケインジアン・フィリップス曲線（NKPC）
i = PhiY*y + PhiPI*pi ; \\ (6-10)式：利子率ルール
r = i - pi(+1); \\ 実質利子率
c = Rho*c(-1) + z; \\ コストプッシュ・ショック
end;
```

なお \\ 以下の記述は code 中の説明文である．4番目の式で実質利子率 r が定義されている．なお，各変数の (+1) と (-1) は，それぞれ $t+1$ 期と $t-1$ 期の変数であることを表している．

そして，コストプッシュ・ショック z の大きさは，ここでは 1 とし以下のように記述する．

```
shocks;
var z = 1;
end;
```

最後に，ショック z に対する c, i, r, pi, と y の各変数の時間的な変化（これはインパルス反応と呼ばれる）を表すシミュレーションを行うコマンドを以下のように指定する．

```
stoch_simul(noprint, irf=12) c i r pi y;
```

irf=12はインパルス反応の時間的な長さを12期間とするように指定している．なお価格の硬直性を前提とするニューケインジアン・モデルの場合，四半期を単位とすることが多く，4期間の長さは1年間に対応している．したがって，12期間とはショックが起こってから3年間の影響を見ていることになる．

以上をまとめると，以下のような code となり，拡張子を mod とする "mod ファイル" として保存する．ここでは，一例として，"nk.mod" というファイル名を付けておこう．

```
var pi y i r c;
varexo z;
parameters A B K PhiY PhiPI Rho;
A=1;
B=0.99;
K=0.1;
PhiY=0.5;
PhiPI=1.5;
Rho=0.5;
```

6.3 ニューケインジアン・モデル

```
model(linear);
y = -A*(i-pi(+1)) + y(+1); \\ (6-8)式：動学的 IS 式（DIS）
pi = B*pi(+1) + K*y + c;
\\ (6-11) 式：ニューケインジアン・フィリップス曲線（NKPC）
i = PhiY*y + PhiPI*pi ; \\ (6-10) 式：利子率ルール
r = i - pi(+1); \\ 実質利子率
c = Rho*c(-1) + z; \\ コストプッシュ・ショック
end;

shocks;
var z = 1;
end;

stoch_simul(noprint, irf=12) c i r pi y;
```

それでは，MATLAB 上で Dynare と上記の mod ファイルがあるフォルダにパスを通した上で，コマンドウインドウにおいて，

```
>> dynare nk
```

と入力して，Enter キーを押して実行しよう．

ここで分析する外生的なコストプッシュ・ショック c は，図表6-10のように表される．初期時点（すなわち1）でショックが生じ，横軸は時間の経過を示している．初期時点で大きさが1のショックが生じ，やがてゼロに戻るようなショックで，6.2節のインフレ版 AD-AS モデルで検討した一時的なショックに対応していることが分かるであろう．

(6-11) 式より，このような外生的なコストプッシュ・ショック c によって，インフレ率 pi は上昇すると考えられる．実際に，図表6-11に表されているようにインフレ率 pi が上昇することが確認できる．

図表6-10　コストプッシュ・ショック：c

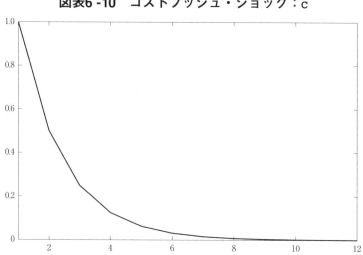

図表6-11　インフレ率：pi

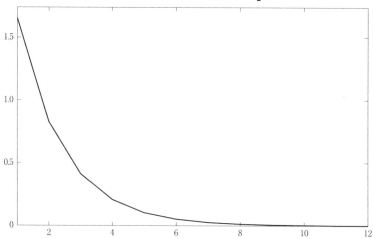

　それでは名目利子率はどのように変化するであろうか．名目利子率は，図表6-12に示されているようにショックにより上昇する．これは，(6-10) 式の利子率ルールを見れば理解できる．中央銀行はインフレ率が上昇すると名目利子率を上昇させる利子率ルールに従っているので，インフレ率の上昇に応じて名目利子率が増加しているのである．

図表6-12　名目利子率：i

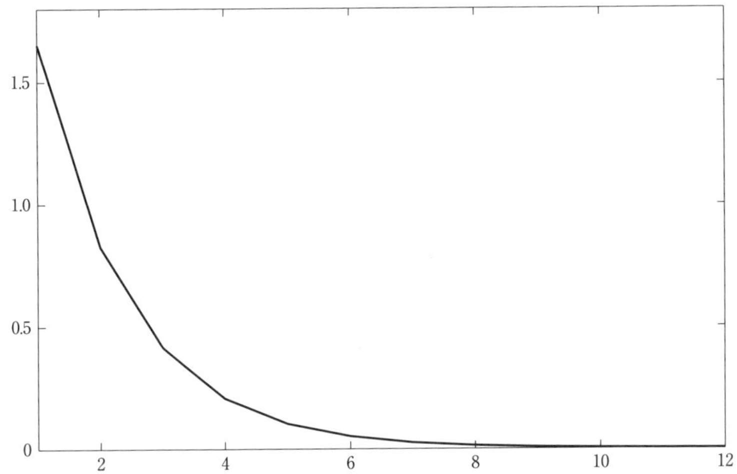

次に実質利子率の変化を見てみよう．実質利子率は，前述の code にあるように名目利子率から（次の期の）インフレ率を差し引いたものであるが，図表6-13で示されているように，実質利子率は名目利子率と同じく上昇していることが分かる．

最後に，GDP（生産）がコストプッシュ・ショックにより，どのような影響を受けているか見てみよう．前述の通り，ショックにより図表6-13で示されたように実質利子率が上昇するので，動学的 IS 式の (6-8) 式から，GDP は低下すると考えられる．それを図表6-14で確認することができる．

以上のように，ニューケインジアン・モデルによって，コストプッシュ・ショック(c)がインフレ率(pi)を上昇させる一方，GDP(y)を縮小させることが示された．これは，6.2節のインフレ版 AD-AS モデルで見た，負の供給ショックによるスタグフレーションと同じであることが分かるであろう．

拡張的な金融政策の効果

次に拡張的な金融政策の効果を，やはり (6-8) 式，(6-9) 式と (6-10) 式の3本の式で構成される最も基本的なニューケインジアン・モデルを用いて分析しよう．インフレ版 AD-AS モデルの際に導入した利子率ショック ϵ_r を，

図表6-13 実質利子率：r

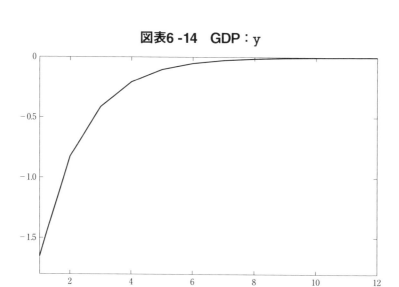

図表6-14 GDP：y

利子率ルールを表す (6-10) 式に含めたのが，次の (6-12) 式である．

$$\tilde{i}_t = \phi_y \widetilde{Y}_t + \phi_\pi \tilde{\pi}_t + \epsilon_r \tag{6-12}$$

それでは利子率ショック ϵ_r が，他の主なマクロ変数にどのように影響するかを見てみよう．

その際に拡張的な金融政策を表すショック ϵ_r を，次のように表すとする．

```
s = Rho*s(-1) - z; \\ 利子率ショック
```

s は (6-12) 式の ϵ_r を表しており，ショックの時間的変化を表している．その他については，6.3節のコストプッシュ・ショックの場合とほぼ同じであり，code 全体は次のようになる．

```
var pi y i r s;
varexo z;
parameters A B K PhiY PhiPI Rho;
A=1;
B=0.99;
K=0.1;
PhiY=0.5;
PhiPI=1.5;
Rho=0.5;
model(linear);
y = -A*(i-pi(+1)) + y(+1); \\ (6-8)式：動学的 IS 式 (DIS)
pi = B*pi(+1) + K*y;
\\ (6-9) 式：ニューケインジアン・フィリップス曲線 (NKPC)
i = PhiY*y + PhiPI*pi + s; \\ (6-12) 式：利子率ルール
r = i - pi(+1); \\ 実質利子率
s = Rho*s(-1) - z; \\ 利子率ショック
end;
shocks;
var z = 1;
end;
stoch_simul(noprint, irf=12) s i r pi y;
```

図表6-15　利子率ショック：s

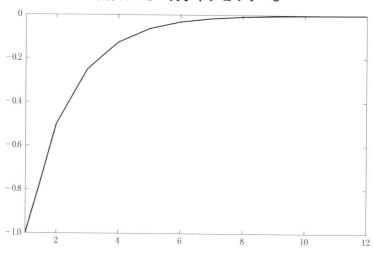

　ここで分析する外生的な利子率低下のショックは，図表6-15のように表される．

　図表6-15に示されている外生的な利子率低下ショックに応じて，(6-12)式から予想されるように，政策の意図通り，名目利子率は図表6-16のように低下することになる．

　次に実質利子率の変化を見てみよう．実質利子率は，前述のcodeにあるように名目利子率から（1期後の）インフレ率を差し引いたものであるが，ここでは，図表6-16で見たように名目利子率が低下していることを受けて，図表6-17に示されているように，実質利子率も名目利子率と同様に低下している．

　それではGDPは，拡張的な金融政策を意図する利子率低下ショックによって，どのように変化するであろうか．図表6-17で示されたように実質利子率が低下するので，動学的IS式の(6-8)式から，生産（GDP）は増加するはずであり，それを図表6-18で確認することができる．

　最後に，インフレ率は，こうしたショックによって，どのような影響を受けるだろうか．図表6-18で見たようにGDPはショックにより増加しているので，(6-9)式から推測されるように，インフレ率は図表6-19に示されているように，上昇することになる．

図表6-16　名目利子率：i

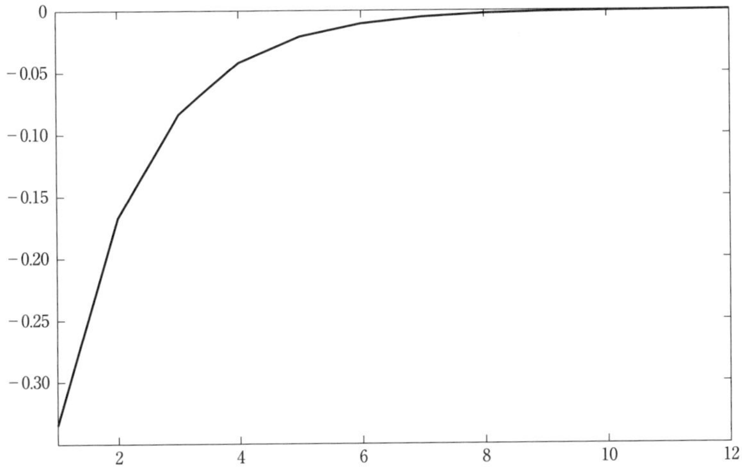

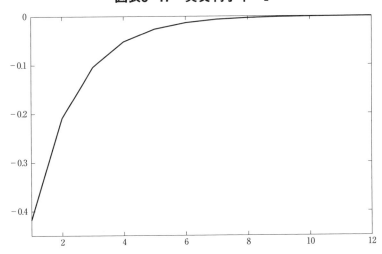

図表6-17　実質利子率：r

　以上をまとめると，拡張的な金融政策を意図する利子率の低下ショックは，6.2節のインフレ版 $AD-AS$ モデルによる財政・金融政策の分析の場合と同様に，インフレ率と生産をともに上昇させることが分かるであろう．

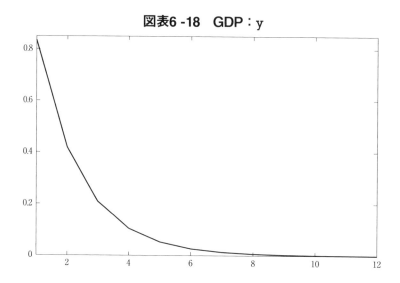

図表6-18　GDP：y

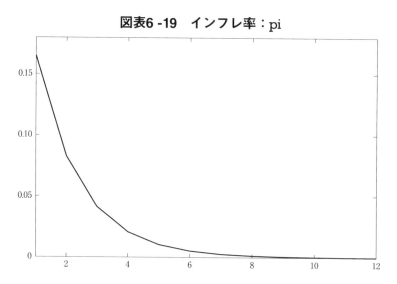

図表6-19　インフレ率：pi

拡張的な財政政策の効果

それでは最後に，同様の (6-8) 式，(6-9) 式と (6-10) 式の3本の式で構成される最も基本的なニューケインジアン・モデルを用いて，拡張的な財政

政策の効果を見ることにしよう．第2節におけるインフレ版 AD-AS モデルによる財政・金融政策の分析の際に導入した政府支出ショック ϵ_g を，ニューケインジアン・モデルにおける動学的 IS 式 (6-8) 式に含めたのが，次の (6-13) 式である．

$$\widetilde{Y}_t = -a(\tilde{i}_t - E_t\tilde{\pi}_{t+1}) + E_t\widetilde{Y}_{t+1} + \epsilon_g \tag{6-13}$$

その際に拡張的な財政政策を表すショック ϵ_g を，次のように表すとする．

```
g = Rho*g(-1) + z; \\ 財政支出ショック
```

g は (6-13) 式の ϵ_g を表すもので，財政支出ショックの時間的変化を表す．その他の点については，本節のコストプッシュショックの影響や拡張的な金融政策の効果の分析とほぼ同様であり，code の内，モデルの部分は次のようになる．

```
y = -A*(i-pi(+1))+y(+1)+g;
\\ (6-13)式：動学的 IS 式（DIS）
pi = B*pi(+1) + K*y;
\\ (6-9) 式：ニューケインジアン・フィリップス曲線（NKPC）
i = PhiY*y + PhiPI*pi ; \\ (6-10) 式：利子率ルール
r = i - pi(+1); \\ 実質利子率
g = Rho*g(-1) + z; \\ 財政支出ショック
```

まず外生的な財政支出ショック g は，図表6-20のように表される．

図表6-20で表される拡張的な財政政策ショックを受けて，(6-13) 式から GDP が増加すると予想される．図表6-21で実際に GDP の上昇が生じていることが分かる．

次にインフレ率の財政支出ショックによる変化を見よう．拡張的な財政支出ショックによるインフレ率の変化は，図表6-22に示されている．ニューケインジアン・フィリップス曲線の (6-9) 式から推察されるように，図表6-21で示された GDP の上昇は，インフレ率も上昇させることが分かる．

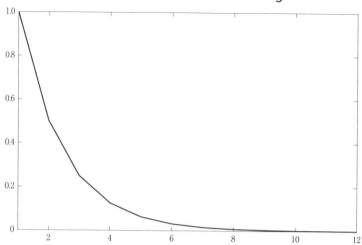

図表6-20　財政支出ショック：g

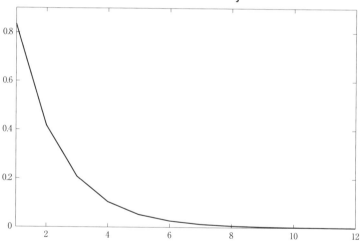

図表6-21　GDP：y

以上のように，ニューケインジアン・モデルによっても，6.2節のインフレ版 AD-AS モデルによる分析と同様に，財政支出の拡大（g）は，インフレ率（pi）と生産（y）を増加させることが分かる．その際に，利子率はどのような動きをしているか確認しておこう．まず名目利子率については，図表6-

図表6-22　インフレ率：pi

図表6-23　名目利子率：i

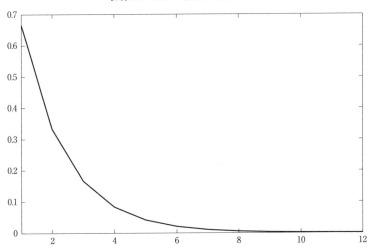

23に示されているように，財政ショックにより増加している．これは，利子率ルールを表す（6-10）式から明らかなように，インフレ率とGDPの上昇が，名目利子率の引き上げにつながるからである．

また，実質利子率についても，図表6-24に示されているように，ショック

図表6-24　実質利子率：r

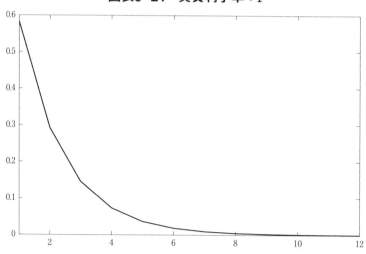

によって増加している．この図表6-24に示されている実質利子率の上昇は，(6-13) 式から明らかなように，拡張的な政府支出による GDP の増加を幾分抑制するものであり，第5章で学習したクラウディング・アウトに該当する効果が生じていることが分かる．

6.4　まとめ

以上のように，本章の6.1節と6.2節では，物価版 $AD-AS$ モデル，インフレ版 $AD-AS$ モデルを導出し，それぞれにおいて，負の供給ショックや金融・財政政策がどのように生産や物価（あるいはインフレ率）等に影響を及ぼすかを分析した．両モデルは，$IS-LM$ 分析では分析できない物価やインフレ率への影響を分析することができ，例えばスタグフレーションといった現象も分析可能となる．また，6.3節では，ニューケインジアン・モデルを紹介し，コストプッシュ・ショックによるスタグフレーションや，拡張的な金融・財政政策の効果についてのシミュレーションを紹介した．

なお，6.3節のニューケインジアン・モデルにおけるインパルス反応の説明はあくまで直観的なものである．厳密にはすべての内生変数が同時決定されて

いるので，本文の説明のように逐次的にそれぞれの内生変数の時間経路が決まるわけではなく，この点には注意が必要である．また，(6-8) 式，(6-9) 式と (6-10) 式の3本の式で構成される最も基本的なニューケインジアン・モデルについて，各ショックの影響をどのように数学的に導出するかについては，学部上級，大学院初級の数学的知識が必要であり，後述の「さらなる学習のために」で紹介する教科書で学ぶと良いであろう．

練習問題

問題 1

6.1節の物価版 $AD-AS$ 分析を用いて,技術革新による生産性の上昇の効果について,図を用いて分かりやすく説明しなさい(ヒント:AS 曲線がどのように動くか考えよう).

問題 2

6.2節のインフレ版 $AD-AS$ 分析を用いて,経済情勢の悪化によるリスク・プレミアム上昇の影響について,図を用いて分かりやすく説明しなさい(ヒント:実際の利子率が,利子率ルール (6-5) 式ではなく,それにリスク・プレミアムの項を加えた形で決まるとして考えてみよう).

問題 3

6.2節のインフレ版 $AD-AS$ 分析を用いて,予想の変化により π が低下した場合の影響について,図を用いて分かりやすく説明しなさい(ヒント:インフレ総需要曲線とインフレ総供給曲線を表す式の π が低下した場合,それぞれの式を表す曲線がどのようにシフトするか考えよう).

問題 4

6.3節で行ったシミュレーションで設定した (6-10) 式の ϕ_π のパラメータの値を大きくした場合(あるいは小さくした場合),各変数にどのような違いが生じるかを確認し,その理由について考えてみよう.

さらなる学習のために

本章の内容について,さらにより深く学習する上で参考となる文献を紹介しよう.

1. 加藤涼『現代マクロ経済学講義——動学的一般均衡モデル入門』東洋経済新報社,2006年.

6.3節ではニューケインジアン・モデルを紹介したが，Dynare を用いたシミュレーションによるものであった．実際に数学的にどのように解くかについては，この本の第1章を読むと直観的な理解が得られる．動学的一般均衡モデルに関する学部上級・大学院初級レベルの入門書で，その他の章についても大変分かりやすく書かれており名著といっても過言ではない．

2. Jordi Gali, *Monetary Policy, Inflation, and the Business Cycle: An Introduction to the New Keynesian Framework*, Princeton University Press, 2008.

6.3節で紹介したニューケインジアン・モデルによる金融政策の分析を解説している学部上級・大学院初級レベルの入門書であり，こちらも大変分かりやすく書かれており，国内外で広く教科書として使われている．

第7章 開放経済におけるマクロ経済政策

The international economic climate has changed in the direction of financial integration and this has important implications for economic policy.

Robert A. Mundell (1963)

この章で学ぶこと

* 第5章で学んだ $IS-LM$ モデルを開放経済に拡張したマンデル゠フレミング・モデルを学ぼう.
* 小国開放経済における金融・財政政策の効果を考察しよう.
* 大国開放経済における金融・財政政策の効果を考察しよう.
* 固定為替相場制下の小国開放経済と大国開放経済における金融・財政政策の効果をそれぞれ考察しよう.
* 開放経済におけるマクロ政策のトリレンマとは何かを学習しよう.

冒頭のマンデルの言葉は50年以上前のものである．その後，財や資本の国際間の移動は，さらに活発になり，経済のグローバル化が一層進むこととなった．20世紀後半から現在に至るまでの経済のグローバル化の急速な進展は，おそらく歴史的に特筆に値するものであろう．このように経済がグローバル化した今日において，金融政策や財政政策の効果を考える際，そうした影響を考慮することが不可欠であることは言うまでもないであろう．

この章では，第5章の IS-LM 分析を拡張し，財や資本の国際間の移動がある開放経済の下での財政政策と金融政策の効果が，どのように閉鎖経済モデルによる分析と異なるかを説明する．このように，IS-LM 分析を拡張して開放経済におけるマクロ政策を分析するモデルは，1960年代の初めに先駆的な研究をしたロバート・マンデル（Robert Mundell）とJ・マーカス・フレミング（J. Marcus Fleming）にちなんで，マンデル＝フレミング・モデルと呼ばれている．

7.1　為替レートと貿易収支（純輸出）

第5章では，IS 曲線と LM 曲線は，それぞれ以下の2本の式で表された．

$$Y = C(Y-T) + I(r) + G \tag{7-1}$$

$$\frac{M}{P} = L(r+\pi^e, Y) \tag{7-2}$$

しかし，この章では外国との貿易も考慮に入れる開放経済を考えるので，(7-1)式の IS 曲線は次のように変わることになる．

$$Y = C(Y-T) + I(r) + G + NX(e) \tag{7-3}$$

すなわち右辺の最後の項が開放経済を考える場合には追加されるのである．NX は貿易収支（あるいは純輸出（net exports））を表し，輸出から輸入を差し引いたものである．e は為替レートであり，例えば1ドル当たり100円というように，外国通貨1単位と引き替えに得られる自国通貨の価値で定義される．為替レートが減価する（例えば，円安になる）と，自国で生産されている財は，外貨通貨建ての価格で，他国で生産されている財より相対的に割安になるため，貿易収支は増加することになる（例えば，ある日本製品の価格が1000円だとし

図表7-1　貿易収支（純輸出）と為替レート

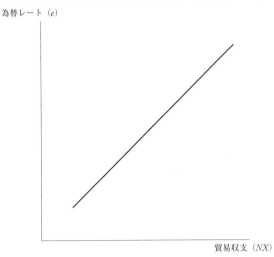

た場合，1ドル100円であれば10ドルだが，1ドル200円になると5ドルの価格になる）．反対に，為替レートが増価する（円高になる）と，自国で生産されている財の外貨通貨建てでの価格が他国で生産されている財より相対的に割高になるため，貿易収支は減少する．したがって，純輸出（NX）は為替レート（e）の増加関数と考えることができるのである．これを図示したのが，図表7-1である．なお為替レートには，本来，名目為替レートと物価の変動を考慮した実質為替レートがあるが，この章でも第5章と同様に短期のモデルを考えるため，短期的には（自国と外国の）物価は一定とし，ここでは両者を特に区別しないでおく．

またこの章では，為替レートが変動することを通貨当局が許容する変動為替相場制を7.2節と7.3節で考察し，通貨当局が為替レートを固定する固定為替相場制について7.4節で考察することにする．

7.2　小国開放経済モデル

初めに，資本移動が完全な小国開放経済における財政政策と金融政策の効果を検討する．資本移動が完全な小国開放経済とは，この国が世界の利子率には

影響を及ぼさないという意味で世界資本市場で小さな存在であるが，世界資本市場での貸借は自由に行うことができる状況を意味する．このような場合，小国開放経済の利子率 r は，以下の式で表されるように，世界利子率 r^* と等しくなっているはずである．

$$r = r^* \tag{7-4}$$

もちろん世界利子率 r^* は，自国にとって外生的な（すなわち所与の）変数である．したがって小国開放経済における生産，利子率と為替レートは，(7-2)式，(7-3)式と(7-4)式の3本の式で決定される（なお，期待インフレ率 π^e については，本章では考慮しないので単純化のためゼロとする）．

それではこのような小国開放経済における均衡利子率，均衡生産量と均衡為替レートはどのように決定されるかを考えよう．均衡利子率については，もちろん(7-4)式で世界利子率と同じ水準に決定される．均衡生産量と均衡為替レートの決定を考える際に，まず7.1節の図表7-1で示したように，純輸出 NX は為替レート e の増加関数であることを思い出そう．図表7-2では右下に同じ図が示されている．これは為替レート（e）が減価すると，純輸出（NX）が増加することを示すものであった．それでは，為替レート e と生産 Y はどのような関係があるだろうか．為替レート e と生産 Y の関係は，図表7-2の左下の図の(7-3)式を表す曲線で示される．ここで，(7-4)式の示すように自国利子率が（一定の）世界利子率に等しい場合には，(7-3)式の $I(r)$ は，$I(r) = I(r^*)$ の（一定の）水準に決まることに注意しよう．したがって，(7-3)式は，図表7-2の右下にある為替レート e と純輸出 NX の関係を示す右上がりの線と同じように，為替レート e と生産量 Y についても右上がりの関係があることを示しているのである．自国利子率が（一定の）世界利子率に等しくなる小国開放経済の均衡生産量は，図表7-2の左上の図における(7-2)式を示す LM 曲線と(7-4)式を示す線（$r = r^*$）が交わる Y_0 の水準に決定される．そして，先ほど導出した図表7-2の左下における(7-3)式を示す右上がりの線と Y_0 の水準を示す破線が交わるところで，均衡為替レート e_0 が決まるのである．また図表7-2の右下の図から，この均衡為替レート e_0 に対応する水準に，純輸出の均衡値 NX_0 が決まっていることが分かる．

図表7-2 小国開放経済における生産,利子率,為替レートと純輸出の決定

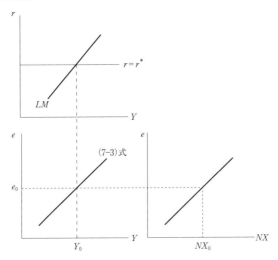

小国開放経済における金融政策

それでは小国開放経済における金融政策の効果を検討しよう.第5章で学んだように,拡張的な金融政策により図表7-3のLM曲線は右にシフトする.これにより,図表7-3の生産量がY_0からY_1へと増加することは明らかであろう.左下の図より,この生産量の増加に為替レートのe_0からe_1への減価が伴っていることが分かる.さらに右下の図より,この生産量のY_0からY_1への増加は,為替レートのe_0からe_1への減価によって生じた,純輸出のNX_0からNX_1への上昇によって,生じていることが分かる.

小国開放経済における財政政策

それでは,次に財政政策の効果を考えることにしよう.拡張的な財政政策(つまり(7-3)式におけるGの上昇)は,図表7-4(の左下の図)に示されているように,(7-3)式を表す曲線を右にシフトさせる((7-3)′式).しかし均衡生産量は左上の図のLM曲線と$r=r^*$が交わるところで決まるので,Y_0から動かないことに注意しよう.右にシフトした(7-3)式を表す曲線

図表7-3　小国開放経済における金融政策の効果

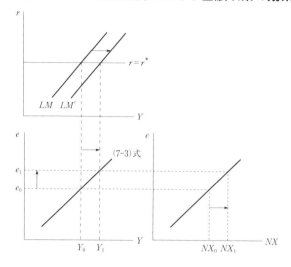

図表7-4　小国開放経済における財政政策の効果

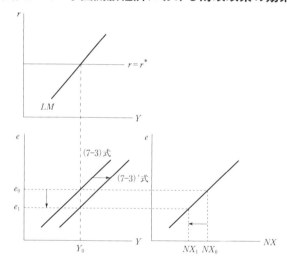

((7-3)′式) と Y_0 を表す破線との交点で，新たな均衡為替レート e_1 が決定され，為替レートの増価が生じていることが分かる．右下の図より，この為替レートの e_0 から e_1 への増価とともに，純輸出が NX_0 から NX_1 へと減少していることが分かる．この純輸出の NX_0 から NX_1 への減少が，実は G の上昇を

相殺してしまっているので，拡張的な財政政策にもかかわらず均衡生産量はY_0のままなのである．

7.3 大国開放経済モデル

　7.2節では，小国開放経済モデルを用いて，金融政策と財政政策の効果をそれぞれ分析した．小国開放経済モデルは単純で分かりやすいが，アメリカや日本といった大国における政策効果を考える際には必ずしも適切ではないだろう．また自国の利子率が（一定と仮定した世界利子率と等しいため）常に一定という強い仮定により，財政政策が全く生産量に影響を及ぼさないという極端な結果となっている．そこで，本節では，自国の対外投資が世界利子率に影響を及ぼすような大国モデルを考えて，マクロ政策の効果を再検討することにしよう．なお，資本の移動については，7.2節の小国開放経済の場合と同様，完全な状態であるとし，自国利子率と世界利子率は等しくなると考えることにする．

　大国経済を考える場合，自国の対外投資が世界利子率にどのように影響を及ぼすかを考える必要がある．そこで前節と同様にLM曲線を表す（7-2）式と開放経済のIS曲線を表す（7-3）式が分析の基本となる点は変わらないが，まず（7-3）式を次のように変形しよう．

$$(Y-C-T)+(T-G)=I+NX \qquad (7-5)$$

（7-5）式のTは税金を表している．左辺の第1項は所得から消費と税金を差し引いた民間の貯蓄を表している．左辺の第2項は政府の収入となる税金から政府支出を差し引いているので，政府部門の貯蓄を意味している．すなわち，（7-5）式の左辺はこの国全体の貯蓄を表しているのである．一方，（7-5）式の右辺はこの国全体の投資を表している．もちろんIが国内投資であることは言うまでもないが，実はNXが対外投資に該当している．NXが対外投資に該当する理由は次の通りである．この国全体の貯蓄を表している左辺全体を$S(\equiv(Y-C-T)+(T-G))$と表すと，（7-5）式は以下のように書き換えることができる．

$$S-I=NX \qquad (7-6)$$

したがって，貿易収支NXは，国内の貯蓄（S）から国内の投資（I）を差し

引いたものであり，この国全体の貯蓄の内，国内投資に向かわず，海外に投資された額と等しくなるのである．この海外への投資は，対外純投資（net foreign investment）と呼ばれる．これが正であれば，自国は貯蓄超過分を海外に貸し付けていることを意味する．一方，負であれば逆に貯蓄の不足分を海外から借り入れていることを意味する．この対外純投資をここでは，$NFI(\equiv S-I)$ と記述することにしよう．

この節では自国の対外純投資が世界利子率に影響を及ぼすような大国モデルを考えている．したがって，自国からの対外純投資 NFI が大きい場合には，世界資本市場における供給が大きいため，世界利子率 r^* が低い状態にあると考えることができよう．つまり自国が外国へより多く資金供給すると，その分，世界資本市場での資金供給が増えるので，世界利子率は低下するのである．ここで，資本移動が完全であれば，自国利子率 r と世界利子率 r^* が同じになる点に注意しよう．したがって，大国開放経済の場合には，対外純投資（NFI）と利子率 $r(=r^*)$ には，図表7-5のように右下がりの関係があると考えられる．これを式で表すと，次の (7-7) 式のように表すことができる．

$$NFI(\equiv S-I)=NFI(r), \quad NFI'(r)<0. \tag{7-7}$$

一方，第2節で考察した小国開放経済の場合には，対外純投資は世界利子率 r^* で完全に弾力的であり，図表7-5で示されているように対外純投資（NFI）と利子率は水平な関係となる．また，政府が資本移動を完全に規制している場合には，利子率と関係なく対外純投資はコントロールされた水準に固定されるので，図表7-5のように対外純投資は垂直な直線で表される．もちろん閉鎖経済の場合は，図表7-5の資本規制の場合に該当し，対外純投資（NFI）がゼロの場合と考えることができよう．

大国開放経済における IS 曲線

前の節で説明したように，(7-3) 式における純輸出（NX）は，(7-6) 式で示されているように国内の貯蓄と投資の差（$S-I$），すなわち対外純投資（NFI）に等しい．したがって，(7-6) 式と (7-7) 式を用いて (7-3) 式を書き直すと，次のように大国開放経済における IS 曲線を得ることができる．

$$Y=C(Y-T)+I(r)+G+NFI(r), \quad NFI'(r)<0. \tag{7-8}$$

図表7-5 対外純投資と利子率

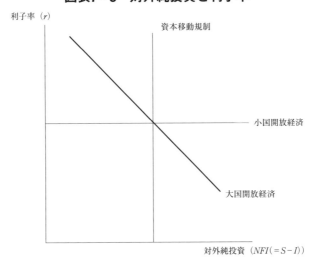

図表7-6 大国開放経済のIS曲線と閉鎖経済のIS曲線

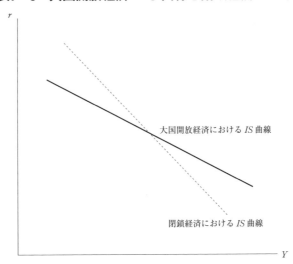

　もちろん閉鎖経済における IS 曲線との違いは，$NFI(r)$ の項が加わった点である．このため，大国開放経済における IS 曲線は，図表7-6で示されているように，閉鎖経済における IS 曲線よりも，その勾配が緩やかとなる．これは，利子率 (r) が低下すると，閉鎖経済においても，国内投資 ($I(r)$) が増

図表7-7 大国開放経済の IS 曲線と LM 曲線

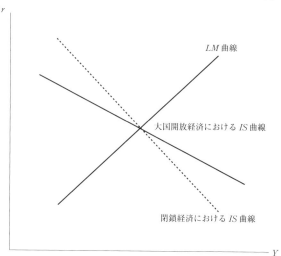

加するが、さらにこの国内投資の増加に加えて、大国開放経済では対外純投資 ($NFI(r)$) の増加が伴うからである。図表7-5で見たように、大国開放経済の場合、対外純投資 ($NFI(r)$) と利子率 (r) には負の関係があることを思い出そう。したがって、大国開放経済における IS 曲線は、LM 曲線と組み合わせて、図表7-7のように表すことができる。

それでは大国開放経済モデルにおける均衡生産量、均衡利子率と均衡為替レートがどのように決定されるかを見てみよう。図表7-8の左上の図は、先ほどの図表7-7で示された大国開放経済における IS 曲線と LM 曲線である。また図表7-8の右上の図は、対外純投資と利子率の関係を示す図表7-5と同じものである。そして図表7-8の右下の図は、図表7-1と同じもので、為替レートと貿易収支の関係を示している。均衡生産量 Y_0 と均衡利子率 r_0 は、図表7-8の左上の図の大国開放経済における IS 曲線と LM 曲線が交わる点で決定される。そして、この均衡利子率 r_0 から対外純投資 (NFI) の水準が決まることが、右上の図で分かるであろう。また、(7-6) 式 (と (7-7)) 式から明らかなように、貿易収支 (NX) は対外純投資と等しくならなければならず、均衡為替レート e_0 は両者がちょうど同じになる水準に決定されることが右下の図で示されている。

図表7-8　大国開放経済における生産，利子率，為替レートと純輸出の決定

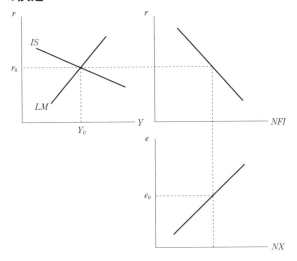

大国開放経済における金融政策

　それでは，図表7-7もしくは図表7-8で示されている開放経済における IS 曲線と LM 曲線を用いて，金融政策の効果を見ることにしよう．図表7-9は，拡張的な金融政策が行われた場合を示している．図表7-9には，大国開放経済における IS 曲線（ISo）と閉鎖経済における IS 曲線（ISc）の両方が示されている．拡張的な金融政策により，LM 曲線は右にシフトする（LM'）．新しい大国開放経済の均衡点は，図表7-9の左上の図における当初の LM と ISo の交点 A から，LM' と ISo が交わる点 B に移る．なお，同じ拡張的な金融政策が行われた場合の閉鎖経済における新たな均衡点は交点 C で示されている．交点 B と C を比べると，ともに交点 A よりも利子率が低下し，GDP が上昇している点は変わらない．しかし，図表7-9の右上の図から，大国開放経済においては，利子率の低下と同時に，対外純投資（NFI）が増加していることが分かる．そして，右下の図より，この対外純投資（NFI）と同じだけ貿易収支（NX）が増加し，これに伴って為替レート（e）の減価が生じていることが分かる．

図表7-9　大国開放経済における金融政策の効果

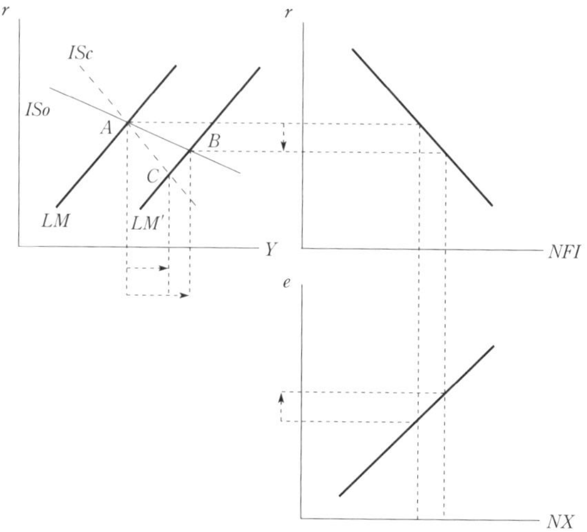

閉鎖経済の場合における拡張的な金融政策の効果との違いを確認しておこう．前述のように，拡張的な金融政策により，利子率の低下と GDP の増加が生じる点は，閉鎖経済の場合と変わらない．しかし，点 B が LM' と ISc の交点である点 C よりも右に位置することに注意しよう．つまり拡張的な金融政策は，大国開放経済の場合，閉鎖経済と比べて，GDP を増大させる効果が大きいのである．これは，本節の大国開放経済における IS 曲線で見たように，大国開放経済における IS 曲線（ISo）が，閉鎖経済における IS 曲線（ISc）よりも，その勾配が緩やかであるからに他ならない．すなわち，拡張的な金融政策による利子率（r）の低下は，国内投資（$I(r)$）を増加させるが，大国開放経済のケースでは，これに加えて対外純投資（$NFI(r)$）の増加が伴うのである．図表7-9で示されているように，拡張的な金融政策により，為替レート（e）の減価と貿易収支（NX）の増加が生じて，閉鎖経済より高い GDP 水準が実現しているのである．

大国開放経済における財政政策

次に，金融政策の効果を見た時と同様，図表7-7もしくは図表7-8で示されている開放経済における IS 曲線と LM 曲線を用いて，今度は財政政策の効果

図表7-10　大国開放経済における財政政策の効果

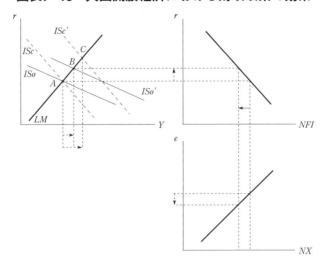

を見ることにしよう．図表7-10は，拡張的な財政政策が行われた場合を示している．図表7-10には，やはり大国開放経済における IS 曲線（ISo）と閉鎖経済における IS 曲線（ISc）の両方が示されている．拡張的な財政政策により，大国開放経済の IS 曲線は右にシフトする（ISo'）．新しい均衡点は，図表7-10の左上の図における当初の ISo と LM の交点 A から，ISo' と LM が交わる点 B に移ることになる．一方，同じ規模の拡張的な財政政策が閉鎖経済で行われた場合は，新しい均衡点は ISc' と LM の交点 C になる．大国開放経済と閉鎖経済のどちらの場合も，利子率が上昇し，GDP も上昇する点は同じである．しかし，大国開放経済の場合，図表7-10の右上の図から，利子率の上昇に，対外純投資（NFI）の減少が伴っていることが分かる．そして，図表7-10の右下の図より，これに伴って，為替レート（e）の増価と，対外純投資と同じだけの貿易収支（NX）の減少が生じていることが分かる．

前項の大国開放経済における金融政策の場合と同様，拡張的な財政政策の効果が，閉鎖経済と開放経済でどのように異なるかを明確にしておこう．本項の財政政策の場合，前項の大国開放経済における金融政策の場合と逆に，大国開放経済の場合の右にシフトした IS 曲線（ISo'）と LM 曲線の交点 B は，閉鎖経済の場合の右にシフトした IS 曲線（ISc'）と LM 曲線の交点 C よりも，左

図表7-11 小国開放・大国開放・閉鎖経済における金融政策の効果

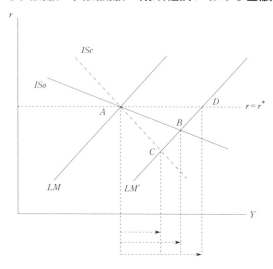

に位置してしまっている．つまり拡張的な財政政策は，大国開放経済の場合，閉鎖経済と比べて，GDPを増大させる効果が小さいのである．大国開放経済の場合，図表7-10で明らかなように，拡張的な財政政策による利子率の上昇には，対外純投資（NFI）の減少が伴う．閉鎖経済より低いGDP水準しか実現されないのは，為替レートの増価と貿易収支の減少がこれに伴って生じているからである．

小国開放・大国開放・閉鎖経済における金融政策の比較

それでは，これまでの各節で分析した金融政策の効果について比較してみよう．図表7-11は，比較しやすいように，図表7-3の左上の図と図表7-9のやはり左上の図をまとめて表したものである．図表7-11のD点は，図表7-3のLM曲線がシフトした後の小国開放経済の新しい均衡点を表している．図表7-11のBとC点は，図表7-9のBとC点と同じで，B点はLM'とISoが交わる大国開放経済の新しい均衡点を示し，C点はLM'とIScが交わる閉鎖経済の新しい均衡点を示している．図表7-11から明らかなように，金融政策の効果は，小国開放（D点），大国開放（B点），閉鎖経済（C点）の順に，その生産を増加させる効果が大きいことが分かる．これは，それぞれのケースで詳

図表7-12 小国開放・大国開放・閉鎖経済における財政政策の効果

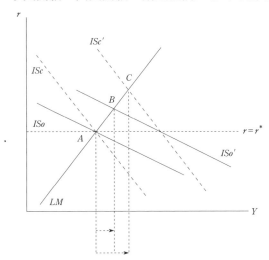

細に議論してきたように，緩和的な金融政策が行われた場合，開放経済の場合には為替レートを減価させ，純輸出（貿易収支）を拡大させる効果が伴うためであり，小国開放，大国開放の順にその効果が大きいからである．

小国開放・大国開放・閉鎖経済における財政政策の比較

次に，これまでの各節で分析した財政政策の効果について，やはり比較してみよう．図表7-12は，比較しやすいように，図表7-4の左上の図と図表7-10のやはり左上の図をまとめて表したものである．図表7-12の A 点は，7.2節で考察した小国開放経済における財政政策の均衡点（図表7-4）を表すものとする．図表7-12の B と C 点は，図表7-10の B と C 点と同じで，B 点は ISo' と LM とが交わる大国開放経済の新しい均衡点を示し，C 点は ISc' と LM とが交わる閉鎖経済の新しい均衡点を示している．図表7-12から明らかなように，財政政策の均衡生産量を増加させる効果は，小国開放（A 点），大国開放（B 点），閉鎖経済（C 点）の順に，その効果が小さいことが分かる．これは，各節で詳細に見たように，開放経済の場合，拡張的な財政政策には，為替レートの増価と貿易収支（純輸出）の縮小が伴うからであり，その縮小効果は，小国開放，大国開放の順に大きいためである．

7.4 固定為替相場制下の金融・財政政策

7.2節と7.3節では，変動為替相場制の下での金融政策と財政政策の効果を見てきた．この節では，7.2節と7.3節における分析が，固定為替相場制の下では，どのように変更されるかを検討しよう．

7.2節と7.3節では，為替レートが変動する変動相場制の下で，政府が（7-2）式の M を自由にコントロールすることが可能であり，独自の金融政策を行う状況を検討してきた．本節では，政府が為替レート e を固定するために，(7-2) 式の M を言わば受動的に操作するような固定為替相場制を考え，その下での金融・財政政策の効果を分析する．

固定為替相場制下の小国開放経済における金融政策

7.2節の変動為替相場制の下での小国開放経済における金融政策の分析を思い出そう．7.2節の図表7-3では，拡張的な金融政策がどのように，均衡産出量と均衡為替レートを変化させるかを見た．その際に拡張的な金融政策によって，為替レートが減価したことを思い出そう．しかし固定為替相場制下では，金融当局は，為替レートを固定するように，マネーサプライ M をコントロールしなければならない．このように，固定為替相場制下では，金融政策はターゲットにしている為替レートに縛られることになり，常にそのレートと整合的な政策しかとることができないのである．したがって，7.2節の図表7-3で言えば，もしターゲットとする為替レートの水準が e_0 であれば，このターゲットとする為替レートの水準に変更がない限り，LM 曲線を動かす理由はなく，この意味で変動相場制下のような独自の金融政策の余地はないのである．

固定為替相場制下の大国開放経済における金融政策

それでは，大国開放経済の場合はどうであろうか．この場合も，やはり小国開放経済と同じで，独自の金融政策の余地はない．7.3節の図表7-9から明らかなように，大国開放経済の場合も，小国開放経済の場合と同様，金融政策の変更は為替レートの変動を伴ってしまうのである．もし政策当局が当初の為替

レートをターゲットとし，それを維持するのであれば，LM 曲線をシフトさせることはないだろう．したがって，大国開放経済の場合についても，為替レートを一定に保つ固定為替相場制では，金融政策はターゲットとする為替レートと整合的となるように縛られるため，やはり変動相場制のケースのような独自の金融政策の余地はないのである．

固定為替相場制下の小国開放・大国開放・閉鎖経済における金融政策の効果の比較

以上をまとめると，固定為替相場制の下では，閉鎖経済の場合のような独自の金融政策を金融当局は行うことができないことを意味している．7.3節の図表7-11は変動相場制の下での小国開放・大国開放・閉鎖経済における金融政策の効果を比較した図であったが，図表7-11の A 点は固定為替相場制下の小国・大国開放経済の場合の均衡点に該当しており，C 点は閉鎖経済の場合の均衡点となっている．開放経済のケースを示す A 点は，閉鎖経済のケースを示す C 点より左に位置している．この結果は，変動相場制における金融政策の効果が，閉鎖経済のそれを上回るという7.3節の小国開放・大国開放・閉鎖経済における金融政策の比較の結果と対照的である．これは前述の通り，固定為替相場制は，利子率を一定に保ち続けるという金融政策を意味しており，ターゲットとする為替レートを変更しない限りは，拡張的な金融政策も行えないためであった．

固定為替相場制下の小国開放経済における財政政策

次に固定為替相場制下の小国開放経済における拡張的な財政政策の効果について，図表7-13を用いて説明しよう．図表7-13は，7.2節の図表7-4と似ている図であるが，図表7-13では為替レートが $\bar{e}$ の水準で固定されていることに注意しよう．そのため，拡張的な財政政策による (7-3) 式の右への ((7-3)' 式への) シフトに伴って，$\bar{e}$ の水準の為替レートを維持するため，金融当局は M を増加させ LM 曲線を右に (LM' へ) シフトさせることになる点が重要である．この結果，拡張的な財政政策により，均衡生産量は Y_0 から Y_1 へと増加することになるのである．

図表7-13 固定相場制下の小国開放経済における財政政策の効果

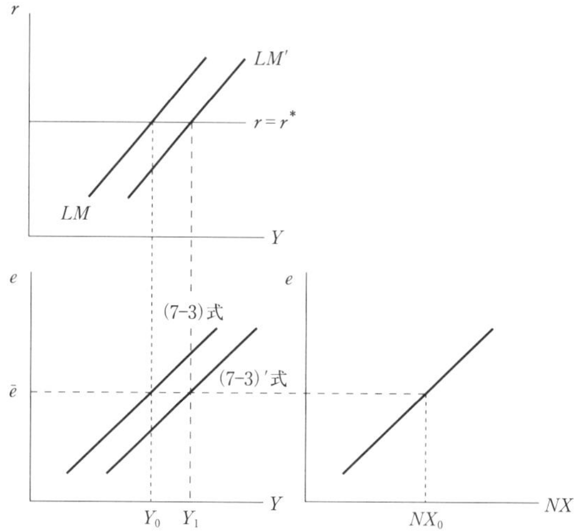

固定為替相場制下の大国開放経済における財政政策

次に固定為替相場制下の大国開放経済における拡張的な財政政策の効果を検討しよう．図表7-14は，7.3節の図表7-10と似た図であるが，本節の図表7-14では為替レートが$\bar{e}$の水準に固定されていることに注意しよう．7.3節の図表7-10と同様に，拡張的な財政政策により IS 曲線が ISo から ISo' へとシフトした場合を考えよう．この拡張的な財政政策に伴って，金融当局は$\bar{e}$の水準の為替レートを維持するため，M を増加させ LM 曲線を LM から LM' へと右にシフトさせることになり，均衡点は A から B へと移ることになる．もしこのような拡張的な金融政策が伴わなければ，利子率が元の水準から変わってしまい，為替レートがターゲット水準$\bar{e}$から外れてしまうことは，図表7-14の右下と右上の図より明らかであろう．

固定為替相場制下の小国開放・大国開放・閉鎖経済における財政政策の比較

以上の固定為替相場制下の小国開放・大国開放・閉鎖経済における財政政策の比較をまとめたのが図表7-15である．同じ規模の拡張的な財政政策によってもたらされる，小国・大国開放経済のケースにおける新たな均衡点は B 点

図表7-14　固定相場制下の大国開放経済における財政政策の効果

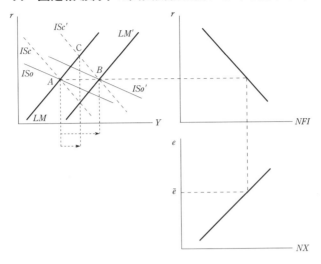

図表7-15　固定相場制下の小国開放・大国開放・閉鎖経済における財政政策の効果の比較

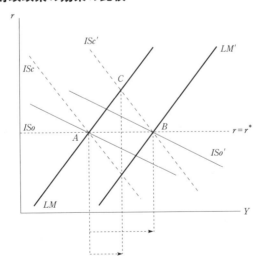

であり，閉鎖経済のケースにおける新たな均衡点はC点で表されている．図表7-15から明らかなように，B点はC点より右に位置し，固定為替相場制下の財政政策は，生産量を拡大する効果が閉鎖経済よりも大きいことが分かるであ

ろう．図表7-15に示されているこの結果は，変動為替相場制下の財政政策の効果を閉鎖経済と比較した7.3節の図表7-12と比べると，対照的であることが分かる．つまり，変動相場制の下では，閉鎖経済に比べて，拡張的な財政政策の効果は為替レートの増価と純輸出の減少を伴うため小さくなった．これに対して，固定為替相場制の下では，逆に閉鎖経済の場合よりも拡張的な財政政策の効果が大きいのである．これは，為替レートをある水準に固定する金融政策の下では，変動相場制の場合に生じる財政政策に伴った為替レートの増価と純輸出の減少を生じさせる効果がないことと，実質的に利子率を固定する政策であるため，利子率の上昇による民間投資のクラウディング・アウト効果が生じないためである．

7.5 開放経済におけるマクロ政策のトリレンマ

ここまで，7.2節と7.3節では，自由な国際資本移動の下，政府がマネーサプライをコントロールして独自の金融政策を行い，為替レートが自由に変動する変動為替相場制において，金融・財政政策の経済に及ぼす効果を考えた．そして，7.4節では，やはり自由な国際資本移動の下，今度は固定為替相場制の下における金融・財政政策の効果を検討してきた．

本章の最後に開放経済におけるマクロ政策のトリレンマと呼ばれるものについて紹介しよう．ここでのトリレンマとは，開放経済におけるマクロ政策において，次の3つの目標のうち2つは達成可能であるが，3つを同時には達成することはできないことを言う．

1. 自由な国際資本移動
2. 金融政策の独立性
3. 為替レートの安定性

自由な国際資本移動が望ましいのは，資本がより高い収益をもたらす国に柔軟に移動できる方が，資源配分上より効率的であると考えられるからである．また，自由な国際資本移動は，各国が個々に直面するショックに応じて国際資本市場で円滑に貸し借りすることを可能にするため，各国の消費の平準化を助けるという意味でも望ましいと言えるのである．

次に，金融政策の独立性が望ましい理由は，それによって各国が個々の経済状況に応じて経済を安定化する政策を行うことが可能であるためである．独自の金融政策を行うことができれば，各国は直面する個別のショックに対して柔軟に対応することができる．

最後に，安定した為替レートが望ましいのは，為替レートの変動が不安定であると，国際貿易の円滑な取引を妨げてしまうからである．また，新興国における通貨危機こそが，為替レートの最も不安定で望ましくないケースであることは言うまでもないであろう．新興国の多くは，海外からの資金調達の際，（自国通貨建てではなく）ドル建てで負債を多く保有する傾向があるため，通貨危機により自国通貨の大幅な減価が生じてしまうと，実質的な債務負担が急激に拡大し，さらに危機を深刻なものにしてしまうことが知られている．

この3つの目標をマクロ政策によって同時にすべて達成することが一番望ましいが，それは不可能であり，そのうち1つをあきらめなければならない理由を，この章で行ってきた分析を基に検討してみよう．まず初めに，目標1「自由な国際資本移動」と目標2「金融政策の独立性」を達成したい場合には，3つ目の目標である「為替レートの安定性」をあきらめなければならないことを確認しよう．これは，7.2節の変動相場制下の小国開放経済モデルによる金融政策と7.3節の変動相場制下の大国開放経済モデルによる金融政策の分析から明らかである．7.2節と7.3節では，自由な国際資本移動の下で，拡張的な金融政策を行った場合，生産量を増加させることが可能であることを見た．その際に，両方の場合で，為替レートの減価が生じていたことに注意しよう．つまり，為替レートの変動なしには，自由な国際資本移動の下で，自立的な金融政策を行うことはできないのである．

次に，目標1「自由な国際資本移動」と目標3「為替レートの安定性」を達成しようとする場合，2つ目の目標である「金融政策の独立性」が達成できない点を確認しよう．これは，7.4節の固定為替相場制下での金融政策の分析から明らかであろう．つまり，完全資本移動の下で，固定為替相場制を採用している場合，目標として設定する為替レートと整合的な金融政策を行う必要があり，金融政策が為替レートの安定化に縛られてしまうのである．

最後に，目標3「為替レートの安定性」と目標2「金融政策の独立性」を優

図表7-16 資本規制下の金融政策の効果

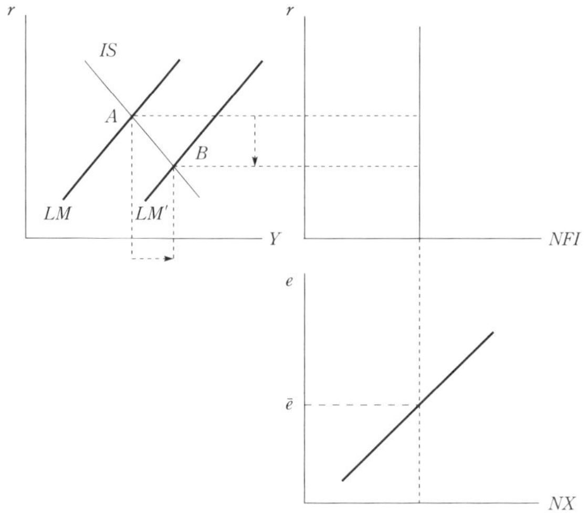

先した場合，1つ目の目標である「自由な国際資本移動」はあきらめなければならないことを確認しておこう．7.3節の図表7-5において，「自由な国際資本移動」が達成されていないケース，つまり資本移動が規制されている場合の対外純投資のグラフを示した．資本移動が規制されている場合，対外純投資の水準は政府によってコントロールされるため，対外純投資は垂直な直線で表されたのであった．資本移動規制の下では，このように対外純投資は利子率の水準に依存せず独立に決まるので，IS 曲線は実質的に閉鎖経済の場合と同じ（7-1）式になると考えてよい．図表7-16は，この（7-1）式の IS 曲線と（7-2）式の LM 曲線を左上に，7.3節の図表7-5の資本移動規制の場合のグラフを右上に，貿易収支（純輸出）と為替レートの関係を示す7.1節の図表7-1を右下に示したものである．図表7-16の右下の図が示しているように，目標の1つである為替レートの安定のため，為替レートを $\bar{e}$ のターゲット水準に固定しているとしよう．この場合，図表7-16の右上の図にあるように，政府は資本移動規制によって，$\bar{e}$ のターゲット水準と整合的な対外純投資の水準を維持することが可能である．それでは，このように資本移動が規制されている場合，為替レートの安定（つまり $\bar{e}$）を保ちながら，金融政策の独立性は達成可能であろうか．図表7-16の左上の図で，拡張的な金融政策により LM 曲線が右

図表7-17　開放経済におけるマクロ政策のトリレンマ

	自由な国際資本移動	金融政策の独立性	為替レートの安定性
変動相場制	○	○	×
固定相場制	○	×	○
資本規制	×	○	○

(LM') にシフトした場合を考えよう．LM 曲線が右（LM'）にシフトすると，均衡点が A 点から B 点へと移って，均衡生産量が増加している．それでは，この拡張的な金融政策は，為替レートにどのような影響を及ぼすであろうか．図表7-16の右上の図から，均衡点が A 点から B 点へ移動しても，対外純投資（NFI）に何ら影響しないことが分かる．また，その際，図表7-16の右下の図から，この拡張的な金融政策が，やはり元のターゲット水準 $\bar{e}$ から為替レートを変化させないことが分かるであろう．すなわち，資本移動が規制されている場合は，拡張的な金融政策は，為替レートの変動を引き起こすことなく，均衡生産量を増大させることが可能なのである．このように，目標3「為替レートの安定性」と目標2「金融政策の独立性」の実現は，資本移動を規制した（すなわち「自由な国際資本移動」をあきらめた）場合にのみ，同時に達成することができるのである．

図表7-17は以上の議論を簡単に表にまとめたものである．すなわち，第1行目は，変動為替相場制では，「自由な国際資本移動」と「金融政策の独立性」の2つの目標は同時に達成可能であるが，「為替レートの安定性」は達成できないことを示している．また，第2行目は，固定為替相場制の下では，「自由な国際資本移動」と「為替レートの安定性」の2つの目標は同時に達成可能であるが，「金融政策の独立性」は達成できないことを表している．最後に，第3行目は，資本移動規制下では，「金融政策の独立性」と「為替レートの安定性」の2つの目標は同時に達成可能であるが，「自由な国際資本移動」という目標はあきらめなければならないことを示している．

7.6 まとめ

　この章では，第5章で学んだ IS-LM モデルを開放経済に拡張したマンデル＝フレミング・モデルを学んだ．その上で，開放経済における金融政策と財政政策の効果について，閉鎖経済の場合と比べてどのように変わるかを考察した．変動為替相場制の下では，拡張的な金融政策は，為替レートの減価と純輸出の増加が伴うため，閉鎖経済の場合よりも，GDP を増加させる効果が大きい．一方，変動為替相場制の下での拡張的な財政政策は，為替レートの増価と純輸出の減少を伴うので，GDP の増大効果は閉鎖経済のそれよりも限定的となり，小国開放経済の場合には全く効果がないことが示された．

　また，固定為替相場制の下では，小国・大国開放経済の両方のケースで自立的な金融政策の余地のないことが明らかとなった．これは，自由な資本移動の下では，為替レートの変動を伴わずに，自立的な金融政策を行うことが不可能であるからである．すなわち，金融政策はターゲットとする為替レート水準と整合的でなければならず，これに縛られてしまうのである．一方，固定為替相場制下の拡張的な財政政策は，閉鎖経済の場合よりも，生産量を増大させる効果が大きいことが示された．これは，閉鎖経済では拡張的な財政政策によって利子率が上昇し，投資のクラウディング・アウトが発生するが，固定為替相場制の下では，ターゲットの為替レートを維持する際に伴う金融政策により，利子率の上昇が生じず，投資のクラウディング・アウトが発生しないためである．

　最後に開放経済におけるマクロ政策のトリレンマについて学んだ．「自由な国際資本移動」，「金融政策の独立性」そして「為替レートの安定性」という3つの望ましい目標を同時に達成することはできず，図表7-17に示されたように，変動為替相場制，固定為替相場制，資本移動が規制されている場合のいずれのケースにおいても，2つの目標を達成することしかできないのである．

練習問題

問題 1

変動為替相場制下の資本移動が完全な小国開放経済のモデルを用いて，縮小的な金融政策が行われた場合，GDP（生産），利子率，為替レートと貿易収支（純輸出）にどのように影響するか，図を用いて説明しなさい．

問題 2

変動為替相場制下の資本移動が完全な小国開放経済のモデルを用いて，縮小的な財政政策が行われた場合，GDP（生産），利子率，為替レートと貿易収支（純輸出）にどのように影響するか，図を用いて説明しなさい．

問題 3

変動為替相場制下の資本移動が完全な大国開放経済のモデルを用いて，縮小的な金融政策の効果を考えよう．

(a) GDP（生産），利子率，為替レートと貿易収支（純輸出）への影響を図を用いて説明しなさい．

(b) 閉鎖経済において，同じ規模の縮小的な金融政策が行われた場合と比べて，どちらのケースがGDP（生産）を大きく減少させるだろうか．

(c) その理由を説明しなさい．

問題 4

固定相場制下の資本移動が完全な小国開放経済において，通貨当局がターゲットとする為替レートを$\bar{e}$から$\bar{e}'(\bar{e}<\bar{e}')$へと切り下げを行うとしよう．

(a) この為替の切り下げ政策には，どのような金融政策が伴うか考えなさい．

(b) 為替の切り下げ政策は，どのようにGDPと貿易収支（純輸出）を変化させるか説明しなさい．

問題 5

変動為替相場制下の資本移動が完全な小国開放経済と大国開放経済のそれぞれ

において，国内への輸入を制限する輸入割当政策を，政府が行うとしよう．このような保護主義的な貿易政策が行われた場合，この国の貿易収支と為替レートは，どのような影響を受けるかを，図を用いて説明しなさい．

さらなる学習のために

　本章を読んで，さらにより深く学習する上で参考となる文献を紹介しよう．本章では，開放経済における金融政策と財政政策の効果を中心にエッセンスのみ解説したが，国際金融の分野には他に様々な興味深いトピックがある．そういったトピックをさらに学習できる文献として，以下を薦めたい．

1．小川英治・岡野衛士『国際金融』東洋経済新報社，2016年．
　国際金融の様々なトピックをバランス良く扱った本〈サピエンティア〉シリーズの教科書である．

2．Stephanie Schmitt-Grohé and Martín Uribe, *International Macroeconomics*, 2014.
　　http://www.columbia.edu/~mu2166/UIM/notes.pdf
　コロンビア大学の先生によるもので，ウェブで公開されており継続的に更新され続けている．

第8章

経済成長

Growth theory did not begin with my articles of 1956 and 1957, and it certainly did not end there. Maybe it began with *The Wealth of Nations*; and probably even Adam Smith had predecessors.

R. M. Solow (1987)

この章で学ぶこと

* 経済成長が長期的な所得や経済厚生に及ぼす影響を理解することを通して，成長の重要性について学習する．
* ソロー・モデルを用いて，経済成長の基礎的なメカニズム，移行過程や定常状態に関する分析手法を理解する．
* 異時点間の最適化に基づいて消費・貯蓄を決定する2期間だけ存続する家計からなる世代重複モデルの特徴について学習する．
* 無限期間存続する家計からなる経済の成長を分析するラムゼイ・モデルの概要とエッセンスについて理解する．
* 「新しい成長モデル」について学習し，成長理論の現実への応用及び発展の可能性について考える．

国民所得あるいは GDP は，完全なものではないが，私たちの物質的豊かさあるいは経済的繁栄を表す 1 つの代表的な尺度である．これまでの章では，潜在 GDP，すなわち，実現可能な GDP の最高水準は一定であると仮定してきた．しかし，潜在 GDP は一定ではなく，時間とともに変化する．特に，今日先進国と言われている国々の 1 人当たりの GDP は，産業革命以降急速に大きくなってきた．このような GDP の時間を通じての増加を経済成長と呼ぶ．成長は複利的な効果を持つので，わずかな成長率の差が長期には大きな GDP の差を生むことになる．それゆえ，成長のメカニズムを理解することは重要であり，そのためには，この章で紹介する経済成長理論が必要になる．

アダム・スミスは産業革命の成果を見ずにその理論を確立した．しかし，ソローが述べているように，経済成長は，アダム・スミスにとって市場経済（資本主義経済）の分析の中心課題の 1 つであったように，現在の研究者にとってもそうである．マクロ経済学の誕生以前は，ミクロ経済学的なアプローチによって研究がなされてきたが，この章で紹介する経済成長モデルは，マクロ経済学の動学化の中から生まれたソロー（Robert M. Solow）とスワン（Trevor Swan）の研究を端緒としている．人間の成長が多様であるように，経済の成長もまた多様である．しかし，すべての人間に共通する成長のメカニズムがあるように，経済成長にも共通の基本的なメカニズムがあり，それを簡単なモデルで示したのがソローとスワンである．ここでは，日本では単にソロー・モデルと呼ばれることが多い，彼らのモデルを最初に紹介する．

ソロー・モデルの最大の長所はその単純明快さにある．それゆえ，そのモデルを基礎にして，様々な成長モデルが構築されている．ソロー・モデルでは，貯蓄そしてそれが生み出す資本蓄積が成長のエンジンであるが，その重要な決定要因である貯蓄率は内生的に決定されず，外生変数として扱われている．それがモデルの欠点であるのか，モデルに自由度を与える長所であるのかは別にして，この点を修正したモデルが現在ではよく用いられている．それらは，世代重複モデルとラムゼイ・モデルである．これらのモデルについても本章で解説する．

1980 年代から 2000 年代の初めにかけて，経済学の中心であるアメリカは安定した経済成長を謳歌していた．一時は「もう景気後退はない」と言われるほど

であり，当然ながら経済成長がマクロ経済学の中心的な研究のテーマとなった．その結果，1980年代に「新しい成長理論」が生まれ，成長理論そのものも着実に成長を続けている．この章の最後で，この新しい成長理論についても簡単に紹介する．

8.1 経済成長はなぜ重要か

経済成長とは何か

経済成長とは，一般的には一国の GDP が増加することを指す．例えば，中国の経済成長率が10%であるというのは，中国の GDP が前の年に比べて10%増加したことを意味する．しかし，ある国の全体としての経済力の上昇と，そこに住む人々の物質的な豊かさの上昇とは必ずしも1対1に対応しているわけではない．ある国の GDP を Y，1人当たり GDP を y，人口を L とすると，$Y=yL$ であるので，

$$\frac{\Delta Y}{Y} = \frac{\Delta y}{y} + \frac{\Delta L}{L}$$

という関係が近似的に成り立つ（第5章 数学注を参照）．つまり，一国の経済成長率 $\Delta Y/Y$ は，1人当たり GDP の成長率 $\Delta y/y$ と人口の成長率 $\Delta L/L$ の和になる．それゆえ，人口が急激に増えているために（$\Delta L/L \gg 0$），1人当たり GDP は減少しているのに（$\Delta y/y<0$），一国の経済成長率がプラス（$\Delta Y/Y>0$）になる場合もある．これでは，経済成長が人々の豊かさとは必ずしも結び付いていないことになる．そのため，経済学では，一国全体の GDP の増加ではなくて，その国の1人当たり GDP の増加に注目することが多い．

1人当たり GDP が急激に増加し始めたのは，人類の長い歴史から見ればごく最近，つまりここ200年から300年のことである．江戸時代の前半150年間に GDP（米の生産高）が50%以上増えた日本のように，経済全体としての GDP の大規模な増加は昔から存在した．しかし，そのほとんどは人口の増加によってもたらされたもので，18世紀半ばにイギリスで産業革命が始まるまでは1人

図表8-1　経済成長の重要性

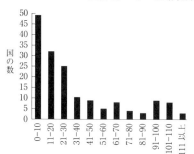

(a) 1人当たり GDP の分布（2010年・190カ国）
Penn World Table 7.1 より著者作成.

(b) 初期の1人当たり GDP を100とした場合の10, 20, 30, 50年後の GDP.

当たり GDP の大きな増加はほとんどなかった．私たちがイメージするような経済成長が始まったのは，産業革命以後であり，サイモン・クズネッツ (Simon Kuznets) は，それを近代的経済成長 (modern economic growth) と呼び，その特徴を以下の3つに要約している．

① 人口と1人当たり生産量の急速な増加
② 産業構造の急激な変化と人口の都市への集中
③ 上記の変化の長期的な持続，すなわち持続的な成長の存在

この章で考える経済成長は，クズネッツの言う近代的経済成長である．

経済成長の重要性と経済成長理論の課題

図表8-1(a)は2010年の世界各国の1人当たり実質 GDP の分布を示したものである．日本と他の国との比較を容易にするために，日本の1人当たり GDP を100とした場合の相対所得を用いて分布を表している．日本は世界27位で，1位であるカタールの1人当たり GDP は，日本のそれの4倍以上もあり（アメリカは131.5で9位），最下位のコンゴ民主共和国は日本の0.76%しかない．また，1人当たり GDP が日本の10%に満たない国が50カ国もある．このグラフが示しているように，世界の所得分布には大きな偏りがあり，所得水準には大きな不平等が存在する．それではなぜこのように大きな所得格差が生まれたのであろうか．

この問題を考えるためには，経済成長の長期的な効果を正しく理解していな

ければならない．それは，経済成長率は通常GDPの1年間の変化率で示されるが，その長期的な効果は足し算ではなく掛け算として現れることである．成長率は複利の効果を持つので，毎年の小さな差が長期では大きなものになってしまうのである．

図表8-1(b)は，現在の1人当たりGDPを100とし，3つの異なる率で成長した場合，GDPが長期的にどのように変化するかを示している．年率8％で成長することができれば，GDPは，10年後には2倍以上，30年後には10倍以上，50年後には実に47倍近くになるのである．また，毎年2％と5％で成長を続ける2つの国の間のGDPには，10年間で約1.3倍，30年間で約2.4倍，50年間で約4.3倍の差が生じるのである．つまり，小さな成長率の差であってもそれが持続すれば，長期ではとても大きな差になってしまう．図表8-1(b)の表は，毎年の成長率に大きな差がなくても，図表8-1(a)のような大きな所得格差が，それほど長い期間を必要とせずに生まれる可能性があることを示している．

経済成長のエンジン

生産能力の増大なしに経済が成長することはない．生産には，①土地，②労働，③資本，という3つの生産要素とそれらを組み合わせて生産を行うための④(科学)技術，そしてそれらを可能にする⑤(社会)システムが必要である．①の土地とは，土地だけを指すのではなく，天然資源全体を意味している．前に触れた江戸時代前半の日本の経済成長は，多くがこの土地の拡大によるものである．②の労働は人的資源のことであり，教育や訓練を通して蓄積される人的資源のことを人的資本（human capital）と呼び，近年その重要性が増している．③の資本は，物的資本つまり生産された生産手段のことであり，工場や機械のような生産設備を指す．

生産の3要素が独立に存在していても生産は行われない．これらを組み合わせて生産を行うためには，④の（科学）技術が必要不可欠である．また，これら4つの要素を経済全体の中で効率的に結び付けるには，⑤の（社会）システムが整備されていなければならない．アダム・スミスは，市場というシステムによって資源の効率的な配分（利用）が可能になり，市場経済は成長していく

と考えた．しかし，市場の機能にも限界はあるので，高い経済成長を実現するためには，それを補う政府による制度や政策も必要である．それらが未整備なために技術が十分に活用されない状況では，技術を開発する誘因もなくなってしまう．経済成長における技術と社会システムや制度の重要性，そして，それらの相互作用を明らかにすることは，現代の経済成長理論の重要なトピックの1つである．

8.2 ソロー・モデル

経済の構造

これまでと同様に，1つの財だけが存在する経済を考える．その財は消費することも資本として用いることもできる．経済には多数の同質的な企業と多数の同質的な家計が存在し，それらは価格を与えられたものとして行動し，市場では完全競争が成立する．資本と労働は家計によって所有されており，企業は市場で成立するレンタル価格を支払って，これらを家計から借りる．これらのレンタル価格が利潤率 r_t と賃金率 w_t である．

企業の最大化行動

企業は毎期 K_t 単位の資本と L_t 単位の労働をレンタルして，規模に対する収穫一定の生産関数 $Y_t = F(K_t, L_t)$ に従って生産を行う．資本の物的減耗率を δ とすると，その減耗分も企業が負担する費用に含まれるので，企業の利潤 Π_t は以下のようになる．

$$\begin{aligned} \Pi_t &= F(K_t, L_t) - r_t K_t - w_t L_t - \delta K_t \\ &= F(K_t, L_t) - (r_t + \delta) K_t - w_t L_t \end{aligned} \tag{8-1}$$

これを労働1単位当たりに書き直すと，

$$\pi_t = f(k_t) - (r_t + \delta) k_t - w_t$$

となる．ただし，$\pi_t = \Pi_t / L_t$, $k_t = K_t / L_t$ である．市場均衡では，「資本の実質レンタル料（利潤率）＝資本の限界生産力」と「実質賃金＝労働の限界生産力」が成り立つので，

となる．資本レンタル料（$(r_t+\delta)k_t$）と賃金率（w_t）の合計は，

$$(r_t+\delta)k_t + w_t = f(k_t) \tag{8-2b}$$

である．つまり，生産物は資本所得と労働所得としてすべて分配される．

家計の行動

各家計は，k_t 単位の資本と 1 単位の労働を持っている．資本を k_t 単位貸し出すと，物的減耗のために貸し出した資本そのものは δk_t 単位だけ減るが，企業からレンタル料として $(r_t+\delta)k_t$ が入るので，資本所得は $(r_t+\delta)k_t - \delta k_t = r_t k_t$ となる．次期の資本ストックは，今期の資本ストック，資本所得，賃金所得の合計から消費を引いたものと等しくなる．

$$k_{t+1} = k_t + r_t k_t + w_t - c_t = k_t + (r_t+\delta)k_t + w_t - \delta k_t - c_t$$

この式に（8-2b）式を代入すると，

$$k_{t+1} = k_t + f(k_t) - \delta k_t - c_t = f(k_t) - c_t + (1-\delta)k_t \tag{8-3a}$$

を得る．これを資本の変化分 Δk_t の形に書き直すと，

$$\Delta k_t = k_{t+1} - k_t = f(k_t) - c_t - \delta k_t \tag{8-3b}$$

となる．つまり，次期の 1 人当たり資本ストック k_{t+1} は，現在の 1 人当たり資本ストック k_t と 1 人当たり生産 $f(k_t)$ の合計から，消費 c_t と資本減耗 δk_t を差し引いたものに等しくなる．

ソロー・モデルでは，（粗）所得 $f(k_t)$ の一定割合 s（$0 < s < 1$）を貯蓄すると仮定されている．言い換えると，生産の一定割合（$1-s$）を消費するのである．よって，消費関数は $c_t = (1-s)f(k_t)$ となり，これを（8-3b）式に代入すると，

$$\Delta k_t = f(k_t) - (1-s)f(k_t) - \delta k_t = sf(k_t) - \delta k_t \tag{8-4}$$

となる．

ソロー・モデルの別の見方

上述のように，家計の貯蓄・消費行動と生産要素市場の均衡条件から（8-4）式が導出される．しかし，異なった視点から，（8-4）式を導出することも可能である．資本ストックの増加 Δk_t は，投資 i_t から資本減耗分 δk_t を引いた

ものに等しい．すなわち，
$$\Delta k_t = i_t - \delta k_t \tag{8-5a}$$
である．財市場の均衡においては，投資 i_t と貯蓄 $sf(k_t)$ は等しいので，
$$i_t = sf(k_t) \tag{8-5b}$$
である．(8-5b) 式を (8-5a) 式に代入すると (8-4) 式を得る．

人口成長の影響

これまでは暗黙のうちに人口は一定であると仮定して話を進めてきた．ここでは人口が一定率 n で成長するものとする．すなわち，
$$L_{t+1} = (1+n)L_t \quad \text{あるいは} \quad \Delta L_t / L_t = n \tag{8-6}$$
と仮定する．経済全体としての資本を K_t とすると，$k_t = K_t / L_t$ であるので，
$$\frac{\Delta k_t}{k_t} = \frac{\Delta K_t}{K_t} - \frac{\Delta L_t}{L_t} = \frac{\Delta K_t}{K_t} - n \tag{8-7}$$
が近似的に成り立つ．ΔK_t は，人口が一定である時の1人当たりの資本の増加分を表す (8-4) 式に t 期の人口 L_t を掛けたものに等しいので，
$$\Delta K_t = [sf(k_t) - \delta k_t] L_t$$
となり，この式を (8-7) 式に代入すると，
$$\frac{\Delta k_t}{k_t} = \frac{[sf(k_t) - \delta k_t] L_t}{K_t} - n \tag{8-8}$$
$$\text{すなわち} \quad \Delta k_t = k_{t+1} - k_t = sf(k_t) - (\delta + n) k_t$$
を得る．つまり，1人当たりの資本蓄積は人口成長の分だけ小さくなる．これは，人口が増えることによって，1人当たりに直した場合，資本蓄積の効果が薄められるためであり，希釈効果（dilution effect）と呼ばれる．

図表8-2には $sf(k)$ と $(\delta+n)k$ のグラフが描かれている．(8-8) 式が示しているように，$sf(k)$ と $(\delta+n)k$ の差が Δk_t である．図を見れば分かるように，1人当たり資本ストックが k_1 の水準にあると，Δk_t は正であるので k_t は増加することになる．これに対して，k_2 の水準にあると Δk_t が負であるので1人当たり資本は減少する．つまり，1人当たり資本ストックが k^* より小さければ k_t は増加し，逆に k^* より大きければ k_t は減少する．その結果，経済は最終的に1人当たり資本ストックが k^* の水準に到達する．この状態は，定常状

図表8-2 ソロー・モデルの移行過程と定常状態

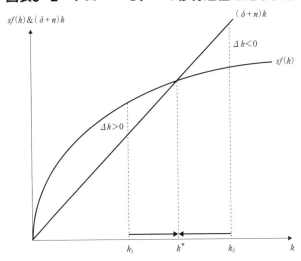

態 (stationary state) と呼ばれる．そこでは，
$$sf(k^*) = (\delta + n)k^* \tag{8-9}$$
が成り立つ．

貯蓄率と人口成長率の影響

資本減耗を含めた生産に関する条件が一定であるとすれば，家計が変化させることができるのは，貯蓄率 s と人口成長率 n だけである．これらの変化によって，経済成長はどのような影響を受けるであろうか．

図表8-3に示されているように，貯蓄率 s が上昇すると $sf(k)$ のグラフが上にシフトする．1人当たり資本ストックが k_1 であれば，Δk が大きくなることが分かる．つまり，資本蓄積が大きくなり経済成長が加速する．しかし，この経済成長の加速は永続的なものではない．1人当たり資本ストックが新しい定常状態である $k^{*\prime}$ に到達すると，資本蓄積は停止し，経済も成長しなくなる．定常状態では，貯蓄率の上昇によって，1人当たり資本ストックが増加しそれにより1人当たり GDP が大きくなる．

人口成長率 n が上昇すると，$(\delta + n)k$ 曲線の傾きが急になるために，移行過程では経済成長率は小さくなり，定常状態における1人当たり資本ストック

図表8-3 貯蓄率の上昇と人口成長率の上昇の影響

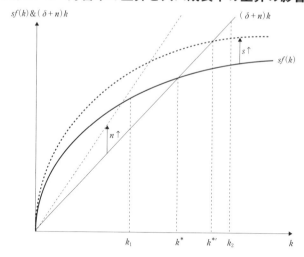

は減少し，1人当たりGDPも低下する．これは先ほど述べた希釈効果によるものである．

資本蓄積の黄金律水準

貯蓄率sが上昇すると定常状態での資本ストックは増加し，1人当たりのGDPも上昇する．しかし，1人当たりGDPを大きくすることが家計の目的ではない．第2章の消費のところで述べたように，経済学では人々は消費から得られる効用を最大にするように行動すると考える．貯蓄率を1にすれば，定常状態での1人当たりGDPは最大になるが，消費の方はゼロになってしまう．逆に貯蓄率をゼロにすれば，長期的には資本がなくなってしまい生産ができなくなるために消費もできない．このことから，定常状態での1人当たり消費を最大化するような貯蓄率が，ゼロと1の間に存在すると考えられる．

1人当たりの消費は，所得から貯蓄を差し引いたものであるので，
$$c = f(k) - sf(k)$$
で表せる．さらに，定常状態では$sf(k)=(\delta+n)k$が必ず成り立っているので，上の式は
$$c = f(k) - (\delta+n)k \tag{8-10}$$

図表8-4 資本蓄積の黄金律水準

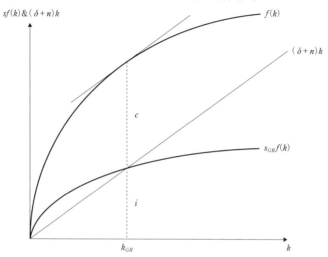

となる．

図表8-4には $f(k)$ と $(\delta+n)k$ のグラフが描かれている．(8-10)式が示しているように，$f(k)$ と $(\delta+n)k$ の差が c である．図から明らかなように，$f(k)$ の接線の傾きである $f'(k)$ が $(\delta+n)k$ の傾きである $\delta+n$ と等しくなる時，消費は最大になる．これは(8-10)式の c を最大にするような k を求めるという問題の解である．すなわち，

$$\frac{dc}{dk}=0 \quad \Rightarrow \quad f'(k_{GR})=\delta+n \tag{8-11}$$

である．この時の資本ストック k_{GR} を「資本ストックの黄金律水準（golden rule of capital accumulation）」と呼ぶ．家計が図表8-4の s_{GR} の貯蓄率を選ぶと，この黄金律水準の資本ストックが達成される．

動学的非効率性

家計が s_{GR} の貯蓄率を選ぶとは限らない．実際には，s_{GR} とは異なる貯蓄率が選択されるのが一般的であろう．s_{GR} より低い貯蓄率が選ばれると定常状態の資本ストックは k_{GR} より小さくなる．この場合，家計が自分たちの貯蓄率が低過ぎることに気付いたとしても貯蓄率を s_{GR} に引き上げるのは非常に難しい．

それは，貯蓄率を引き上げてもすぐには資本ストックや生産は増加しないのに対して，消費の方は貯蓄率の上昇のためにすぐに減少するからである．資本蓄積を通じての消費の増加には時間がかかるので，若年家計や将来生まれてくる家計は将来の消費の増加の恩恵を受けることができるが，現在の（特に老年）家計はその恩恵を受けることができない．

　家計の寿命が有限で，その家計の年齢に差がある場合，貯蓄率を s_{GR} に引き上げることによってすべての家計の生涯にわたる消費（満足）水準を上昇させることは不可能である．言い換えると，この状態では，いずれかの家計（老年家計）の満足を引き下げない限り他の家計（若年家計や将来の家計）の満足を引き上げることはできない．つまり，パレートの意味で効率な状態にあると言える．静学モデルでのパレート効率性の場合，現に存在する経済主体を対象としているのに対して，ここでは将来生まれてくるであろう家計も含めて考えている．それゆえ，経済が s_{GR} より低い貯蓄率を持った定常状態にある時，その経済は「動学的に効率的（dynamically efficient）」であるということができよう．

　これに対して，s_{GR} より高い貯蓄率が選ばれると定常状態の資本ストックは k_{GR} より大きくなる．この場合，家計が自分たちの貯蓄率が高過ぎることに気付けば，いずれの家計も抵抗なく貯蓄率を s_{GR} に引き下げることができる．貯蓄率を引き下げることによってすぐに消費が増加する上に，貯蓄率が s_{GR} に低下したことで将来の資本水準が k_{GR} まで減少し，生産が減少したとしても，新しい定常状態である黄金律水準の資本ストックにおける消費の方が，（定義により）現在の消費より大きいからである．つまり，貯蓄率を下げることによって，どの家計の満足（消費）水準も引き下げることなく，少なくとも1つの家計の消費の水準を引き上げることが可能になる．言い換えると，この貯蓄率はパレートの意味で非効率な高い貯蓄率である．それゆえ，家計が s_{GR} より大きな貯蓄率を選択し，経済が過剰な資本ストックを蓄積している時，その経済では「動学的非効率性（dynamic inefficiency）」が発生しているという．

8.3 世代重複モデル

経済の構造

ソロー・モデルでは貯蓄率は一定であると仮定されているが，家計は実際には何らかの基準で貯蓄（率）を決定していると考えられる．貯蓄と消費はコインの裏表の関係にあるので，第2章の消費に関する内容を踏まえて，最適な貯蓄の決定と経済成長の関係について見ていこう．第2章と同様に，まず，新しい家計が次々に生まれては消えていく場合を考え，次に，1つの家計が永続する場合について考えてみよう．

家計は一定期間存続し，その後次の家計へと受け継がれていく経済を考えよう．分析を簡単にするために，各家計は1期と2期の2期間だけ存続するとしよう．1期目は若年期で，働いて賃金を得，それを消費と貯蓄に振り分ける．2期目は老年期で，ここでは遺産を残さないと考え，1期目の貯蓄とその利子のすべてを消費してしまう．この関係を図示したのが，図表8-5である．

$t-1$期に生まれた世代を$t-1$世代，t期に生まれた世代をt世代，$t+1$期に生まれた世代を$t+1$世代と呼ぶ．図を見れば分かるように，$t-1$世代の老年期とt世代の若年期がt期に，t世代の老年期と$t+1$世代の若年期が$t+1$期にそれぞれ重なるように同時に存在する．このように，複数の世代が一定期間重なって存在するモデルは，世代重複モデル（overlapping generations model）と呼ばれる．

各世代の家計の最適化行動

図をよく見れば分かるように，"期"を表す，$t-1$, t, $t+1$を除けば，各世代の予算制約は全く同じものである．そこで，t世代を取り上げて家計の最大化問題を考えよう．第1期（若年期）の予算制約は

$$c_{1t} + s_t = w_t$$

となり，第2期（老年期）の予算制約は

$$c_{2t+1} = (1+r_{t+1})s_t$$

図表8-5　世代重複モデルの構造

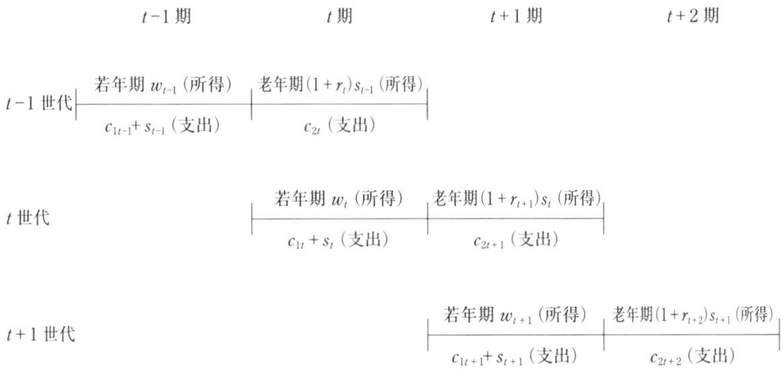

	$t-1$ 期	t 期	$t+1$ 期	$t+2$ 期
$t-1$ 世代	若年期 w_{t-1}（所得）／$c_{1t-1}+s_{t-1}$（支出）	老年期 $(1+r_t)s_{t-1}$（所得）／c_{2t}（支出）		
t 世代		若年期 w_t（所得）／$c_{1t}+s_t$（支出）	老年期 $(1+r_{t+1})s_t$（所得）／c_{2t+1}（支出）	
$t+1$ 世代			若年期 w_{t+1}（所得）／$c_{1t+1}+s_{t+1}$（支出）	老年期 $(1+r_{t+2})s_{t+1}$（所得）／c_{2t+2}（支出）

となる．c_{1t} は t 期に第1期にある家計の消費，c_{2t+1} は $t+1$ 期に第2期にある家計の消費を表す．この2つの式から以下の異時点間の予算制約式が導かれる．

$$c_{1t}+\frac{c_{2t+1}}{1+r_{t+1}}=w_t \tag{8-12}$$

効用関数を

$$u(c_{1t},c_{2t+1})=\log c_{1t}+\frac{\log c_{2t+1}}{1+\rho} \tag{8-13}$$

と仮定すると，第2章で求めたように，第1期の消費，貯蓄及び第2期の消費は以下のようになる．

$$\begin{aligned}c_{1t}&=\left(\frac{1+\rho}{2+\rho}\right)w_t, \quad s_t\equiv w_t-c_{1t}=\left(\frac{1}{2+\rho}\right)w_t,\\ c_{2t+1}&=(1+r_{t+1})s_t=\left(\frac{1+r_{t+1}}{2+\rho}\right)w_t\end{aligned} \tag{8-14}$$

ここで注意すべき点は，t 期の消費や貯蓄が t 期の賃金だけの関数になっていることである．つまり，$t+1$ 期，$t+2$ 期の賃金が与えられれば，同様にして，$t+1$ 期，$t+2$ 期の貯蓄も決定される．これは若年期には賃金しか受け取らないので，当然の結果のように思われるかもしれない．しかし，第2章で説明したように，貯蓄や消費が利子率の影響を受けないのは，効用関数を（8-13）式のような対数型に特定化したことによる．

財市場の均衡と資本蓄積

この経済で t 期に供給される財は，t 期に生産された Y_t と資本のうち減耗せずに残った $(1-\delta)K_t$ である．これらが，老年世代の消費 C_{2t}，若年世代の消費 C_{1t} 及び次期の資本ストック K_{t+1} として需要される．よって，財市場の均衡条件は

$$Y_t+(1-\delta)K_t=C_{2t}+C_{1t}=c_{2t}L_{t-1}+c_{1t}L_t+K_{t+1} \tag{8-15}$$

となる．ただし，L_{t-1} は $t-1$ 世代の人口，L_t は t 世代の人口である．若年期は賃金を消費 C_{1t} と貯蓄 S_t に振り分けるので，$w_t=c_{1t}+s_t$，つまり，$c_{1t}=w_t-s_t$ となる．老年期は貯蓄の元利合計をすべて消費するので，$c_{2t}=(1+r_t)s_{t-1}$ となる．また，t 期に存在する資本はすべて老年期の家計に所有されているので，資本量と老年期の家計の貯蓄は等しい．$k_t=s_{t-1}$，つまり，$c_{2t}=(1+r_t)k_t$ となる．これらを (8-15) 式に代入すると，

$$\begin{aligned}Y_t+(1-\delta)K_t&=(1+r_t)k_tL_{t-1}+(w_t-s_t)L_t+K_{t+1}\\&=(1+r_t)K_t+w_tL_t-s_tL_t+K_{t+1}\end{aligned}$$

となる．これを書き直すと

$$Y_t=(r_t+\delta)K_t+w_tL_t-s_tL_t+K_{t+1}$$

となる．完全競争の下では，生産物 Y_t は，資本所得 $(r_t+\delta)K_t$ と労働所得 w_tL_t に過不足なく分配されるので，(8-2b) 式と同じ $Y_t=(r_t+\delta)K_t+w_tL_t$ が成り立つ．よって，

$$K_{t+1}=s_tL_t \tag{8-16}$$

となる．つまり，次期の資本ストックは今期の貯蓄に等しくなり，今期の資本ストックはこの式には現れてこない．それは，各世代が完全に分断されており，今期の資本ストックは老年期の家計によってすべて消費され，次の世代には受け継がれないためである．

もちろん，今期の生産は今期の資本ストックの影響を受けるので，s_t は今期の資本ストックの影響を受ける．このことは，s_t と w_t の決定式を (8-16) 式に代入すればすぐに分かる．

$$K_{t+1} = s_t L_t = (w_t - c_{1t}) L_t = \left(\frac{1}{2+\rho}\right) w_t L_t$$
$$= \left(\frac{1}{2+\rho}\right) [f(k) - k f'(k_t)] L_t$$

$k_t = K_t/L_t$ なので，$k_{t+1} = K_{t+1}/L_{t+1}$，すなわち $K_{t+1} = k_{t+1} L_{t+1}$ である．また，$L_{t+1} = (1+n) L_t$ であることを考慮すると，$K_{t+1} = k_{t+1}(1+n) L_t$ となる．これを上の式に代入すると，

$$k_{t+1} = \left[\frac{1}{(2+\rho)(1+n)}\right] [f(k_t) - k_t f'(k_t)] \tag{8-17}$$

が得られる．この式の $1/(2+\rho)$ は貯蓄率であり，$f(k_t) - k_t f'(k_t)$ は賃金である．若年期には賃金所得しかないので，その一定割合 $1/(2+\rho)$ が貯蓄され資本として蓄積されるが，次期には人口が増えているので，その分だけ，つまり $(1+n)$ だけ，1人当たりの資本が希釈されるのである．

説明を分かりやすくするために，生産関数を以下のようなコブ＝ダグラス型に特定化する．

$$Y_t = F(K_t, L_t) = A K_t^\alpha L_t^{1-\alpha} \quad \text{すなわち} \quad y_t = f(k_t) = A k_t^\alpha$$

この時，資本の実質レンタル料と実質賃金率は以下のようになる．

$$r_t + \delta = f'(k_t) = \alpha A k_t^{\alpha-1}, \quad w_t = f(k_t) - k_t f'(k_t) = (1-\alpha) A k_t^\alpha$$

賃金を (8-17) 式に代入すると，

$$k_{t+1} = \left(\frac{(1-\alpha) A}{(2+\rho)(1+n)}\right) k_t^\alpha \tag{8-18}$$

となる．

(8-18) 式は，今期の1人当たり資本ストックが与えられれば次期の資本ストックが決定され，さらに次期の1人当たり資本ストックが与えられればその次の期の資本ストックが決定される，というように，次々と1人当たりの資本ストックが決定されることを示している．この式をグラフにすると図表8-6のようになる．初期の1人当たり資本ストックが k_0 であるとしよう．次期すなわち1期の1人当たり資本ストックは，このグラフの縦軸の k_1 に決まる．それゆえ，k_2 を求める際には，その k_1 を横軸に移して再びグラフを用いれば良い．その際に便利なのが45度線である．縦軸の k_1 を45度線を使って正確に横

図表8-6 世代重複モデルの移行過程と定常状態

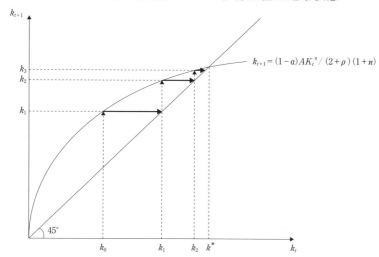

軸に移すことができる．そのk_1とグラフからk_2が決まる．同様の方法でk_3を決めることができる．そして，1人当たり資本はグラフの矢印のように移動していき，最終的にk^*に到達し一定となる．

定常状態では，$k_{t+1}=k_t=k^*$であるので，

$$(1-\alpha)A(k^*)^{\alpha-1}=(2+\rho)(1+n) \tag{8-19}$$

が成り立つ．

貯蓄率と人口成長率の影響

世代重複モデルでは貯蓄率$1/(2+\rho)$は家計の選好（効用関数）によって決定される．第2章でも見たように，時間選好率ρが上昇する，つまり人々が将来よりも現在をより重視するようになると，貯蓄率は低下する．その結果，定常状態の資本ストックは低下し，移行過程における資本蓄積の速度も低下する．

また，人口成長率の上昇は，資本ストックに対して希釈効果を持つので，定常状態の資本ストックを引き下げ，移行過程における資本蓄積の速度も鈍化させる．これらの結果はソロー・モデルの場合と全く同じである．

世代重複モデルにおける資本蓄積の黄金律水準と動学的非効率性

ソロー・モデルと同じように世代重複モデルにおいても，資本ストックの黄金律水準を考えることができる．経済全体の次期の資本は，生産と今期の資本から消費と資本減耗を差し引いた分に等しいので，

$$K_{t+1} = Y_t + K_t - C_t - \delta K_t = f(k)L_t - C_t + (1-\delta)K_t \tag{8-20a}$$

が成り立つ．C_t は経済全体での消費であり，若年期の家計と老年期の家計の消費の合計である．(8-20a) 式の両辺を L_t で割って1人当たりに書き直すと

$$\frac{K_{t+1}}{L_{t+1}}\frac{L_{t+1}}{L_t} = f(k_t) - \frac{C_t}{L_t} - (1-\delta)\frac{K_t}{L_t} \tag{8-20b}$$

となる．人口の成長 $L_{t+1}=(1+n)L_t$ を考慮すると，(8-20b) 式は

$$(1+n)k_{t+1} = f(k_t) - \frac{C_t}{L_t} - (1-\delta)k_t \tag{8-20c}$$

と書き直せる．定常状態では $k_{t+1}=k_t=k$ であるので，この式から

$$C_t = [f(k) - (\delta+n)k]L_t \tag{8-21}$$

が得られる．$f(k)-(\delta+n)k$ は，1人当たりの生産量 $f(k)$ から現在の1人当たりの資本ストックを維持するために必要な投資量 $(\delta+n)k$ を引いた，労働者1人当たりの純生産である．この経済における労働者は若年家計だけなので，労働者1人当たり純生産に若年家計数 L_1 を掛けた $[f(k)-(\delta+n)k]L_t$ が，経済全体の純生産になり，それが経済全体としての消費可能量になる．

若年家計と老年家計が総消費 C_t をどのように分けるにしても，定常状態で最大の消費を実現するには，(8-21) 式の C_t が最大になっていなければならない．そのための条件は

$f'(k) = \delta+n$　すなわち

$$\alpha A k^{\alpha-1} = \delta+n \quad \text{（コブ＝ダグラス型生産関数の場合）} \tag{8-22}$$

であり，これはソロー・モデルの場合と全く同じである．

前に求めたように，定常状態での資本ストックは，(8-19) 式の $(1-\alpha)Ak^{\alpha-1}=(2+\rho)(1+n)$ で決定される．それが，(8-22) 式で決定される黄金律水準の資本ストックと等しくなることは，偶然の場合を除いてはありえない．これはある意味で当然の結論である．

世代重複モデルの場合，各家計は自らの生存期間から得られる効用のみを考慮して消費・貯蓄の決定を行うので，自らがいなくなった後のことについては何ら配慮しない．また，同様の理由で人口成長の影響についても考慮することはない．それゆえ，家計にとっての最適な貯蓄によって決定される資本ストックが，経済全体として最適な水準である黄金律水準と一致する保証はないのである．ここでのモデルでは，家計は2期間だけ存続すると仮定されているが，存続期間が3期間であっても4期間であっても，n 期間であっても，それが有限である限り，この推論は成り立つ．

コラム 10　静学的一般均衡と動学的一般均衡

世代重複モデルやラムゼイ・モデルは，「動学的一般均衡モデル」と呼ばれるものである．静学的一般均衡モデルが，複数の市場が一時点で同時に均衡している状態を描写するものであるのに対して，動学的一般均衡モデルは，複数の市場が複数の時点において「同時に」均衡している状態を描写するものである．IS-LM モデルは静学的一般均衡モデルと解釈することができ，その際分析の対象となっている市場は，財，貨幣，債券の3つである．これらの3つのうち2つの市場が均衡していれば，ワルラス法則によって，残りの1つも必ず均衡しているので，一般均衡を分析する場合は任意の2つの市場に焦点を当てれば良い．それゆえ，IS-LM モデルでは財・サービスと貨幣の市場のみを分析しているのである．

世代重複モデルやラムゼイ・モデルの場合，一時点だけを見ると財・サービス，労働，資本の3つの市場からなっているが，動学的一般均衡を考える場合は，それに時間という要素が加わることに注意しなければならない．期間が T 期間であれば，$(3 \times T)$ 個の市場があるので，これら $3T$ 個の市場すべてが均衡している状態が動学的一般均衡ということになる．ここで大切なことは，各期の一般均衡を考え，それら複数の一般均衡をつなぎ合わせたものが動学的一般均衡ではないということである．あらゆる時点のすべての市場が同時に均衡している状態が，「1つ」の動学的一般均衡なのである．静学的一般均衡の場合と同様に，$(3T-1)$ 個の市場が均衡していれば，ワルラス法則によって，残りの1つも必ず均衡している

ので，任意の $(3T-1)$ 個の市場を考察することで動学的一般均衡を分析できる．経済成長のモデルの場合，通常は無限の期間を考えることになる．無限から1を引いても無限であるので，無限個の市場の均衡を同時に分析する必要がある．

　動学的一般均衡モデルにおいても，静学的一般均衡モデルと同様に，ある1つの市場にショックが起きると，一般的にはその影響はすべての市場に及ぶことになる．静学的一般均衡の場合，例えば，リンゴの市場で供給が減少し価格が高騰すると，それとは全く関係がないと思われる自動車の市場にも影響を与える．これと同じことが，動学的一般均衡モデルでは時間という次元で起きる．限りなく遠い将来の市場に起きる出来事でも，現在の市場にはもちろん，その他のすべての時点のすべての市場にその影響が及ぶことになる．つまり，いずれかの時点のどこかの市場で発生した出来事によって，動学的一般均衡が変化するのである．このように，動学的一般均衡がどのような要因によってどのように変化するのか，を分析するのが，動学的一般均衡分析ということになる．

8.4　ラムゼイ・モデル

ラムゼイ・モデルにおける家計の最適化行動

　世代重複モデルでは，次の家計のことを全く考慮しない，2期間だけ存続する家計からなる経済を考えている．これに対して，永遠に存続する家計を考えるのがラムゼイ・モデル（Ramsey model）である．もちろん，個人の寿命は有限であるので，これは，個人ではなく家計として永久に存続することを意味すると考えるのが自然である．仮に，今の世代にとっては，自分たちとその子どもの幸せだけが大切であるとしても，その子どもたちにとっても同様に自分たちの幸せと自分たちの子どもの幸せが大切であることを知っていれば，結果として，家計は最初の時点で無限に続く将来世代のことを考慮しなければならなくなる．

家計の各期の効用は，1人当たりの効用 $u(c_t)$ に家計内の人の数 N_t を掛けたものになると仮定しよう．そして，家計の異時点間にわたる効用は，

$$\sum_{t=0}^{t=\infty}(1+\rho)^{-t}u(c_t)N_t$$
$$=u(c_0)N_0+\cdots+(1+\rho)^{-t}u(c_t)N_t+(1+\rho)^{-t-1}u(c_{t+1})N_{t+1}+\cdots$$
(8-23a)

で表せると仮定する．つまり，時間選好率で割り引いた各期の効用の合計である．人口の成長率 n を考慮すると，$N_t=(1+n)^t N_0$ となり，一般性を失うことなく $N_0=1$ と考えることができるので，上の最大化問題は次のように書き換えることができる．

$$\sum_{t=0}^{t=\infty}(1+\rho)^{-t}(1+n)^t u(c_t)$$
$$=u(c_0)+\cdots+(1+\rho)^{-t}(1+n)^t u(c_t)+(1+\rho)^{-t-1}(1+n)^{t+1}u(c_{t+1})+\cdots$$
(8-23b)

この場合，実質的な割引率は $(1+\rho)/(1+n)$ となり，これが1より大きくなければならない．つまり，$\rho>n$ でなければならない．

家計の各期の予算制約は，人口成長を考慮すると以下のようになる．

$$(1+n)k_{t+1}=k_t+w_t+r_t k_t-c_t$$
$$\text{すなわち}\quad c_t=w_t+(1+r_t)k_t-(1+n)k_{t+1}$$
(8-24)

この式を見れば分かるように，家計は毎期同じ形をした予算制約式を持つ．そして，その式には，今期（t 期）と次期（$t+1$ 期）の変数しか含まれていない．そこで，異時点間の効用の中から t 期と $t+1$ 期の部分だけを取り出し，(8-24)式の予算制約を代入すると，

$$(1+\rho)^{-t}(1+n)^t u(w_t+(1+r_t)k_t-(1+n)k_{t+1})$$
$$+(1+\rho)^{-t-1}(1+n)^{t+1}u(w_{t+1}+(1+r_{t+1})k_{t+1}-(1+n)k_{t+2})$$

となる．これを k_{t+1} で最大化すると，

$$(1+\rho)u'(c_t)=(1+r_{t+1})u'(c_{t+1})$$
(8-25)

を得る．この式は，異時点間の消費（c_t と c_{t+1}）が満たさなければならない条件を示しており，消費のオイラー方程式（Euler equation）と呼ばれる．このオイラー方程式は，$t=0$ から $t=\infty$ まで，毎期成り立つことになる．そして，

世代重複モデルの場合と同様に，各期の効用関数を対数型に特定化すると，(8-25) 式は

$$(1+\rho)/c_t = (1+r_{t+1})/c_{t+1} \tag{8-26a}$$

となる．$r_{t+1} = f'(k_{t+1}) - \delta$ であることに注意して，この式を書き直すと

$$\frac{c_{t+1}}{c_t} = \frac{1+f'(k_t)-\delta}{1+\rho} \Rightarrow \frac{c_{t+1}}{c_t} - 1 = \frac{f'(k_t)-\delta-\rho}{1+\rho} \tag{8-26b}$$

となるので，

$$\frac{c_{t+1}-c_t}{c_t} = \frac{\Delta c_t}{c_t} = \frac{f'(k_t)-\delta-\rho}{1+\rho}$$
$$\text{すなわち} \quad \Delta c_t = \left[\frac{f'(k_t)-\delta-\rho}{1+\rho}\right]c_t \tag{8-26c}$$

という式が得られる．

財市場の均衡条件

前に述べたように，資本は

$$K_{t+1} = I_t + (1-\delta)K_t \quad \text{すなわち} \quad \Delta K_t = K_{t+1} - K_t = I_t - \delta K_t$$

に従って蓄積する．(8-7) 式を用いてこれを1人当たりに書き直すと

$$\frac{\Delta k_t}{k_t} = \frac{I_t - \delta K_t}{K_t} - n \quad \text{すなわち} \quad \Delta k_t = \frac{I_t}{L_t} - (\delta+n)k_t$$

である．経済全体の総貯蓄は $S_t = s_t L_t = [f(k_t) - c_t]L_t$ であるので，財市場の均衡条件 $I_t = S_t$ を考慮すると，(8-3b) 式に人口成長率 n を加えた次の式を得る．

$$\Delta k_t = k_{t+1} - k_t = f(k_t) - c_t - (\delta+n)k_t \tag{8-27}$$

修正黄金律

この経済の変動は，以下の2式で表される．

$$\Delta c_t = \left[\frac{f'(k_t)-\delta-\rho}{1+\rho}\right]c_t \tag{8-28a}$$

$$\Delta k_t = f(k_t) - c_t - (\delta+n)k_t \tag{8-28b}$$

定常状態では，$\Delta c_t = 0$ と $\Delta k_t = 0$ が成立している．$\Delta c_t = 0$ から定常状態では，

$f'(k_R) = \delta + \rho$

が成り立つ. この式は黄金律水準の資本ストックを決定する式によく似ている. 違いは, 人口成長率の項 n がなくなっていることと, 時間選好率の項 ρ が加わっていることである.

この違いを理解するために, 今期の消費を引き下げて次期の資本を増加させることによって,「満足」が改善するかどうかを考えてみよう. 今期の消費を Δc だけ少なくして次期の資本を $\Delta k = \Delta c$ だけ増加させると, 次期の生産は $f'(k)\Delta c$, 減耗後の資本は $(1-\delta)\Delta c$ だけ増加するので, 1 人当たり消費は, その合計を人口で割った $\Delta \tilde{c} = [f'(k)\Delta c + (1-\delta)\Delta c]/(1+n)$ だけ増加する. それゆえ, 消費を満足の基準とした場合,

$$\Delta \tilde{c} - \Delta c = \frac{[f'(k)\Delta c + (1-\delta)\Delta c]}{(1+n)} - \Delta c = \frac{[f'(k) - (\delta+n)]\Delta c}{(1+n)}$$

が正であれば満足は増加し, 負であれば満足は低下することになる. そして, $\Delta \tilde{c} - \Delta c = 0$ の時, すなわち $f'(k) = \delta + n$ の時, 満足は最大化される. 黄金律水準の資本ストックはこの条件によって決定される.

同様に, 今期の消費を Δc だけ少なくすると, 今期の効用は $u'(c)\Delta c$ だけ低下し, 次期の効用の割引現在価値は, 1 人当たりの効用の増加分 $u'(c)\Delta \tilde{c}$ に人口の増加分 $(1+n)$ を掛けたものを時間選好率で割り引いた分, $(1+\rho)^{-1}(1+n)u'(c)\Delta \tilde{c} = (1+\rho)^{-1}u'(c)[f'(k)\Delta c + (1-\delta)\Delta c]$ だけ増加する. それゆえ, 効用を満足の基準とすれば,

$$(1+\rho)^{-1}u'(c)\Delta \tilde{c} - u'(c)\Delta c$$
$$= [(1+\rho)^{-1}(f'(k) - (1-\delta)) - 1]u'(c)\Delta c = 0$$

の時に満足は最大になる. この式から, $f'(k) = \delta + \rho$ が得られる. この時の資本ストックは, 図表 8-7 のグラフの k_{MGR} になり, 資本ストックの「修正黄金律 (modified golden rule) 水準」と呼ばれている. 家計が消費から得られる効用の割引現在価値を最大化するように行動するとすれば, 定常状態の資本ストックは黄金律水準ではなくて, 修正黄金律水準になる. 言い換えると, 効用最大化という観点からは, 黄金律の資本ストック水準よりも修正黄金律水準の資本ストック水準の方がより望ましいと言える. また, $\rho > n$ であるので, 修正黄金律の資本ストックの方が黄金律の資本ストックより小さくなる.

図表8-7 資本ストックの黄金律水準と修正黄金律水準

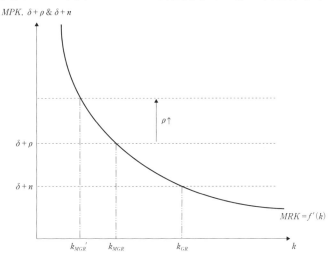

図表8-7に示されているように，時間選好率 ρ が上昇すると，k_{MGR} は小さくなる．時間選好率の上昇は，人々が将来よりも現在を重視するようになることを意味するので，これは当然の結果である．

定常状態では，$\Delta k_t = 0$ より

$$c = f(k) - (\delta + n)k$$

が成り立つ．つまり，前に見たように，消費は生産から物的な資本減耗と人口の増加に伴う1人当たり資本の減少を引いたものに等しくなる．横軸に k，縦軸に c を測った座標上にこのグラフを描くと，図表8-8のように逆U字型になる．このグラフの頂点は，消費が最大になることを示しており，それに対応する資本ストックが黄金律水準の資本ストック k_{GR} である．

図から分かるように，時間選好率 ρ が上昇すると，k_{MGR} が小さくなると同時に定常状態での消費水準も c_{MGR} から c_{MGR}' へと低下する．これは，k_{MGR} の低下によって長期的に持続可能な消費水準が低下するためである．

ラムゼイ・モデルの移行過程

第5章の $IS-LM$ モデルの「均衡への調整過程」の分析と同じ方法を用いて，ラムゼイ・モデルの「定常状態への移行過程」を分析することができる．

図表8-8 ラムゼイ・モデルの定常均衡

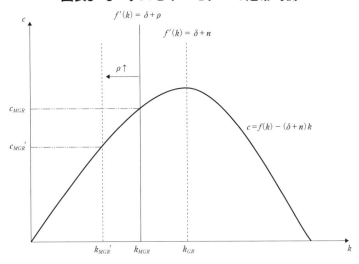

図表8-9には, $\Delta c_t=0$ と $\Delta k_t=0$ の2つの曲線と, それらの曲線で分割された4つの領域A, B, C, Dにおける k と c の動きが矢印で示されている.

IS-LMモデルにおける2つの変数, 所得水準 (Y) と利子率 (r) は, いずれもある時点で与えられたものである. それが時間とともにどのように変化していくかを示したのが移行過程である. これに対して, ラムゼイ・モデルの場合, t 時点における資本ストック k_t はそれまでの歴史によって決定されたものであるが, 消費 c_t は家計がその時点で自由に選択できる変数である. 初期の資本ストックが k_1 であった場合, 家計は, 最終的に定常状態 (k_{MGR}, c_{MGR}) に行きつくような初期の消費 c_1 を選ぶ. その後, 経済は c_1 から右上に伸びる太い矢印の上を動いていき定常状態に到達する. 初期の資本ストックが k_2 であった場合は, 初期の消費として c_2 が選ばれ, その後は c_2 から左下に伸びる太い矢印の上を経済は進み定常状態に到達する.

なぜ最終的に定常状態に到達する経路が選ばれるかは, この教科書のレベルを超えるが, 次のように考えると, 直観的には分かりやすい. 初期の資本ストックが k_1 の時に c_1 より低い消費水準を選択すると, 経済はBの領域からCの領域に入り, 資本は増加していくが, 消費は減少を続けて, やがてゼロになる点 ($k_{MAX}, 0$) に到達する. 初期の資本ストックが k_2 の時に c_2 より低い消費水準

図表8-9 ラムゼイ・モデルの移行過程

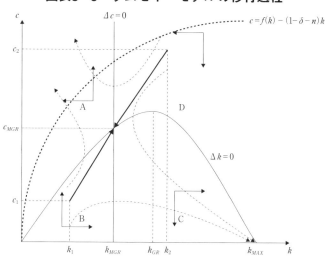

を選択した場合も同様で，経済はDの領域からCの領域に入り，最終的に点 $(k_{MAX}, 0)$ に到達する．つまり，消費を完全に犠牲にして，生産物を資本蓄積のためだけに使うようになる．将来を正確に知っていれば，家計がこのような消費計画を立てるのは合理的ではない．

次に，初期時点で最適な消費水準より高い消費水準を選んだ場合について考えてみよう．資本の蓄積を表す（8-28b）式を書き直すと，

$$k_{t+1} = f(k_t) - c_t + (1-\delta-n)k_t$$

となる．資本ストック k_{t+1} は負にはなりえないので，所与の $k_t(\geq 0)$ の下で，次のような制約が課される．

$$k_{t+1} = f(k_t) - c_t + (1-\delta-n)k_t \geq 0$$
$$\text{すなわち} \quad c_t \leq f(k_t) + (1-\delta-n)k_t$$

この制約は，すべての期で満たされていなければならないので，期を表す t をとって

$$c \leq f(k) + (1-\delta-n)k$$

と表すことができる．図表8-9には，$c = f(k) + (1-\delta-n)k$ の式を表す曲線が太い点線で表されている．この点線より上の領域に入ると，資本はマイナスになる．つまり，資本を食い潰してしまい，経済が持続することが不可能にな

る.

　初期の資本ストックが k_1 の時に c_1 より高い消費水準を選ぶと，経済はBの領域からAの領域に入り，必ず持続不可能な領域に到達する．初期の資本ストックが k_2 の時に c_2 より高い消費水準を選択すると，Dの領域からAの領域に入り持続不可能な領域に到達する．あるいは，非常に高い消費水準を選ぶと，経済は，Dの領域の中にいたままで持続不可能な領域に到達する場合もある．いずれにしろ，資本を食い潰してしまうことになる．よって，このような消費計画は実行不可能という意味で明らかに非合理的である．それゆえ，家計が，将来を正確に予測でき，合理的であれば，長期にわたる持続的な消費が可能であるような経路，つまり最終的に定常状態に到達する経路が選ばれ，それが経済の移行過程となるのである．

コラム 11　経済成長と所得格差

　図表8-10のように，横軸に1人当たりGDPを測った2次元の平面上に，逆U字型のグラフが描かれる時，その曲線を「クズネッツ曲線」と呼ぶことがある．例えば，縦軸の Z が「環境汚染の程度」である場合，「環境クズネッツ曲線」と呼ばれる．環境汚染は，1人当たりGDPが増加するに

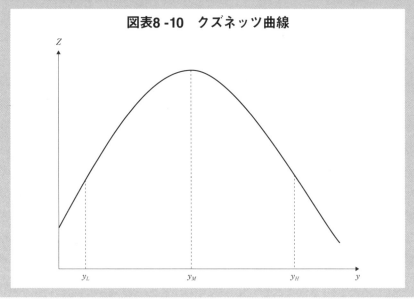

図表8-10　クズネッツ曲線

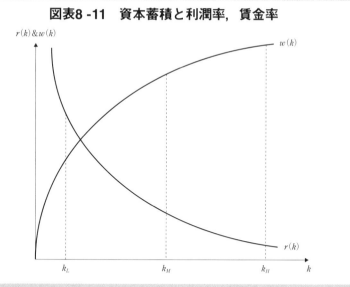

図表8-11 資本蓄積と利潤率, 賃金率

つれて，最初のうちは増加するが，やがて減少に転じる，という関係を示している．

この名称は，Kuznets(1955)に由来し，Zはもともとは所得格差であった．彼は，今から約60年前に，所得格差は，1人当たりGDPの増加とともに，最初は拡大していたが，やがて減少に転じたことを発見したのである．彼がこの事実を発見した頃は，物的資本の蓄積が成長の主たるエンジンであった．図表8-11に示されているように，資本蓄積が十分でない段階では利潤率が高く，資本所有者は多くの利潤を得，それを再投資してますます豊かになった．この段階では賃金は低く，資本を持たない家計が貯蓄をすることは困難であり，所得格差は拡大していったと考えられる．しかし，資本の蓄積が進むにつれて，利潤率は低下し，逆に賃金率は上昇する．賃金の上昇は労働者家計の所得を直接引き上げるだけでなく，彼らが資本蓄積をすることをも可能にし，その結果として所得格差は縮小することになる．

ところが，近年，先進諸国では所得格差が拡大している．特に，所得階層の二極化が進んでいると指摘されている．このような事実は，生産要素が物的資本と労働だけであり，資本の蓄積が成長のエンジンとなっている

モデルではうまく説明できない．それゆえ，モデルに人的資本や研究開発による技術革新を導入し，それらの蓄積やそれらへの所得分配の変化に注目して所得格差を説明する研究が盛んに行われている．成長そのものを説明するためだけではなく，クズネッツ曲線とは異なる成長と所得格差との関係を説明するためにも，「新しい成長理論」は必要とされているのである（参考文献：Simon Kuznets (1955) "Economic Growth and Income Inequality," *American Economic Review* 45, pp.1-28).

8.5 新しい成長理論

　これまで取り上げた経済成長モデルでは，1人当たり GDP は，最初は成長するが，次第に成長は鈍化しやがて一定の値になる．それゆえ，本当の意味での「成長」理論ではないと言えるかもしれない．また，実際の経済は長期にわたって成長を続けているので，持続的な成長を説明する必要がある．それには，これまでのモデルで成長が鈍化する理由をきちんと理解しておく必要がある．それは，①生産技術が一定の状態で，②物的資本しか蓄積せず，③その限界生産力が逓減していくために，その蓄積が最終的には停止してしまうからである．言い換えると，①′ 技術進歩が存在したり，②′ 物的資本以外の生産要素が蓄積したり，③′ 資本の限界生産力が逓減しなければ，長期的に成長が持続する可能性がある．

　これらの諸点を成長理論の中に取り入れて，持続的な成長を説明するとともに，その主要な決定要因について分析する試みが1980年代後半から盛んに行われてきた．この節では，この「新しい成長理論」を簡単に紹介する．これまで紹介した3つのモデルのいずれに，上記の3つの要素を組み込んでも説明可能であるが，貯蓄率を一定と仮定した方が成長のメカニズムを理解しやすいので，ここではソロー・モデルを用いて説明することにする．

外生的技術進歩の影響

　まずは技術進歩の影響を，それが外生的に一定である場合について考えよう．

そこで，以下のような生産関数を仮定する．

$$Y = F(K, EL) \tag{8-29}$$

以後，Δ を用いて増分や成長を説明するので，時点を表す添字 t は省略する．E は労働の効率性を表し，EL は効率単位で測った労働力，あるいは単に効率労働（efficiency labor）と呼ばれる．ここでは，技術進歩によって E が上昇するとし，その成長率を g で表す．すなわち，

$$\frac{\Delta E}{E} = g$$

である．例えば，$g = 0.02$ であるとすれば，労働効率（E）は毎年 2％ずつ向上し，労働者の数が同じでも，効率単位労働は 2％ずつ増えることになる．このような技術進歩は，労働力が増えるのと同じ効果を持つので，労働増大的技術進歩（labor-augmenting technical progress）と呼ばれる．

これまでは，1 人当たり資本ストックや 1 人当たり GDP を用いてモデルを簡単化してきたが，ここでは，効率労働 1 単位当たり資本ストックである $k_e = K/EL$ と効率労働 1 単位当たり GDP である $y_e = Y/EL$ を用いる．(8-29)式は，K と EL に関して 1 次同次であるので，

$$y_e = f(k_e) \quad \text{すなわち} \quad Y = y_e EL = f(k_e) EL \tag{8-30}$$

と表すことができる．人口成長率を n とすると，$k_e = K/EL$ の成長率は，近似的に

$$\frac{\Delta k_e}{k_e} = \frac{\Delta K}{K} - \frac{\Delta E}{E} - \frac{\Delta L}{L} = \frac{\Delta K}{K} - g - n \tag{8-31a}$$

となる．貯蓄率を s，資本減耗率を δ とすると，資本蓄積 ΔK は

$$\Delta K = sY - \delta K = sf(k_e) EL - \delta K$$

で表せるので，(8-31a) 式は，

$$\frac{\Delta k_e}{k_e} = \frac{sf(k_e)EL - \delta K}{K} - g - n$$

$$\text{すなわち} \quad \frac{\Delta k_e}{k_e} = sf(k_e)\frac{EL}{K} - (\delta + n + g) \tag{8-31b}$$

となる．$k_e = K/EL$ に注意して，(8-31b) 式の両辺に k_e を掛けると

$$\Delta k_e = sf(k_e) - (\delta + n + g) k_e \tag{8-32}$$

図表8-12 技術進歩がある場合のソロー・モデルの移行過程と定常状態

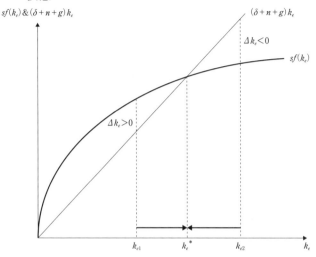

を得る．

図表8-12には $sf(k_e)$ と $(\delta+n+g)k_e$ のグラフが描かれている．図表8-2のソロー・モデルの場合と同様に，経済はやがて効率労働1単位当たり資本ストックが k_e^* の水準に到達する．この状態は，定常状態ではなくて恒常状態 (steady state) と呼ばれることもある．そこでは，定義により，k_e は一定 ($\Delta k_e=0$) であり，それゆえ，効率労働1単位当たりの GDP ($y_e=Y/EL=f(k_e)$) も一定となる．しかし，このことは，1人当たり GDP (y) や経済全体としての GDP (Y) が一定であることを意味しない．これらの変数の定義から，

$$y=\frac{Y}{L}=\frac{Y}{EL}\cdot E=y_e\cdot E \quad\Rightarrow\quad \frac{\Delta y}{y}=\frac{\Delta y_e}{y_e}+\frac{\Delta E}{E}=\frac{\Delta y_e}{y_e}+g \qquad (8\text{-}33\text{a})$$

$$Y=y\cdot L \quad\Rightarrow\quad \frac{\Delta Y}{Y}=\frac{\Delta y}{y}+\frac{\Delta L}{L}=\frac{\Delta y_e}{y_e}+g+n \qquad (8\text{-}33\text{b})$$

という関係が導かれる．ここで，$\Delta y_e/y_e=0$ に注意すると，

$$\frac{\Delta y}{y}=g,\quad \frac{\Delta Y}{Y}=g+n$$

となる.すなわち,y は技術進歩率(g)と同じ率で,Y は技術進歩率に人口成長率を加えた率($g+n$)で恒常的に成長を続ける.それゆえ,k_e が k_e^* で一定となる状態は恒常状態と呼ばれるのである.

技術進歩がない場合のソロー・モデルの場合と同様に,黄金律水準の資本ストックを考えることができる.ただし,技術進歩があるので,恒常状態でも1人当たりの消費水準は成長を続ける.それゆえ,1人当たりの消費水準ではなくて,効率労働1単位当たりの消費を最大化するような効率労働1単位当たりの資本ストック k_e が,ここでの黄金律水準の資本ストックになる.効率労働1単位当たりの消費 c_e は,効率労働1単位当たりの所得から効率労働1単位当たりの貯蓄を差し引いたものであるので,

$$c_e = f(k_e) - sf(k_e)$$

で表せる.さらに,定常状態では $sf(k_e) = (\delta + n + g)k_e$ が成り立っているので,上の式は

$$c_e = f(k_e) - (\delta + n + g)k_e$$

と書き直すことができる.それゆえ,資本ストックの黄金律水準 k_{eGR} は,以下のようにして求められる.

$$\frac{dc_e}{dk_e} = 0 \Rightarrow f'(k_{eGR}) = \delta + n + g$$

この式は,(8-11)式を技術進歩率を考慮して一般化したものであると言える.

恒常状態における1人当たり所得の成長の源泉は,外生的な技術進歩であり,そのスピード(技術進歩率)はモデルの内部で決まるものではない.それゆえ,このようなモデルは外生的成長モデル(exogenous growth models)と呼ばれることがある.しかし,技術は,大学その他の研究機関による基礎研究や,企業やその研究部門における応用あるいは実用研究によって進歩する.技術進歩がどのような誘因によってもたらされ,現実経済でどのように用いられるかについては,Romer(1990)の研究を端緒に発展し,現在も研究の深化は続いている.

2部門モデル:人的資本の蓄積

先ほどは,E は生産技術によって決定されると考えたが,E を労働者1人

図表8-13　2部門モデルにおける人的資本投資の増加の効果

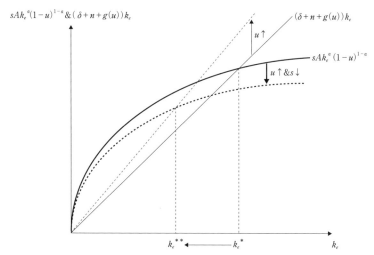

ひとりが身に付けた能力と解釈することもできる．その場合，EL を人的資本とみなし，それは教育や訓練，すなわち人的資本への投資によって上昇すると考えることができる．もちろん，人的資本への投資を行うためには，そのために資源の投入を必要とする．ここでは，労働者の一定割合 $u(0<u<1)$ を人的資本投資のために用いると，E の成長率 g が増加すると仮定しよう．

$$\frac{\Delta E}{E} = g(u), \qquad g'(u) > 0 \tag{8-34}$$

そのため，生産に従事する労働者の割合は $1-u$ となり，生産関数は

$$Y = F(K, (1-u)EL) \tag{8-35a}$$

となる．ここでは，生産関数をコブ＝ダグラス型に特定化しよう．

$$Y = AK^{\alpha}[(1-u)EL]^{1-\alpha} \quad \text{すなわち} \quad y_e = Ak_e^{\alpha}(1-u)^{1-\alpha} \tag{8-35b}$$

k_e の通時的変化は，(8-32)式と基本的に同じである．(8-32)式の $sf(k_e)$ を $sk_e^{\alpha}(1-u)$ に，g を $g(u)$ に置き換えると，

$$\Delta k_e = sAk_e^{\alpha}(1-u)^{1-\alpha} - (\delta + n + g(u))k_e \tag{8-36}$$

となる．この経済の移行過程と恒常状態が図表8-13に描かれているが，それは図表8-12と全く同じようになる．

図表8-13を用いて，人的資本投資の増加，すなわち u の上昇が経済に与え

る影響を考えてみよう．u が上昇すると $(1-u)^{1-\alpha}$ が低下するので，与えられた生産能力（k_e）の下での生産水準 $y_e = Ak_e^\alpha(1-u)^{1-\alpha}$ が低くなる（水準効果）．また，それに伴い貯蓄額 $sAk_e^\alpha(1-u)^{1-\alpha}$ が減少し，物的資本の蓄積が小さくなるので，恒常状態での効率労働1単位当たりの資本ストックも k_e^* から k_e^{**} へと小さくなる．しかし，このことは長期的に生産水準が低くなることを意味しない．u の上昇による技術進歩率 $g(u)$ の上昇を通して，将来の生産水準は高くなる（成長効果）．つまり，u を引き上げると，水準効果によってしばらくの間，低い生産及び低い消費の状態になるが，やがて成長効果によって，生産も消費も u を引き上げなかった場合より大きくなる．また，どれだけの資源（労働）を現在の生産へ（$1-u$），どれだけの資源（労働）を将来の生産（技術進歩）へ（u）投下するかを通じて，長期的な経済成長率を決めることができる．つまり，技術進歩が外生的に与えられているモデルとは異なり，人々の判断や選好によって長期的な経済成長が内生的に決定される．それゆえ，このようなモデルは内生的成長モデル（endogenous growth models）と呼ばれることがある．

図表8-13に示されているように，貯蓄率 s を引き下げると貯蓄額 $sAk_e^\alpha(1-u)^{1-\alpha}$ が減少し，資本蓄積が減速し成長が鈍化する．しかし，ソロー・モデルで見たように，これは移行過程でのみ起こることで，貯蓄率 s は恒常状態の成長率，すなわち長期的な成長率には全く影響を及ぼさない．しかし，これはモデルの定式化に依存しており，貯蓄率が長期的な経済成長に影響を与えるようなモデルを考えることもできる．

AK モデル

技術進歩や人的資本の蓄積がなくても，資本の限界生産力が逓減しなければ，成長が持続する可能性がある．しかし，そのような状態は通常競争均衡と矛盾してしまう．しかし，生産に正の外部性があれば，ミクロのレベルで限界生産力の逓減があっても，マクロのレベルでは逓減しない場合を考えることが可能である．ここでは，ミクロ的な基礎については立ち入らずに，マクロのレベルでは限界生産力が一定であると仮定して，次のような生産関数を用いて経済成長を考えてみよう．

図表8-14 *AK* モデルにおける1人当たり GDP(*y*) の成長

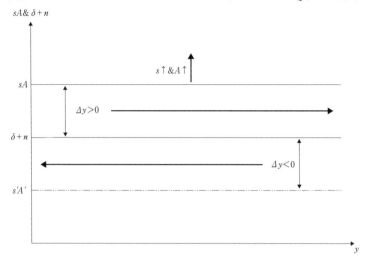

$$Y = AK \tag{8-37a}$$

A が資本の限界生産性を表し，これは資本の量とは無関係に一定である．このような生産関数を用いたモデルは，生産関数の形から AK モデルと呼ばれる．この生産関数を1人当たりに書き直すと

$$y = Ak \tag{8-37b}$$

となる．

1人当たり資本ストックは $k = K/L$ であるので，

$$k = \frac{K}{L} \quad \text{すなわち} \quad \frac{\Delta k}{k} = \frac{\Delta K}{K} - \frac{\Delta L}{L} = \frac{\Delta K}{K} - n \tag{8-38a}$$

となり，上記の生産関数，資本の蓄積方程式： $\Delta K = I - \delta K$，貯蓄関数： $S = sY$，及び貯蓄と投資の均等関係を考慮すると，

$$\frac{\Delta k}{k} = \frac{sY - \delta K}{K} - n = \frac{sAK}{K} - (\delta + n) = sA - (\delta + n) \tag{8-38b}$$

を得る．また，$y = Ak$ より1人当たり GDP は，1人当たり資本ストックと同じ速さで成長する．すなわち，1人当たり所得 y の成長率は，技術進歩がない場合（$\Delta A/A = 0$）

$$\frac{\Delta y}{y} = \frac{\Delta k}{k} = sA - (\delta + n) \tag{8-39}$$

となる．

AK モデルにおける 1 人当たり GDP の成長は，図表8-14によって分析することができる．sA が $\delta+n$ より大きければ，資本蓄積は正になり（$\Delta k/k > 0$），経済は一定率 $sA-(\delta+n)$ で成長を続ける．しかし，図の $s'A'$ のように，sA が $\delta+n$ より小さければ，資本蓄積は負になり（$\Delta k/k < 0$），経済は一定率 $sA-(\delta+n)$ で縮小を続けることになる．また，貯蓄率が高ければ高いほど，成長率も高くなる．すなわち，ここでも，人々の判断や選好によって長期的な経済成長が内生的に決定される．

8.6 結びにかえて

この章では，まず，経済成長の3つの代表的なモデルを紹介した．いずれのモデルにおいても，物的資本の蓄積が成長のエンジンである．物的資本の限界生産力は，その蓄積とともに低下していくために，資本が増えても生産はあまり増えなくなり，資本の蓄積そのものも減速していき，最終的には1人当たりGDPが一定である定常状態に到達する．これらのモデルが正しければ，経済成長は，長期的には減速し，最終的にはなくなってしまうことになる．しかし，先進諸国は，多少の変動はあったが，長期にわたってかなり安定的な経済成長を実現してきた．モデルがこの事実をうまく説明できない理由は明白である．現実の経済では，技術進歩や人的資本の蓄積が，物的資本の蓄積と同様にあるいはそれ以上に成長のエンジンとして重要な役割を果たしているのに，最初に紹介した3つのモデルにはそれらの要素が含まれていない．これらの重要な要素に着目して成長を説明しようという試みは，1980年後半に始まり，現在も研究が進められている．それが，この章の最後で紹介した「新しい成長理論」である．

この章で紹介した経済理論は，新しい成長理論を含めて，成長の基本的なメカニズムを理解するためのものである．現実の成長プロセスは，国や地域によってまさに千差万別である．現実の経済成長を正しく理解し，将来の成長へ向

けた政策や制度設計を考える際には，国や地域によって異なる経済や政治のシステム，さらには社会規範や文化を考慮することも不可欠である．しかし，仮にそうであったとしても，むしろそうであるからこそ，基礎的な理論を正しく理解しておくことは重要である．

練習問題

問題1 （現実の所得分布）

図表8-1(a)は2010年のデータに基づいて作成されている．インターネット等を用いて最新のデータを入手し，それを用いて図表8-1(a)と同じグラフを作成しなさい．そして，2010年と比較して，所得分布がどのように変化したかを考えなさい．

問題2 （ソロー・モデルにおける貯蓄率の影響と動学的非効率性）

AとBという2つの国がある（両国間には貿易，人口移動等のいかなる交流もない）．A国とB国のマクロ生産関数はともに，$Y=F(K,L)=K^{1/2}L^{1/2}$，であるとする．ソロー・モデルを用いて，以下の各問に答えなさい（ただし，$Y=$産出量，$K=$資本ストック，$L=$労働である）．

(1) この生産関数は規模に関して収穫一定か．簡単に説明しなさい．
(2) 労働者1人当たりの生産関数，$y=f(k)$ は具体的にどのようになるか．
(3) 両国とも人口成長はなく，資本減耗率は5％であると仮定する．さらにA国の貯蓄率は10％であり，B国の貯蓄率は20％であると仮定する．A国とB国の定常状態における1人当たり資本ストックを求めなさい．
(4) 黄金律の定常状態における1人当たり資本ストック水準を求めなさい（これは両国で等しい）．
(5) 定常状態においてA国は動学的に非効率か．また，B国はどうか．理由を付けて答えなさい．

問題3 （世代重複モデルにおける財政政策と動学的非効率性）

世代重複モデルにおける財政政策の効果を分析しよう．本文と同じ効用関数とコブ＝ダグラス型の生産関数を用いる．政府は若年期の各家計から T の税金を徴収し，それを政府による消費あるいは投資として支出する．この時，家計の各期の予算制約式は

$$c_{1t}+s_t+T=w_t\ （1期目），\quad c_{2t+1}=(1+r_{t+1})s_t\ （2期目）$$

となるので，異時点間の予算制約式は以下の通りである．

$$c_{1t} + \frac{c_{2t+1}}{1+r_{t+1}} = w_t - T$$

(1) 本文の (8-14) 式から各期の消費と貯蓄は以下のようになると類推される. これらが正しいことを確認しなさい.

$$c_{1t} = \left(\frac{1+\rho}{2+\rho}\right)(w_t - T), \quad s_t = \left(\frac{1}{2+\rho}\right)(w_t - T),$$

$$c_{2t+1} = (1+r_{t+1})s_t = \left(\frac{1+r_{t+1}}{2+\rho}\right)(w_t - T)$$

(2) 政府が税金を消費する場合（つまり，実質的には捨ててしまう場合），T が大きくなると定常状態での資本ストックは大きくなるか，あるいは小さくなるか.

(3) 政府が税金を投資として使う場合，T が大きくなると定常状態での資本ストックは大きくなるか，あるいは小さくなるか.

(4) 税金がない状態（$T=0$）では，定常状態での資本は黄金律水準を上回ってしまう．定常状態だけを考えると，T をプラスにすることは良いことか．T をプラスにした方が良い場合，それは，消費として使うべきか，投資として使うべきか．考えなさい．

問題 4 （小国開放経済のラムゼイ・モデル）

国際間の完全な資本移動が存在する下での小国開放経済のラムゼイ・モデルを考えよう．つまり，資本は一定の世界利子率 r^* で自由に貸借できると仮定する．その結果，自国の利子率が r^* より高いと，海外から資本が流入して利子率が低くなり自国の利子率はすぐに r^* になる．逆に，自国の利子率が r^* より低いと，海外に資本が流出して自国の利子率は高くなりすぐに r^* になる．$r^* + \delta = f'(k)$ が常に成り立つので，この式から1人当たり資本ストックが決定される．数学的には，$k^* = f'^{-1}(r^* + \delta)$ となる．k^* が決まれば，それによって，実質賃金が決まり，それも r^* だけの関数となる．すなわち，$w^* = f(k^*) - k^* f'(k^*)$ である．それゆえ，家計の最大化問題は次のように定式化できる．

$$\max_{c_t} \sum_{t=0}^{t=\infty}(1+\rho)^{-t}u(c_t), \quad u(c_t)=\frac{c_t^{1-\sigma}}{1-\sigma}$$

ただし，$k_{t+1}-k_t = r^* k_t + w^* - c_t - \delta k_t$

(1) $y=f(k)=k^\alpha$ と仮定すると，$r+\delta = f'(k) = \alpha k^{\alpha-1}$, $w=f(k)-kf'(k)=(1-\alpha)k^\alpha$ である．よって，企業が用いる1人当たり資本 k も実質賃金 w も r^* だけの関数となる．すなわち，$k=k(r^*)$ 及び $w=w(r^*)$ と表すことができる．$k(r^*)$ と $w(r^*)$ はどのような関数か．具体的な形を求めなさい．

(2) 1人当たり消費 c_t の成長率は一定で，その成長率は時間選好率 ρ が低いほど高くなることを示しなさい．

(3) このモデルではなぜ成長が持続するのか．AKモデルと比較しながら考えなさい．

問題5 （Dynare を用いたラムゼイ・モデルのシミュレーション）

1人当たり生産関数を $y_t = Ak_t^\alpha$ とコブ＝ダグラス型に特定化すると，ラムゼイ・モデルは，オイラー方程式（8-26b）式を書き直した

$$c_{t+1} = (1+\rho)^{-1} c_t [\alpha A k_{t+1}^{\alpha-1} + 1 - \delta]$$

と，資本ストック蓄積式（8-27）式を書き直した次の式の2本の定差方程式からなる．

$$k_{t+1} - k_t = Ak_t^\alpha - c_t - (\delta+n)k_t$$

(1) $\beta = (1+\rho)^{-1} = 0.9$, $\alpha=0.3$, $A=1$, $\delta=0.08$, $n=0$ であるとしよう．定常状態における資本ストックと消費水準を求めなさい．

(2) 定常状態にある経済で割引因子 β が5%上昇し，0.945になった．第6章で学習したDynareを用いて，資本ストック，消費及び生産の反応を調べ，なぜそのような反応をするのかを考えなさい．

(3) 次に，割引因子はそのままで（$\beta=0.9$），生産性 A が20%上昇し，1.2になったとしよう．Dynareを用いて，資本ストック，消費及び生産の反応を調べ，なぜそのような反応をするのかを考えなさい．

問題6 （技術進歩を伴うソロー・モデル）

技術進歩を伴うソロー・モデルが下記の諸式で表されている．以下の各問いに

答えなさい．

生産関数：$Y = AK^{\alpha}(EL)^{1-\alpha}$, $A=8$, $\alpha=1/3$, 貯蓄率：$s=0.25$,
技術進歩率：$\Delta E/E = g = 0.02$, 人口増加率：$\Delta L/L = n = 0.03$,
資本減耗率：$\delta = 0.075$

(1) 恒常状態における効率労働1単位当たりの資本ストック：$k_e^* = K/EL$, 効率労働1単位当たりのGDP：$y_e^* = Y/EL$, 効率労働1単位当たりの消費 $c_e^* = Y/EL$, をそれぞれ計算しなさい．

(2) 恒常状態における1人当たりの所得の増加率 $\Delta y/y$ ($y = Y/L$) とGDP成長率 $\Delta Y/Y$ をそれぞれ求めなさい．

(3) 黄金律水準の効率労働1単位当たりの資本ストックを k_{eGR} とすると，上で求めた k_e^* と k_{eGR} のどちらが大きいか．

(4) この経済は今，恒常状態への移行過程にあるとする．$E=1$, $L=2$, $K=16$ である時，効率労働1単位当たりの資本の成長率 $\Delta k_e/k_e$, 1人当たりの所得の増加率 $\Delta y/y$, 経済全体のGDP成長率 $\Delta Y/Y$ をそれぞれ計算しなさい．これらの成長率は恒常状態のものと比べて高いか，あるいは低いか．なぜそうなるのか，簡単に説明しなさい．

さらなる学習のために

1. 様々なモデルを分かりやすく説明した，学部・中上級レベルの成長理論の教科書としては次のものがある．

> Charles I. Jones and Dietrich Vollrath, *Introduction to Economic Growth*, Third Edition, W. W. Norton & Company; New York, London, 2013.

ジョーンズの単著の翻訳は次の本であるが，残念ながらデータ等がやや古い．

> チャールズ・I・ジョーンズ著，香西泰監訳『経済成長理論入門——新古典派から内生的成長理論へ』日本経済新聞社，1999年．

2. 現代の経済成長論の基礎をつくったソローによる新しい成長理論に関する解説として，

ロバート・M・ソロー著，福岡正夫訳『成長理論 第2版』岩波書店，
　　　　2000年．

がある．

3．この章では詳しく説明することができなかったが，Romer（1990）は，成長モデルに内生的な技術進歩を組み込んで分析した画期的な論文で，その後の経済成長理論の発展に大きく貢献した．

　　Paul M. Romer, "Endogenous Technological Change," *Journal of Political Economy*, Vol. 98, pp. 71-102, 1990.

4．所得格差について興味がある方は次の本を参考にされたい．
　　中村保『所得格差のマクロ動学分析』勁草書房，2014年．

第9章

労働市場

When involuntary unemployment exists, the marginal disutility of labour is necessarily less than the utility of the marginal product. Indeed it may be much less. For a man who has been long unemployed some measure of labour, instead of involving disutility, may have a positive utility.

John Maynard Keynes (1936)

この章で学ぶこと

* 賃金の硬直性によって生じる構造的失業と硬直性の原因について学び，原因によって構造的失業の性質やそれに対する政策が異なることを理解する．
* 就職率や雇用消失率によって生じる失業率の通時的変化を理解し，就職率・雇用消失率や政府の政策が自然失業率に与える効果について考える．
* ジョブ・サーチや解雇規制が雇用（失業）に与える影響を簡単なモデルを用いて理解する．
* 労働参加率や出生率がどのような要因に依存して決まるかについて学び，労働市場の中長期的な変化について考察する．

労働市場は，労働サービスという生産要素の市場であり，基本的には他の生産要素市場の分析と同様に分析することができる．しかし，他の生産要素の市場と異なる面も多い．機械や設備については，それらを用いても不効用が発生するということはないが，ケインズが述べているように，一般には労働サービスの提供によって労働者は不効用を感じることになる．不効用があるにもかかわらず，労働サービスを提供するのは，受け取る賃金から得られる効用の方が大きいからである．賃金から得られる効用の方が労働からの不効用よりも大きいにもかかわらず職に就けない人がいるとすれば，その人たちが不幸であるだけなく，有用な資源を活用できていないという意味で，経済全体としても不幸である．さらには，失業者の増加は，犯罪率の上昇，家庭環境の悪化といった社会の荒廃を生み出す可能性もある．

　文化的・制度的要因が重要な役割を果たすことも，労働市場が他の要素市場と大きく異なる点である．労働者という人間と労働というサービスは概念的には別のものとして考えることが可能であるが，現実にはこの2つは密接不可分のものである．それゆえ，その社会における人々の考え方やそれを背景として生み出された社会制度が，労働市場のあり方に大きな影響を与えることになる．離職や就職が盛んな流動的な労働市場を持つ経済がある一方で，長期的な雇用が一般的な経済もある．賃金の伸縮性（あるいは硬直性）も制度的・文化的な要因に大きく依存する．しかしながら，制度的・文化的要因と市場の特徴の関係について説明するのはこの教科書の範囲を超えている．ここでは，市場の特徴とそこでの経済主体の行動，そしてその結果として実現する市場のパフォーマンスとの関係について，3つの重要な問題について取り上げる．第1は，労働市場の短期的な側面に焦点を当てた，賃金が何らかの要因で伸縮的に変化しないことから生じる構造的失業である．第2は，中期的な市場のパフォーマンスを考える上で不可欠な摩擦的な失業とそれによって実現する自然失業率である．第3は，長期的に非常に重要な労働力の成長と人的資本の形成についてである．

9.1 構造的失業：実質賃金の硬直性と非自発的失業

労働市場の均衡

労働市場は，純粋に経済学的に考えると労働サービスという生産要素の市場である．そして，その本質の1つはそれが派生需要であることである．つまり，企業は，労働を需要することを目的としているのではなく，利潤を得るための投入要素として労働を必要としているのである．それゆえ，労働需要は企業の利潤最大化行動から派生的に求められる．労働 L だけを生産要素とした生産関数を $Y=AF(L)$，実質賃金を w とすると，企業の実質利潤 π は，$\pi = AF(L) - wL$ となり，企業の利潤最大化のための1階の条件は，以下のようになる．

$$AF'(L) = w \qquad (9-1)$$

ただし，A は生産性を表すパラメータである．

競争的な労働市場では，賃金 w は企業にとっては所与であるので，与えられた w の下で (9-1) 式を満たすように労働投入量 L を選ぶ．これが労働需要関数である．労働の限界生産力は逓減するので ($F''(L)<0$)，労働需要 L^D は，以下のように w の減少関数になる．

$$L^D = L^D(w), \quad L^{D\prime}(w) < 0 \qquad (9-2)$$

ここでは，労働供給曲線の導出については詳しく触れず，実質賃金の増加関数とだけ仮定して議論を進めよう．

$$L^S = L^S(w), \quad L^{S\prime}(w) > 0 \qquad (9-3)$$

図表9-1に示されているように，労働市場の均衡は，L^D 曲線と L^S 曲線の交点である (L^*, w^*) で達成される．

賃金の下方硬直性と非自発的失業

労働市場で賃金が伸縮的に変化すれば，(L^*, w^*) という均衡が達成される．しかし，何らかの理由で賃金が硬直的であれば，この均衡が実現しない可能性がある．賃金の硬直性には，下方への硬直性，つまり賃金がある水準以下には

図表9-1　労働市場の均衡と硬直的賃金による失業

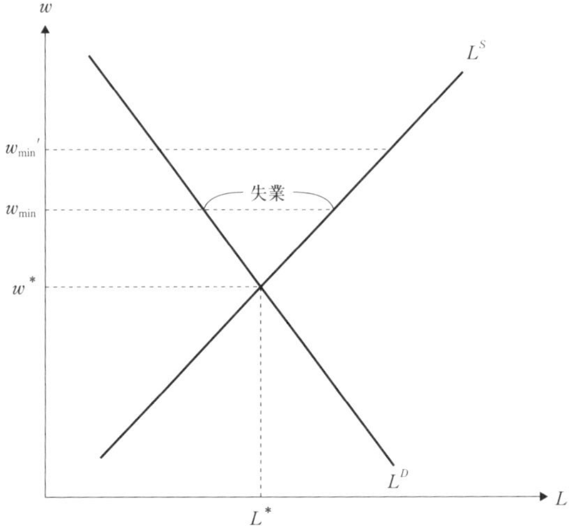

低下しない場合と，上方への硬直性，つまり賃金がある水準以上には上昇しない場合がある．ここではまず下方硬直性について考えてみよう．

いま賃金が図表9-1のw_{min}にあるとしよう．この賃金水準では，労働供給が労働需要を上回っているので，本来であれば賃金は低下するはずである．しかし，賃金が下方硬直的であれば，賃金はその水準に留まり続け失業が生じることになる．賃金は様々な要因によって下方硬直的になりうるが，その1つに最低賃金が挙げられる．そこでw_{min}を最低賃金と考えてみよう．最低賃金がw_{min}からw_{min}'に引き上げられると，失業は増加する．ここでは1種類の労働しか考えていないので，誰かが失業することは分かるが，それがどのようなタイプの労働者であるかについては何も言えない．しかし，現実には多様な労働者が存在し，一般には賃金の下方硬直性の影響を受けるのは労働生産性が低い労働者になる．つまり，経験が少ない未熟練労働者や若年労働者の失業率が高くなる．

労働組合と賃金の下方硬直性

最低賃金のような法制度的な要因以外でも，賃金は下方に硬直的になりうる．その代表的なものとして労働組合の存在が挙げられる．日本のような企業別組

合であれ，アメリカのような産業別組合であれ，労働組合は，労働サービスの供給について何らかの独占的な力を持つ存在であると考えられる．完全独占の場合は少ないであろうが，ここでは議論を分かりやすくするために，労働組合が独占的な労働供給者である場合について考えてみよう．

単純化のために，労働組合は，自らの組合員が受け取る賃金総額を最大化するように行動すると仮定する．また，すべての労働者が組合員になる必要があり，組合がその数 L を決定できるとしよう．それゆえ，組合の目的関数は，賃金×労働供給，すなわち wL^S となる．組合が独占力を持つということは，企業の労働需要を考慮しながら，自らの労働供給を決定できるということである．労働需要曲線 $L^D = L^D(w)$ を $w = w_D(L^D)$ と書き直すと，組合は労働供給が労働需要と一致するようにするので（$L^D = L^S = L$），最大化問題は以下のようになる．

$$\max_L w_D(L)L \tag{9-4a}$$

最大化のための1階の条件は，

$$w_D{}'(L)L + w_D(L) = MR_L(L) = 0 \tag{9-4b}$$

となる．これは労働の限界収入 $MR_L(L)$ がゼロになる点まで労働供給を行うことが最適であることを意味している．

図表9-2に示されているように，$MR_L(L)$ 曲線が横軸と交わる点で労働供給量 L^U が決定される．そして，その供給量の下での労働の限界生産力は図の点 U から w^U であることが分かり，それが組合が要求する賃金となる．組合が存在しなければ，賃金が w^U の下での労働供給量は $L^{U\prime}$ になるので，図に示されているように，$L^{U\prime} - L^U$ だけの失業が発生することになる．競争的な市場であれば賃金が低下して (L^*, w^*) の均衡が実現するはずであるので，$L^{U\prime} - L^U$ は，組合が持つ労働供給の独占力によって賃金が下方に硬直的になっていることから生じる失業である．組合が要求する賃金 w^U は最低賃金 $w_{\min}$ より高いと考えられるので，この市場では $w_{\min}$ ではなく w^U で賃金は下方に硬直的になる．

価格の上方硬直性：買手独占と最低賃金の影響

前に見たように，労働市場が競争的であっても最低賃金によって雇用が減少

図表9-2　労働組合の存在による賃金の下方硬直性と失業

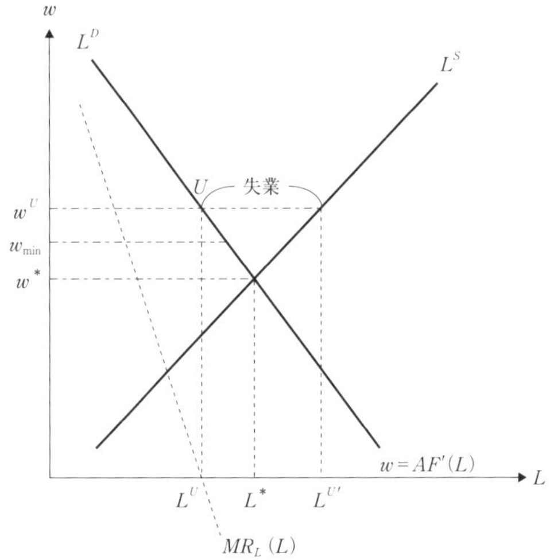

してしまう．そして，労働者の生産性に差があれば，失業という負の影響は生産性の低い労働者に対してより大きな脅威となる．もしこれが事実であれば，最低賃金は，弱者保護政策ではなく，弱者切り捨て政策ということになる．しかし，実際には非正規雇用などで弱い立場にいると考えられる労働者による最低賃金の引き上げ要求も多く見られる．これは，組合が独占力を持っている先ほどの場合とは全く逆の，企業が独占的な立場にある労働市場を考えることで理解することができる．つまり，労働者が企業よりも弱い立場にあり，賃金が「不当に」低く抑えられているのであれば，彼らによる最低賃金の引き上げ要求は合理的なものなのである．

　労働サービスの買手である企業の方が，その供給者である労働者よりも優位な立場にあると考える．このような市場は買手市場と呼ばれる．ここでも議論を単純化するために，買手が独占である場合を考える．この場合，企業は労働供給曲線を考慮して労働需要を決めることになる．労働供給曲線 $L^S = L(w)$ を $w = w_S(L^S)$ と書き直すと，利潤は

$$\pi = AF(L) - w_s(L)L \tag{9-5a}$$

と表すことができる．最大化のための1階の条件は，

$$AF'(L) = w_s'(L)L + w_s(L) = MC_L(L), \tag{9-5b}$$

図表9-3　買手独占市場における均衡と最低賃金の影響

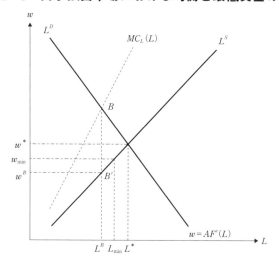

となる．これは，労働の限界生産力 $AF'(L)$ が労働の実質限界費用 $MC_L(L)$ と等しいという条件である．競争市場の場合は，$w_s'(L)=0$ であるので，$MC_L(L)$ が $w_s(L)$ と等しくなり，労働の限界生産力 $AF'(L)$ が実質賃金 $w_s(L)$ と等しいという均衡条件が得られることに注意しよう．

買手独占の場合，図表9-3に示されているように，$AF'(L)$ と $MC_L(L)$ の交点 B で雇用量 L^B が決定される．企業は雇用量 L^B を達成するために，実質賃金を労働供給曲線上の点 B' に対応する w^B に設定する．この場合，均衡雇用量 L^B は競争市場での雇用量 L^* を下回っているが，失業が発生しているわけではない．賃金が低いために，それに対応した労働が供給されているのである．競争的な市場であれば，w^B の下では超過需要が存在しているが，買手独占のために企業には賃金を引き上げる誘因がなく，賃金が上方に硬直的になっているのである．

この市場に均衡水準 w^B より高い最低賃金 $w_{\min}$ が導入されるとどうなるであろうか．先ほど述べたように企業には $w_{\min}$ より高い賃金を設定する誘因はないが，最低賃金より低い賃金では労働者を雇用できないので，この最低賃金が企業が設定する賃金となり，

$$AF'(L) = w_{\min} \tag{9-6}$$

となる水準 $L_{\min}$ で雇用量が決定される．$w_{\min}$ が競争市場での均衡賃金 w^* より低い場合，図を見れば分かるように，最低賃金 $w_{\min}$ を引き上げると雇用量も増える．つまり，最低賃金が買手の独占力を弱め，労働者の状況を改善することにつながるのである．

すでに雇用されていて，賃金などの雇用条件に関する交渉に何らかの影響力を持つ労働者はインサイダー，そのような立場にない人々はアウトサイダーと呼ばれることがある．典型的なインサイダーとしては長期に安定的に雇用されている正規雇用者が，典型的なアウトサイダーとしては失業者とともにパートやアルバイトを含む非正規雇用者が考えられる．完全な売手独占や完全な買手独占の市場は存在しないかもしれないが，売手独占市場と買手独占市場を比較することによって，インサイダーとアウトサイダーの間，すなわち正規雇用者と非正規労働者の間に，賃金などで大きな格差が生まれることが説明できる．

効率賃金仮説と失業

買手独占の場合とは全く逆に，競争的な労働市場で，労働組合ではなくて企業が均衡賃金より高い賃金を設定することもある．企業が競争賃金より高い賃金を設定するのは，それによって労働者からより高い生産性（労働効率）を引き出そうとするためである．高い効率を引き出すために高い賃金が設定されるという考えに基づいているので，これを効率賃金（efficiency wage）仮説と呼ぶ．この仮説は最初，開発経済学の分野で提示された．発展途上にある経済では，高い賃金によって労働者の栄養状態や生活環境が改善されるので，それに伴って労働生産性も上昇する．先進国の経済においても，高い賃金が，①労働者のやる気を引き出したり，②能力の高い労働者を企業に引き付けたり，③労働者の企業への忠誠心を高めたりして，労働者の平均的な労働生産性を引き上げることは十分に考えられる．

労働1単位当たりの効率を e で表し，それが実質賃金の増加関数である，すなわち

$$e = e(w), \quad e'(w) > 0 \tag{9-7}$$

であると仮定しよう．効率を考慮した労働投入量は $e(w) \times L$ になるので，企業は利潤 $\pi = AF(e(w)L) - wL$ を最大化するように，労働投入量 L と実質賃

9.1 構造的失業：実質賃金の硬直性と非自発的失業

金率 w を決定する．そのための1階の条件は，

$$AF'(e(w)L)e(w) - w = 0 \quad \text{すなわち} \quad Ae(w)F'(e(w)L) = w \quad (9\text{-}8\text{a})$$

$$AF'(e(w)L)e'(w)L - L = 0 \quad \text{すなわち} \quad Ae'(w)F'(e(w)L) = 1 \quad (9\text{-}8\text{b})$$

となる．(9-8a) 式は通常の労働需要曲線と同じものである．一方，(9-8b) 式は実質賃金に関する最適条件であり，これら2つの式から

$$\frac{we'(w)}{e(w)} = 1 \qquad (9\text{-}9)$$

が得られる．これは，ソローの条件（Solow's condition）と呼ばれ，最適な実質賃金は効率性 $e(w)$ の実質賃金 w に対する弾力性が1である時に達成されることを示している．この実質賃金は，生産性水準 A やその他の変数とは独立に，効率性関数 $e(w)$ だけから決定される．これは意外に思われるかもしれないが，モデルの設定から生まれる自然な結果である．実質賃金の（平均）生産性は $e(w)/w$ となる．効率性 $e(w)$ は実質賃金 w だけの関数であるので，企業は w を変化させることでこの生産性 $e(w)/w$ を最大にしようとする．そのための条件が (9-9) 式である．ただし，(9-8b) 式の条件が市場で常に成立するわけではない．

図表9-4の L^D は (9-8a) 式つまり労働需要曲線を，e^D は (9-8b) 式（以下「賃金曲線」と呼ぶ）を表している．これらの2つの曲線の交点である M が，(9-9) 式すなわちソローの条件を満たす実質賃金 w^* とその下での雇用量 L^* である．つまり，企業が達成可能な利潤は点 M で最大になっている．そして，点 M の周りに描かれている点線の楕円は等利潤曲線であり，外側のものほど利潤は小さい．

労働供給曲線が図の L^{SL} であったとしよう．企業が実質賃金を通して労働者の効率性をコントロールすることができなかった場合，つまり効率賃金仮説が成り立たない場合，労働市場の均衡は，通常の労働需要曲線に相当する L^D と L^{SL} の交点である E^2 で達成される．しかし，効率賃金仮説の下では，企業は実質賃金を引き上げかつ労働投入を減少させながら，点 M に近づいていくことで利潤を大きくすることができる．それゆえ，点 M が競争均衡として実現することになる．賃金が w^* の下では，L^3 だけの労働供給が存在するので，$L^3 - L^*$ の失業が存在することになる．市場では多くの企業と多くの労働者が

図表9-4　効率賃金仮説と失業

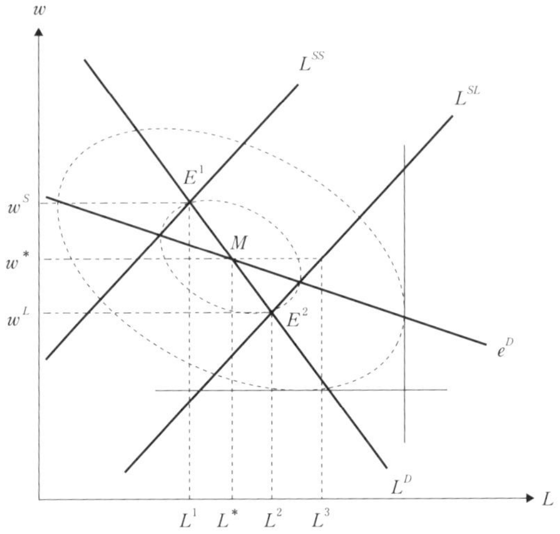

存在し競争しているので，失業の存在は労働者間の競争による賃金への下方圧力を生むが，企業の方に賃金を引き下げる誘因がないので失業を伴った均衡が実現することになる．

労働供給曲線が図の L^{SS} である場合は，これとは異なった均衡が実現する．効率賃金仮説が成り立たない場合，均衡は，通常の労働需要曲線に相当する L^D と L^{SS} の交点である E^1 で達成される．企業が利潤をより大きくするためには，点 E^1 を通る点線の楕円より内側の賃金と雇用量を選択しなければならない．図から分かるように，そのためには賃金を引き下げなければならない．L^{SS} 曲線に沿って賃金を引き下げながら雇用量を減らし，利潤を増大させることが可能なように思われるかもしれないが，これは実現不可能である．ここで描かれている労働供給曲線は，すべての企業がこの企業と同じような行動をとった場合に，この企業が直面している労働供給曲線である．市場で競争している他の企業が賃金を据え置き，この企業だけが賃金を引き下げると，当然ながら労働者はこの企業から離れていってしまい，この企業は労働者を雇用することができなくなる．それゆえ，均衡が点 E^1 で達成されている時，賃金を引き下げて利潤を増加させようという企業の試みは失敗に終わる．点 E^1 が均衡である時は，賃金を引き上げて雇用を増やしても利潤は減るだけなので，どの企

業も賃金を引き上げようとはしない．よって，点 E^1 が安定した均衡となり，効率賃金仮説は成り立たず，失業も発生しない．

　以上のことから，効率賃金仮説が成り立つのは，企業がより大きな労働供給に直面している場合に限られることが分かる．言い換えると，労働需要が労働供給に比べて小さく，企業の方が有利な立場にある場合にのみ効率賃金仮説が成り立つ．これは，前に紹介した労働市場での買手独占の場合とよく似ている．買手独占（企業が1つ）が成立する，あるいは買手市場になるためには，当然ながら労働者に対して企業が強い立場にいることが必要である．買手独占の場合は，その有利さを利用して低い賃金を設定するのに対して，効率賃金仮説の場合は，その有利さを利用して高い賃金を設定し，労働者から高い効率を引き出すのである．いずれの場合も，企業は市場が競争的な時よりも多くの利潤を得ることになる．

コラム 12　労働供給曲線は右上がりか

　この章では短期の労働供給曲線は右上がりであると仮定している．しかし，ミクロ経済学の教科書では，労働曲線は賃金が低い時は確かに右上がりであるが（賃金の上昇とともに労働供給も増加するが），賃金が高くなると左上がりになる（賃金が上昇するにつれて労働供給が減少する）と説明されている．このように「逆くの字」型に曲がった労働供給曲線は後方湾曲（backward-bending）と呼ばれる．これに関する経済学的な説明は次のようなものである．人々は余暇と消費からの満足を比較して労働供給を決定している．人々は一定の時間しか持っていないので，余暇時間を増やすためには労働時間を減らすしかなく，それによって賃金所得が減少する．実際にお金を支払うのではないが，労働時間を減らしその分の賃金がなくなるという意味では，賃金を払って余暇を買っていることになる．つまり，余暇という財の価格（機会費用）が賃金ということになる．

　賃金の上昇は，余暇の価格の上昇を意味するので，価格が上昇した余暇の需要を減らし，相対的に安くなった消費財の需要を増やすことになる．余暇時間の減少は労働時間の増加を意味するので，賃金の上昇によって労働供給は増加する．しかし，ここまでの議論では価格（賃金）の上昇に伴

う価格効果しか考慮していない．所得効果を考慮すると話は少し複雑になる．余暇は正常財と考えられるので，賃金の上昇による所得の増加は余暇の需要を増加させる効果を持つ．つまり，賃金の上昇は所得効果を通じて労働供給を減少させるのである．労働供給曲線は，賃金が低い間は代替効果が所得効果を上回っているので右上がりであるが，賃金が高くなると，逆に所得効果の方が大きくなり，労働供給は左上がりになるのである．このように説明すると難しく思えるが，要するに，賃金が高くなるとあまり働かなくても十分な所得を得られるようになるので労働供給を減らすということである．

この教科書的な労働供給の説明によると，賃金が低い状態でさらに賃金が下がると労働時間は短くなることになる．しかし，実際には低賃金での長時間労働は，発展途上国では一般的に見られる現象である．また，日本やアメリカでも低所得者の長時間労働が問題になっている．つまり，賃金が非常に低い時も労働供給曲線は左上がり，つまり右下がりになっている可能性が高い．低賃金での労働供給曲線のこの右下がりの部分は，forward-falling な労働供給と呼ばれる．労働供給が forward-falling になるのは，発展途上国の場合は明らかであろう．多くの人々が最低消費水準を賄う程度の所得しか得ていないので，賃金が低下すると労働時間を延長するしかない．そして，先進国の低所得者についても同じことが言えるのかもしれない．ある程度の生活水準を維持するためには，賃金が下がると労働供給を増やさざるをえない．

9.2　摩擦的失業：経済政策と自然失業率

買手独占や効率賃金などのために短期的に非自発的失業が発生したとしても，中長期的には失業は解消されると予想される．買手独占や効率賃金が成り立つ市場では，企業は競争市場で実現するより大きな利潤を得ており，それが他企業の参入を誘発し，既存企業は労働市場での有利な地位を失い，競争市場に近づいていくと考えられる．労働者の側もより高い賃金やより良い労働条件を求

めて，転職をしたり他部門へ移動したりするであろう．そこで問題になるのが，そのような企業の参入・退出や労働者の離職・転職あるいは部門間移動がスムーズに行われるかどうかである．モノの移動の場合と同様に摩擦が全くなければ，これらの移動や変化はすぐに行われるので，すべての労働者が自らの望むところで働ける状態が実現するはずである．しかし，実際にはスムーズな動きを阻む様々な摩擦が存在している．その結果として生まれる失業は，摩擦的失業（frictional unemployment）と呼ばれる．

就職・雇用消失と自然失業率

経済全体に存在する労働力を L，就業者を E，失業者を U とすると，定義により

$$L = E + U \quad \text{すなわち} \quad E = L - U \tag{9-10a}$$

であり，失業率 u は，

$$u = U/L \tag{9-10b}$$

となる．現在雇用されている労働者のうち，ある一定期間内に職を失う人の割合（雇用消失率）を δ（$0 < \delta < 1$）とすると，新たに失業する人の数は δE となる．一方，現在失業中の人のうち就職する人の割合（就職率）を f（$0 < f < 1$）とすると，失業者から就業者になる人の数は fU となる．それゆえ失業者の増加分 ΔU は，

$$\Delta U = \delta E - fU, \quad 0 < \delta < 1, \quad 0 < f < 1 \tag{9-11a}$$

となる．（9-10a）式より，$E = L - U$ であるので，上の式は，

$$\Delta U = \delta(L - U) - fU = \delta L - (\delta + f)U \tag{9-11b}$$

と変形できる．失業率 $u = U/L$ の変化率は，

$$\frac{\Delta u}{u} = \frac{\Delta U}{U} - \frac{\Delta L}{L}$$

と表すことができる．簡単化のために，労働力 L の成長率をゼロ（$\Delta L/L = 0$）とし，（9-11b）式を上の式に代入して変形すると

$$\frac{\Delta u}{u} = \frac{\delta L - (\delta + f)U}{U} - 0 = \delta \frac{L}{U} - (\delta + f) \quad \Rightarrow \quad \Delta u = \delta - (\delta + f)u \tag{9-12}$$

図表9-5 失業率の変動と自然失業率

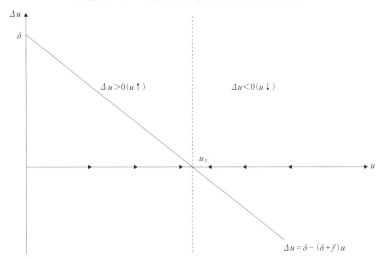

となる．

(9-12) 式で表される失業率の通時的な動きを示したのが，図表9-5である．失業率の定常状態，すなわち $\Delta u=0$ であるような失業率を u_N で表すと，(9-12) 式より

$$u_N = \delta/(\delta+f) \tag{9-13}$$

となる．図から分かるように，失業率 u が u_N を下回っている時，すなわち u が u_N の左側にある時，Δu は正 ($\Delta u>0$) であるので u は上昇する．逆に，失業率 u が u_N を上回っている時，すなわち u が u_N の右側にある時，Δu は負 ($\Delta u<0$) であるので u は低下する．つまり，失業率は定常状態水準に近づいていく傾向がある．この定常状態での失業率 u_N は，自然失業率 (natural rate of unemployment) と呼ばれる．

雇用安定型と労働移動型

(9-13) 式は以下のように変形できる．

$$f = [(1/u_N)-1]\delta \tag{9-14}$$

この式は，ある自然失業率 u_N の下での雇用消失率 δ と就職率 f の関係を示している．例えば，自然失業率が4.8%の時，すなわち，$u_N=0.048$ の時，$1/u_N$

図表9-6 自然失業率が同じ下での雇用消失率と就職率の関係

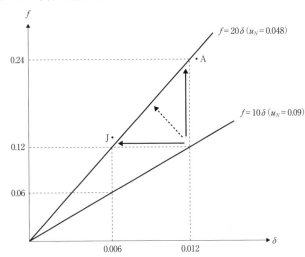

は約21,自然失業率が9％の時,すなわち,$u_N=0.09$の時,$1/u_N$は約11なので,

$$f=20\delta(u_N=0.048\text{の時}),\quad f=10\delta(u_N=0.09\text{の時})$$

となる.これら2つのグラフを描いたのが,図表9-6である.

毎月の雇用消失率が1.2％($\delta=0.012$)の経済が定常状態にあり,自然失業率が9％であるとすると,就職率は12％($f=0.12$)であることが分かる.この経済の自然失業率を4.8％に引き下げたい場合,雇用消失率だけで達成しようとすれば,それを0.6％に引き下げなければならず(図の左向きの実線の矢印),就職率だけで達成しようとすれば,24％に引き上げなければならない(図の上向きの実線の矢印).もちろん,雇用消失率の引き下げと就職率の引き上げを組み合わせて達成することも可能である(図の左上向きの点線の矢印).

2005年から2008年にかけての日本の失業率は3.9％から4.4％であったので,失業率が自然失業率から大きく乖離していなかったとすれば,日本は$f=20\delta$の直線の少し上に位置していたことになる.また,当時の毎月の雇用消失率は約0.6％であったことを考えると,日本はグラフの点Jで示されたような場所に位置していたことになる.これに対して,アメリカは2000年から2005年にかけて失業率は4％から5.1％で推移しており,$f=20\delta$の直線付近にあったと

思われる．当時の雇用消失率は約1.2％であったので，グラフの点Aのような所に位置していたと考えられ，そこから計算される就職率は24％となる．日本とアメリカとで失業率に大差はないが，雇用消失率や就職率には大きな差がある．日本は雇用安定型であり，アメリカは労働移動型であるということができる．摩擦という言葉を使うと，日本の労働市場は摩擦が大きく，アメリカの労働市場は小さいと言える．ただし，摩擦的失業と呼ばれる失業は，摩擦が小さくなると必ず小さくなるわけではない．雇用消失に関する摩擦が小さくなると，摩擦的失業は大きくなる．

様々な要因が雇用消失と雇用創出（就職）に影響を与える．その中で労働需要側と労働供給側のそれぞれについて代表的なものを取り上げ分析しよう．

ジョブ・サーチと失業保険

労働者が失業している期間の長さが，経済全体の就職率を決定する重要な要因であることは間違いない．人々は失業している間ジョブ・サーチ（職探し）をすることになるが，いつまでそれを続けるか，あるいは，いつそれを止めるかは，その個人にとって大きな問題である．これは異時点間にまたがる意思決定であるので，動学的な最適化を用いて分析されるべき問題であるが，ここではそのエッセンスを静学的な枠組を用いて考えてみよう．

失業者がジョブ・サーチをすれば，毎期1つの職が与えられ，その職に就けば次の期からWの賃金が永久に支払われるとしよう．この場合，その職の割引現在価値Vは

$$V = \frac{W}{1+r} + \frac{W}{(1+r)^2} + \frac{W}{(1+r)^3} + \cdots = \frac{W}{r} \tag{9-15}$$

となる．ただし，rは利子率である．失業者は与えられた職に就いてジョブ・サーチを止めても良いし，その職には就かずにジョブ・サーチを続けても良い．その職に就かずにジョブ・サーチを続けた場合，次期にジョブ・サーチのための費用C_Sを支払わなければならないが，期待割引現在価値がV^Eの職に就くことができるとしよう．それゆえ，次期までジョブ・サーチを続けた場合の期待純便益の現時点での価値は$(V^E - C_S)/(1+r)$となる．それゆえ，

図表9-7 雇用機会の分布と臨界的賃金

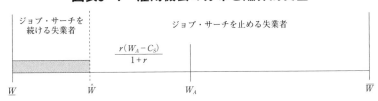

$$\frac{V^E - C_S}{1+r} > V \qquad (9\text{-}16)$$

であれば，次期もジョブ・サーチを続けることになる．C_S，r 及び V は分かっているので，V^E がどのような値であるかによって，ジョブ・サーチを続けるかどうかが決まる．

失業者には，毎期図表9-7のような賃金が支払われる雇用機会が存在すると仮定しよう．ここでは，$\underline{W} > C_S$，すなわち，賃金の方がジョブ・サーチの費用より必ず高いと考えよう．そして，ジョブ・サーチに参加した失業者には，最低賃金 $\underline{W}$ と最高賃金 $\overline{W}$ の間のいずれかの賃金が永久に支払われる職が，全くランダムに割り当てられる．よって，次期に割り当てられる賃金の期待値は W の平均 W_A に等しく，(9-15) 式の場合と同様に計算することで，$V^E = W_A/r$ であることが分かる．それゆえ，(9-16) 式の条件は，

$$\frac{1}{1+r}\left(\frac{W_A}{r} - C_S\right) > \frac{W}{r} \quad \text{すなわち} \quad W < \frac{W_A - rC_S}{1+r}$$

となる．今，$\hat{W}$ を

$$\hat{W} = (W_A - rC_S)/(1+r) \qquad (9\text{-}17)$$

と定義すると，$\hat{W}$ より低い賃金の職が今期割り当てられた場合，次の期もジョブ・サーチを続けることを選択する．つまり，$\hat{W}$ は次期以降ジョブ・サーチを続けるかどうかを決める臨界的賃金である．

先ほど仮定したように，失業者は毎期図表9-7の雇用機会に直面する．それゆえ，全体の失業者のうち灰色の部分の失業者，つまり $\hat{W}$ より小さい賃金の職が割り当てられた人たちがその職を受け入れず，次の期もジョブ・サーチを続ける．ジョブ・サーチを続ける労働者の割合は，$(\hat{W} - \underline{W})/(\overline{W} - \underline{W})$ で表されるが，ここでは $\underline{W}$ も $\overline{W}$ も一定であると考えているので，この割合は $\hat{W}$

が大きくなればなるほど大きくなる．(9-17) 式から分かるように，臨界的賃金 $\hat{W}$ は，C_S が大きくなるほど，r が高くなるほど，小さくなる．ジョブ・サーチの費用 C_S が高くなれば，当然ジョブ・サーチを早めに止めようとするであろうし，利子率 r が高くなると現在をより重視するようになるので，将来の高い賃金の可能性より現在の確実な賃金を選ぶのである．

この簡単なモデルを用いて失業保険がジョブ・サーチへ与える効果について考えることができる．失業期間中 B_F だけの失業手当を受け取るとしよう．この時，ジョブ・サーチの費用は B_F だけ減少することになる．そのために，次の期までジョブ・サーチを続けるかどうかを決定する際の臨界的賃金 $\hat{W}$ は，$\hat{W} = (W_A - r(C_S - B_F))/(1+r)$ となり，前より大きくなる．その結果，就職率は低下する．

解雇規制と失業

解雇が厳しく規制されるのであれば，雇用消失率が低下するのは間違いないであろう．それゆえ，失業率も改善することが期待されるが，実際はそれほど単純ではない．なぜなら，解雇規制が存在する下では，将来過剰雇用に陥った場合，企業は自由に労働者を解雇することができなくなるので，企業はその危険性を考慮して雇用量を少なくし，解雇規制のために失業率がむしろ上昇する可能性があるからである．つまり，失業率が低下するかどうかは，これら2つの効果のどちらが大きいかに依存する．この問題をきちんと考えるためには，異時点間の選択問題を考えなければならず，ここでは最も簡単な異時点間のモデルである2期間のモデルを用いて解雇規制の効果を分析しよう．

企業は労働者を2期間にわたって雇用しなければならない．簡単化のために，2期目に新規に雇用することはできず，逆にもし2期目に解雇する場合は，解雇する労働者1人当たり c_F だけのペナルティを支払わなければならない．この c_F が解雇規制の程度を表し，もし無限大であれば全く解雇ができないという制約になる．また，2期目は好況（G = Good）か不況（B = Bad）になる．具体的には，生産性を表すパラメータ A が，好況の場合は $A_G(>A)$ に，不況の場合は $A_B(<A)$ になると仮定しよう．企業は，2期目が好況になるか不況になるか全く分からないので，2分の1の確率で好況（$A = A_G$）になり，2

図表9-8 解雇規制下での企業の異時点間の意思決定

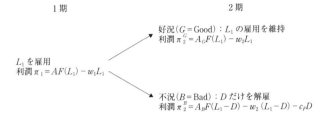

分の1の確率で不況 ($A=A_B$) になると考える．1期目に L_1 だけを雇用して，2期目に入って企業にはようやく経済状況が分かる．2期目が好況であればその雇用量を維持し，不況であれば $D(D \leq L_1)$ だけを解雇し，雇用量 L_1-D の下で生産を行う．それを示したのが，図表9-8である．

　企業は将来のことを考慮して現在の意思決定をしなければならない．それゆえ，1期目に仮に L_1 だけ雇用した場合，その L_1 によって2期目の利潤がどうなるのかを考えながら，1期目と2期目の利潤の合計を計算して L_1 を決定する．L_1 だけの雇用を持って2期目に入り，好況であることが分かった場合，$A_G > A$ より企業は雇用を維持するので2期目の利潤 π_2^G は次のようになる．

$$\pi_2^G = A_G F(L_1) - w_2 L_1 \tag{9-18}$$

これに対して，2期目が不況であれば解雇を行う可能性があるので，2期目の利潤 π_2^B は，

$$\pi_2^B = A_B F(L_1-D) - w_2(L_1-D) - c_F D \tag{9-19a}$$

となる．そして，D に関する利潤最大化の1階の条件は，

$$w_2 - c_F = A_B F'(L_1 - D^*) \tag{9-19b}$$

である．上の式の左辺は解雇によって節約できる労働の実質限界費用，右辺は解雇によって失われる労働の限界生産物である．解雇規制が強まると，すなわち c_F が大きくなると，左辺が小さくなるので，右辺も小さくならなければならない．$F'(L_1-D^*)$ は (L_1-D^*) の減少関数であるので，$F'(L_1-D^*)$ が小さくなるためには (L_1-D^*) は大きくならなければならない．これは D^* が小さくなることを意味し，解雇規制の強化は確かに解雇量を少なくするのである．

　(9-19b) 式から，D^* は L_1 の関数，すなわち $D^* = D(L_1)$ となることが分かるので，これを (9-19a) に代入すると，2期目が不況であった場合の利潤

π_2^B は，
$$\pi_2^B = A_B F(L_1 - D(L_1)) - w_2(L_1 - D(L_1)) - c_F D(L_1)$$
と表すことができる．単純化のために利子率はゼロであると仮定すると，企業は1期目と2期目の利潤の合計が最大になるように1期目に雇用量 L_1 を決定する．その際に企業が最大化しようとする2期間の利潤の（期待値の）合計は以下のようになる．

$$\pi = AF(L_1) - w_1 L_1 + \frac{1}{2}[\pi_2^G + \pi_2^B] \tag{9-20a}$$

L_1 に関する利潤最大化の1階の条件は，
$$AF'(L_1) - w_1 + \frac{1}{2}[A_G F'(L_1) - w_2 + A_B F'(L_1 - D(L_1)) - w_2] = 0 \tag{9-20b}$$

である．L_1 が変化すると $D(L_1)$ も変化するが，この L_1 の変化を通しての $D(L_1)$ の変化（$D'(L_1)$）は，1階の条件（9-19b）式によって相殺されるので，(9-20b) 式には現れてこない．この式に再び (9-19b) 式を代入すると，以下のような L_1 に関する最適条件が求まる．

$$AF'(L_1) + \frac{1}{2} A_G F'(L_1) = w_1 + \frac{1}{2}(w_2 + c_F) \tag{9-21}$$

上の式の左辺は2期間にわたる労働 L_1 の限界生産物を，右辺はその限界費用を表している．この式から c_F の上昇は，賃金の上昇と同じ効果を持ち，L_1 を低下させることが分かる．つまり，解雇規制の強化は，解雇を抑制すると同時に雇用も抑制するので，全体として雇用を増加させるかどうかは一般的には不明である．しかし，規制があまりにも厳しい，つまり c_F がとても大きい場合，解雇規制が本来の役割を果たさなくなることには注意が必要である．実質的に解雇ができないのであれば，企業は2期目に解雇しなくても大丈夫な雇用量，つまり2期目が不況である場合の雇用量しか最初から雇用しない．その雇用量 L_2^B は次の条件を満たす L_2^B である．

$$A_B F'(L_2^B) = w_2 \tag{9-22}$$

企業にとっての最適な雇用量 L_1^* が L_2^B である場合，解雇規制は，解雇を全くさせないという意味では完全に機能しているとも言えるが，単に雇用を抑制しているに過ぎないと言うこともできる．

9.3 中長期的な課題：人的資本の活用と形成

　これまで市場に参加する労働者の数や能力は一定であると仮定してきた．それゆえ，それらをどのように活用するか，つまり雇用（あるいは失業）について考えることが重要であった．しかし，労働市場における労働者の数や能力は，中長期的には，労働参加率や人口の変化及び人的資本の形成を通じて変化する．この節では，労働力そのものの変化について考えてみよう．

労働参加率

　私たちの周りには，能力がありながら労働市場に参加していない人々がいる．彼らは前節まで見てきた労働力には含まれない．しかし，労働市場を取り巻く環境が変化すれば彼らも市場に参加する可能性がある．それゆえ，市場に参加している労働者にこれらの人々を加えたものを経済全体の潜在的労働力とみなし，それらの中で実際に市場に参加している労働力の割合を労働参加率と定義することができる．潜在的労働力を正確に測定することは難しいので，現実には生産年齢人口を潜在的労働力とみなし，労働参加率を計算するのが一般的である．経済全体の労働力が有効に活用されるかどうかは，失業率だけでなく労働参加率にも依存する．失業率が5％という低い水準であっても，労働参加率が50％しかなければ，その経済の労働力の47.5％しか利用されていないことになる．これは極端な例ではあるが，この例が示しているように，労働参加率を全く考慮せずに失業率だけに着目すると労働市場の実態を見誤る可能性がある．それでは，なぜ労働市場に参加しない労働者がいるのだろうか．それはもちろん，彼らに市場に参加する誘因がないからである．

　就職を希望しながらも失業の長期化などの理由から労働意欲を失い，求職活動をしていない人々を労働意欲喪失労働者（discouraged workers）という．労働者という名前で呼ばれているが，統計上は労働力とはみなされない．よって，求職活動をしていた失業者が，労働意欲喪失労働者となると労働力が減少するので，失業率は低下することになる．失業率は改善するが，労働力という資源の活用という観点から見ると事態は一層悪化している．近年特に注目され

図表9-9　男女別労働参加率

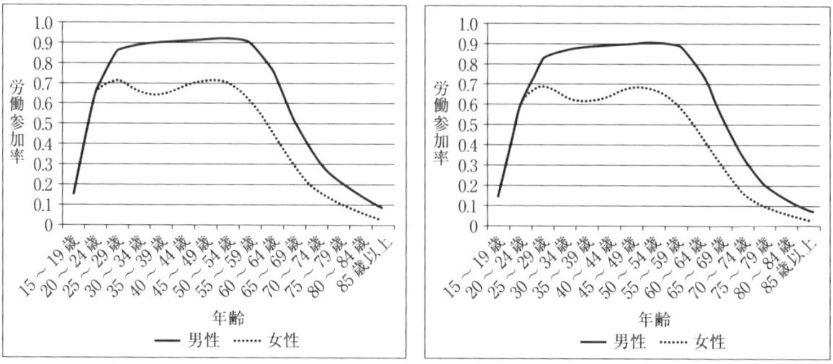

(a) 全国　　　　　　　　　　(b) 人口集中地区

ているのが，ニート（NEET = not in education, employment, or training）と呼ばれる若年世代の労働意欲喪失労働者であり，バブル崩壊以降日本でも増加していると指摘されている．政府の統計では「15-34歳の非労働力人口のうち，家事も通学もしていない者」を若年無業者と定義し，『子ども・若者白書』(2013年版)によると，2012年現在で約63万人，2000年代を通して60万人台前半で推移している．さらには，非正規雇用の拡大と不況の長期化によって，35歳以上の労働意欲喪失労働者も増加し，現在では20万人以上に達している．

　労働意欲喪失労働者の増加の背景には不況の長期化という労働需要側の問題があることは間違いない．それに加えて，労働者の考え方の多様化という供給側の問題や中途採用市場の未成熟という労働市場の問題もある．新卒労働者の市場に比べて中途採用者の市場が未成熟であるのは，労働力の活用という点だけではなく，世代間の不公平・不平等という点でも大きな問題である．好況時に新卒で労働市場に参加し比較的簡単に正規雇用に就けた人々と，不況期に新卒で努力はしたが正規の職を得ることができずにその後も安定した職に就けなかった人々との間に，賃金や雇用条件について大きな格差が生じることになる．このように，最初の就職時点での経済状況でその後の人生が大きく左右されるのは大きな問題である．日本では，バブル後の不況がこのような格差の大きな要因になり，非正規雇用の拡大と正規・非正規間の格差につながっている．

　図表9-9は年齢別の男女の労働参加率を示したものである．20代前半までは男女に差は見られないが，女性の労働参加率は20代半ばから30代半ばにかけて

低下しその後上昇している．この曲線は，アルファベットのMの字に似ているので，M字曲線と呼ばれていて，曲線の形状は，全国で見ても都市部（人口集中地区）だけとって見ても大きな違いはない．女性の労働参加率がM字型になる背景には，女性が結婚や出産に伴っていったん職を離れ，その後再度仕事をするようになることがある．女性のキャリアが途中で途切れてしまうことは，その期間の所得が失われるという意味で個人レベルでマイナスであるだけでなく，その間の技能形成や能力向上が阻害されるという意味で経済全体にとってもマイナスでもある．また，結婚や出産が女性の就業を困難にしているとすれば，20代でいったん職を離れる女性たちは広い意味での労働意欲喪失労働者と言えるであろう．

労働市場と少子化

日本を含めた多くの先進諸国で，少子化が大きな問題となっている．一方，世界全体では人口の増加が大きな懸念材料の1つとなっている．発展途上段階にある国々で人口が爆発的に増加しているためである．この相反する傾向は，以下のような理由から生じている．経済発展の初期段階では出生率が高い状態で所得水準が上昇するので，栄養や衛生状況が大幅に改善し乳幼児の死亡率が大きく低下する．その結果として，人口が急激に増加する．さらに経済が発展すると，①子どもの教育等に費用がかかるようになること，②母親（妻）の賃金水準が上昇し育児の機会費用が上昇すること，を主な理由として出生率が低下する．この点を Galor and Weil (1996) を参考にして簡単なモデルを用いて考察しよう．

Galor and Weil は動学モデルであるが，静学モデルを用いてもそのエッセンスを理解することは可能である．消費 c と子どもの数 n から効用を得る共働きの家計を考え，家計の効用関数は以下のようなコブ゠ダグラス型であるとしよう．

$$u(c,n) = c^\alpha n^{1-\alpha}, \quad 0 < \alpha < 1 \tag{9-23a}$$

夫も妻も T 単位の労働時間を持っていて，1時間当たりの夫の賃金を w_M，妻の賃金を w_F とする．妻だけが育児を担当し，子ども1人当たり1単位の育児時間が必要である．つまり，子どもが n 人いると妻が供給できる労働時間は

$T-n$ 単位になる．また，子ども 1 人当たりにつき養育費 τ_L が必要である．それゆえ，家計の予算制約は，

$$c + \tau_L n = w_M T + w_F (T - n)$$
$$\text{すなわち} \quad c + (\tau_L + w_F) n = (w_M + w_F) T \tag{9-23b}$$

となる．この式は，子ども 1 人当たりの育児費用が $\tau_N + w_F$ であることを示している．つまり，妻の賃金 w_F は育児のための機会費用の一部となるのである．効用関数がコブ＝ダグラス型であるので，家計は所得 $(w_M + w_F) T$ の α の割合を消費 c に，$1-\alpha$ を子どものために支出する．

$$c^* = \alpha(w_M + w_F) T, \quad (\tau_L + w_F) n^* = (1-\alpha)(w_M + w_F) T \tag{9-24a}$$

よって，最適な子どもの数は，

$$n^* = \frac{(1-\alpha)(w_M + w_F) T}{\tau_L + w_F} \tag{9-24b}$$

となる．上の式から，子どもの直接的な養育費 τ_L が上昇すると子どもの数が減ることが分かる．また，夫の賃金 w_M が上昇すると，所得効果によって子どもの数が増えることも分かる．これに対して，妻の賃金 w_F が子どもの数に与える影響は不確定である．w_F の上昇は，所得効果を通して子どもを増やす方向に働くが，一方で育児の機会費用を高めるので，代替効果を通じて子どもを減らす方向に働くためである．簡単化のために $\tau_L = 0$ と仮定すると，

$$L^* = (1-\alpha)\left(\frac{w_M}{w_F} + 1\right) T \tag{9-24c}$$

となり，代替効果だけが残る．妻の賃金 w_F が夫の賃金 w_M に比べて上昇すると，つまり夫の相対賃金 w_M / w_F が低下すると子どもの数が減少することが分かる．これは女性の社会進出とともに出生率が低下していくことをうまく説明している．同時に，それへの対策も示唆している．出生率の低下の真の原因は，相対賃金 w_M / w_F の変化ではなく，妻だけが子どもの養育を担当し，そのために時間を使っていることにある．

夫婦で子どもの世話を半分ずつ ($n/2$) 担当する場合，予算制約は，

$$c + \tau_L n = w_M \left(T - \frac{n}{2}\right) + w_F \left(T - \frac{n}{2}\right)$$

すなわち

$$c+[\tau_L+(w_M+w_F)/2]n=(w_M+w_F)T$$

となる．最適な子どもの数を求めると，

$$n^*=\frac{(1-\alpha)(w_M+w_F)T}{\tau_L+(w_M+w_F)/2}$$

である．$w=w_M+w_F$ とおいて，表記を簡単化すると，

$$n^*=\frac{(1-\alpha)wT}{\tau_L+w/2}=\frac{(1-\alpha)T}{\tau_L/w+1/2}$$

となる．w_M と w_F のどちらが上昇しても w は上昇するので，相対的な養育費用 τ_L/w の低下すなわち所得効果を通して，子どもの数は増加する．育児や家事の役割をどのようにするかは，基本的には夫婦の問題であるが，妻の負担を減らすことは，女性の労働参加率の上昇だけではなく出生率の上昇にも貢献する可能性がある．

コラム 13　女性は日本を救えるか．人口ボーナス（bonus）対人口オーナス（onus）

　経済成長には人的資源が不可欠である．人的資源は経済に存在する労働者の質（能力）と量（人口）によって決定される．もちろん，すべての人的資源が活用されている訳でなく，またすべてが活用されるべきでもない．子どもにとっては健全な成長の方が働くことより大切であるし，高齢者には豊かな老後を過ごしてほしいと考えるのが自然である．労働は質と量とともにその構成もまた重要である．労働者の潜在的な能力に大きな変化がなくても，人口動態によって人口構成が大きく変化すると経済状況は大きく変化する．労働者1人当たりの生産性を h，労働者数を L，GDP を Y とすると，$h=Y/L$，すなわち $Y=hL$ となる．人口を N，人口1人当たりの GDP を y とすると，$y=Y/N=hL/N=h(L/N)$ となる．人口 N に占める労働者数 L の割合 (L/N) が上昇すれば，生産性 h が上昇しなくても，1人当たりの生活水準 y は上昇する．

　日本の場合もそうであるが，今日の先進国は比較的出生率が高かった時期を経て，少子高齢社会になっている．多産多死社会から少子高齢社会に移っていくしばらくの間は，多産によって生まれた生産年齢人口に比べて，子どもや高齢者の人口割合が低下していく．つまり，人口に占める生産年

齢人口の割合L/Nが上昇していく．それによって社会が高い経済成長や高い生活水準を享受することができる．これを人口ボーナス（bonus）と呼ぶ．日本の高度成長期も人口ボーナス期と重なっていると言われ，逆に1990年以降日本はL/Nが低下する人口オーナス（onus＝負担，重荷）期に入り，それが不況やデフレの遠因になっていると指摘する人もいる．

L/Nに1という明確な上限がある以上，人口が無限に増加しない限り，いったん人口ボーナスを享受した経済は必ず人口オーナス期に突入する．人類の長い歴史の中では人口ボーナス期と人口オーナス期が繰り返されてきたのであろうが，日本を含めた現在の先進国経済はしばらくの間人口オーナス期にあると考えられる．その負の影響を緩和する方法として2つのことが考えられている．1つは，世界全体としては依然として人口ボーナス期にあることを利用することである．インドとアフリカが代表的な人口ボーナス地域である．また，現在紛争等で不安定な地域も今後人口ボーナス期を迎える可能性が十分にある．もう1つは，日本や韓国などに典型的に当てはまることであるが，女性の活用である．IMFの論文"Can Women Save Japan?"（Chad Steinberg and Masato Nakane, IMF Working Paper, 2012）が注目されたように，日本では女性がまだ十分に活用されていない．しかも，女性の活用は単に労働力を増加させるだけでなく，さらなる少子化に歯止めをかけうるとも期待されている．

人的資本投資，労働力及び経済格差

人的資源の生産力を「労働力」と考えるならば，それは経済に存在するすべての人の能力を足し合わせたものになる．すべての労働者が同質的であるとすれば，それは1人の能力に人数を掛けたものに等しくなる．1人当たりの生産性をh，労働者の数をLとすると，経済全体の人的資源（資本）Hは，

$$H = hL$$

となる．この人的資本は以下のように変化する．

$$\frac{\Delta H}{H} = \frac{\Delta h}{h} + \frac{\Delta L}{L} = g + n$$

図表9-10　教育支出の対GDP比（公費負担及び私費負担の合計）

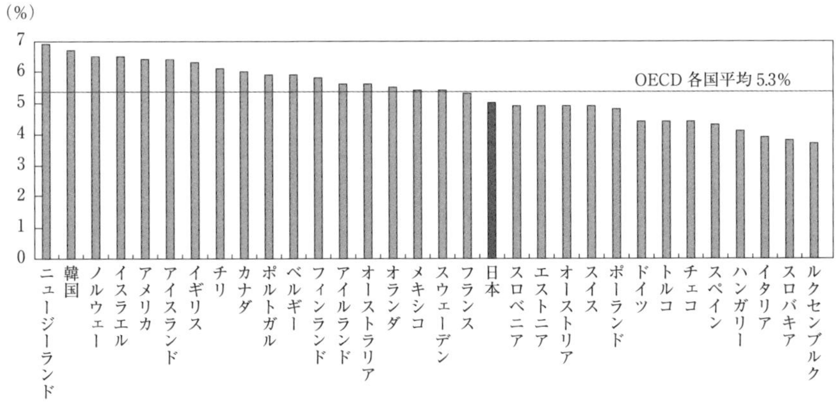

OECD各国平均 5.3%

国名（左から）：ニュージーランド、韓国、ノルウェー、イスラエル、アメリカ、アイスランド、イギリス、チリ、カナダ、ポルトガル、ベルギー、フィンランド、アイルランド、オーストラリア、オランダ、メキシコ、スウェーデン、フランス、日本、スロベニア、エストニア、オーストリア、スイス、ポーランド、ドイツ、トルコ、チェコ、スペイン、ハンガリー、イタリア、スロバキア、ルクセンブルク

（注）　初等教育から高等教育までの（幼児教育を除く）教育機関の教育費が対象．
（出所）　OECD stat, Education at a Glance 2015 (Chart B2.I).

ただし，gは労働生産性の成長率，nは人口成長率である．

　人口成長率nが低くなっても，労働生産性の成長率gがそれを補うほど高くなれば，経済全体の労働力の成長が鈍化することはない．それでは，労働生産性はどのような要因によって成長するのであろうか．技術進歩が研究開発への投資によって実現するように，労働生産性の上昇は人的資本への投資によって実現する．それらの主なものとしては，教育過程での投資（教育投資），企業による投資（職業訓練 on-the-job-training 及び off-the-job-training）が挙げられる．しかし，図表9-10に示されているように，日本における教育への投資はそれほど大きくない．

　戦後の日本においては，学校教育だけではなく企業による教育や訓練が人的資本形成に大きく貢献したと言われている．終身雇用制の下では，企業には労働者に技能形成や能力向上のための投資を行うというインセンティブが存在する．身に付けた技能のかなりの部分がその企業に特殊なものであれば，労働者はその技能を他の会社で活用することはできないので，労働者の方にも技能を活用し続けるために企業に居続けるというインセンティブが存在する．これらの相互作用によって，終身雇用制と企業内での活発な人的資本投資が実現し，日本の高い経済成長を支えたと言えよう．それゆえ，非正規雇用の比率は，

1980年代までは20％未満で，そのほとんどがパート労働であった．しかし，技術変化が激しくなり，コンピュータの活用など汎用性のある技術の割合が大きくなるにつれて，企業，労働者の双方にとって終身雇用制や企業内での人的資本投資の両方が魅力的でなくなりつつある．それに伴い正規雇用の割合は低下し，非正規雇用の比率が2000年には30％を超え，現在は全雇用者の3分の1以上が非正規雇用という状態である．

9.4 結びにかえて

労働を純粋に労働サービスという生産要素として見るのであれば，それは資本や土地と同じように分析することができ，それが利用されないのは使われない機械（資本）があるのと同じであると考えることができる．それゆえ，ここで取り上げた問題のほとんどは，他の生産要素についても当てはまることになる．この点を，物的資本を例に考えてみよう．

物的資本の場合も，短期的には市場の不完全性によって生じる生産能力の遊休が中心的な問題となる．これは賃金硬直性などによって生じる構造的失業に対応する．中期的には生産設備の部門間での移動が重要であり，これは転職・離職行動によって決定される自然失業率の議論と本質的に同じである．長期的には，資本蓄積や蓄積された資本に体化される技術の開発（研究開発投資）が決定的な役割を果たす．これは，人口動態と教育投資及び職業訓練に対応する．

しかし，この章の初めに述べたように，労働には他の生産要素とは全く違う面もある．特に重要なのは，それを体化している人間と切り離して考えることはできない点である．そのために，人間の意思や考え方さらにはその背後にある社会規範や文化といったものが労働市場に大きな影響を与えることになる．この章ではそれらについてはほとんど触れなかったが，逆に労働市場における文化や社会規範などの役割が強調され過ぎる場合もある．しかし，それらの役割をきちんと分析するためには，市場の働きを規定している基本的な経済メカニズムを理解していなければならない．本章ではそのために不可欠な代表的なモデルを紹介した．

練習問題

問題1（賃金硬直性と構造的失業）

企業は労働 L だけを用いて生産を行い，産出量を Y とすると，生産関数は $Y=120L-(1/2)L^2$ で表される．一方，労働供給関数は，実質賃金を w とすると，$L=2w$ で表される．下記の各問題に答えなさい．

(1) この企業の労働需要関数を求めなさい．

(2) 労働市場では企業も労働者も価格受容者（price-taker）として行動するとしよう．均衡雇用量と均衡実質賃金を求めなさい．

(3) $w_{min}=50$ の最低賃金 w_{min} が導入されたとしよう．この最低賃金は市場に影響を及ぼすか．市場に影響を及ぼす場合，何単位の労働が非自発的に失業するか．

(4) 独占的な労働組合が存在し，組合員だけがこの企業で働くことができる．企業は組合が提示した賃金を受け入れて組合員を雇用する．組合の目的は全組合員が受け取る賃金総額の最大化である．この時の実質賃金と雇用量を求めなさい．また，非自発的な失業は発生するか．発生する場合，その大きさを求めなさい．$w_{min}=50$ の最低賃金が導入された場合，これは実質賃金や雇用量に影響を与えるであろうか．簡単に説明しなさい．

(5) 今度は，労働者は価格受容者として行動するが，企業は労働市場で独占的需要者として行動すると仮定しよう．この場合，企業は労働供給関数を考慮に入れて自らの利潤を最大化するように雇用量と賃金を決定する．実質賃金と雇用量を求めなさい．この時，非自発的な失業は発生するか．発生する場合，その大きさを求めなさい．$w_{min}=50$ の最低賃金が導入された場合，これは実質賃金や雇用量に影響を与えるか．簡単に説明しなさい．

問題2（人口成長が自然失業率に与える影響）

労働力 L が一定率 n で成長している経済における自然失業率 u_N を考えよう．本文で説明したように，失業率 $u \equiv U/L$ の変化率は $\Delta u/u = \Delta U/U - \Delta L/L$ となり，u_N は $\Delta u=0$ を満たす失業率 u である．以下の各問に答えなさい．

(1) すべての新規労働者は，初めは「失業者」として労働市場に入ると仮定しよ

う．この場合の自然失業率 u_N を，δ（雇用消失率），f（就職率）及び n の関数として表しなさい．この式を用いて，n が u_N に与える影響を調べなさい．

（ヒント：この場合の失業者の増減は $\Delta U = \delta E - fU + \Delta L$ で表せる．）

(2) すべての新規労働者は，初めは「就業者」として労働市場に入ると仮定しよう．この場合の自然失業率 u_N を δ，f 及び n の関数として表しなさい．この式を用いて，n が u_N に与える影響を調べなさい．

(3) 日本の高度成長期，就職指導（支援）などによって新卒者の就職率は非常に高かった．上の 2 つの問題に対する答えから，高い就職率が当時の低い失業率を（少なくとも部分的にでも）説明できるであろうか．考えなさい．

問題 3 （解雇規制が雇用量に与える影響）

企業の 2 期間にわたる最適な雇用量の決定を考える．1 期目の生産関数は $Y = 100L - (1/2)L^2$ であるが，2 期目の生産関数は，好況になれば $Y^G = 120L - (1/2)L^2$ になり，不況になれば $Y^B = 80L - (1/2)L^2$ になる．好況と不況のどちらになるかは全く分からないので，企業は 2 分の 1 の確率でどちらかになると予想している．1 期目に雇用した労働者を 2 期目に解雇すると 1 人当たり $c_F \geq 0$ の解雇費用が必要であるとしよう．実質賃金 w は 1 期目も 2 期目も 20（$w = 20$）である．以下の各問に答えなさい．

(1) $c_F = 0$ であるとしよう．この場合，企業は毎期自由に雇用量を決めることができる．1 期目の雇用量 L_1 は利潤 $\pi_1 = Y - wL = 100L - (1/2)L^2 - 20L$ を，2 期目が好況の時の雇用量 L_2^G は利潤 $\pi_2^G = Y - wL = 120L - (1/2)L^2 - 20L$ を，2 期目が不況の時の雇用量 L_2^B は利潤 $\pi_2^B = Y - wL = 80L - (1/2)L^2 - 20L$ を，最大化するように決定される．L_1，L_2^G，L_2^B をそれぞれ求めなさい．

(2) 企業はいま 2 期目の初めにいて，すでに $\overline{L_1}$ だけを雇用しているとしよう．今度は解雇費用がプラスであるとしよう（$c_F > 0$）．好況になった場合は雇用量を増やせば良いので解雇費用を気にすることはないが，不況になった場合は解雇費用が負担になる．不況になった場合の雇用量を $\overline{L_2^B}$ とすると，解雇する労働量 D は $\overline{L_1} - \overline{L_2^B}$ となる．この時，企業は

$$\bar{\pi}_2^B = Y - wL - c_F D = 80L - \frac{1}{2}L^2 - 20L - c_F(\bar{L}_1 - L)$$

を最大化するような L として $\bar{L}_2^B$ を求める。$\bar{L}_2^B$ を求め、c_F が上昇すると $\bar{L}_2^B$ が増加すること、つまり解雇する労働量 $D = \bar{L}_1 - \bar{L}_2^B$ が減少することを示しなさい.

(3) 企業は1期目に $\pi = \pi_1 + (1/2)[\pi_2^G + \pi_2^B]$ を最大化するように1期目の雇用 L_1 を決定する. ただし,

$$\pi_1 = Y - wL_1 = 100L_1 - \frac{1}{2}(L_1)^2 - 20L_1$$

$$\pi_2^G = Y - wL_2^G = 120L_2^G - \frac{1}{2}(L_2^G)^2 - 20L_2^G$$

$$\pi_2^B = Y - wL_2^B - c_F D = 80L_2^B - \frac{1}{2}(L_2^B)^2 - 20L_2^B - c_F(L_1 - \bar{L}_2^B)$$

である. 企業は2期目の雇用量を考慮しながら L_1 を決めるので、上記の L_2^G は問(1)の答えの $\bar{L}_2^G$ になり、$\bar{L}_2^B$ は問(2)の答えの $\bar{L}_2^B$ になると考えることができる. この点を考慮して最適な雇用量 L_1^* を求めなさい. そして、c_F が上昇すると L_1^* が減少することを示しなさい.

問題4 (人的資本に関する現実のデータ)

(1) 出生率、女性の労働市場参加率、一世帯当たりの子どもの数、男女の生涯未婚率を1970年以降について総務省統計局のホームページで調べ、それぞれの折れ線グラフを作成しなさい.

(ヒント:目次 (http://www.stat.go.jp/data/chouki/mokuji.htm) の中の特定分野「ジェンダー」(http://www.stat.go.jp/data/chouki/gender.htm) を参照.)

(2) 上記の変数の間にどのような関係があるか、考えてみなさい.

- -

さらなる学習のために

1. この章ではモデルを用いた理論的な説明に重点をおき、現実の労働市場がかかえる問題については詳しく触れなかった. 日本の労働市場が直面する課

題に取り組んでみたい人には，次の本が良い出発点になる．
　　清家篤『労働経済』東洋経済新報社，2002年．

2．日本の労働市場が直面する問題に興味がある人には次の本もお薦めである．
　　八代尚宏『労働市場改革の経済学』東洋経済新報社，2009年．

3．本文でその考え方を紹介したサーチ・モデルをよく深く勉強したい人は次の本を使って勉強すると良い．サーチ理論の基礎とともに，労働や貨幣への応用についても学べる．
　　今井亮一・佐々木勝・清水崇・工藤教孝『サーチ理論──分権的取引の経済学』東京大学出版会，2007年．

4．本文で紹介した，経済成長，人口成長と男女間の賃金格差の間の関係を分析した基本的な論文は次のものである．
　　Oded Galor and David N. Weil, "The Gender Gap, Fertility, and Growth," *American Economic Review*, 86(3), pp. 374-387, 1996.

索 引

A~Z

AD 曲線　166
AK モデル　251
APC　33
AS 曲線
CPI　7
DIS　170
Dynare　171
e-stat　27
GDP　2
GDP デフレータ　4
IS-LM 分析　137
IS-LM モデル　137
IS 関数　136
IS 曲線　136
LM 曲線　118, 137
M 字曲線　281
MATLAB　171
MPC　32
MPS　132
MRS　49
NEET　280
NKPC　170
PPI　7
SNA　16, 22, 27

ア 行

相対取引　106
アウトサイダー　266
アクティブ運用　111
新しい成長理論　245
アンケート調査　20
異時点間の最大化問題　39
異時点間の予算制約　35
一般会計　17

イールドカーブ　15
インサイダー　266
インフレーション　118
インフレ総供給曲線　167
インフレ総需要曲線　166
インフレ版 AD-AS 分析　165
運営目標　112
オイラー方程式　237
卸売市場　6

カ 行

解雇規制　276
外国為替市場　18
外国為替レート　18
外生的成長モデル　248
買手市場　264
買手独占　265
開放経済におけるマクロ政策のトリレンマ　210
価格受容者　287
拡張的財政政策　133
貸出総量規制　114
加速度原理　70
株価　109
株式　106
株式市場　106
株主　105
貨幣　94
貨幣錯覚　119
貨幣需要　112
貨幣数量説　117
貨幣成長率　120
貨幣創造　100
貨幣の価値　102
貨幣の中立性　117
貨幣の流通速度　117

索引

貨幣量コントロール　114
間接交換　96
緩和　113
企業間取引　6
希釈効果　224
基準時点の価格　4
規制・監督　99
求職　9
求人　9
供給ショック　162, 168
恐慌　99
金銀複本位制　122
銀行　98
銀行券　96
銀行取付　99
均衡の安定性　143
銀行のビジネスモデル　98
均衡利子　113
近代的経済成長　220
金本位制　122
金融会社　107
金融緩和政策　140
金融危機　121
金融資産　12
金融資産・負債残高表　13
金融市場　106
金融政策　112, 164, 169, 177
金融取引　11
金融取引表　13
金融引き締め政策　140
金融負債　12
金利の期間構造に関する期待仮説　124
クズネッツ曲線　243
グッドハートの法則　114
クラウディング・アウト　140, 186
景気安定　113
経済センサス　29
計算単位　101
経常収支　18
ケインジアン・クロス　131
ケインズの交差図　131

欠員率　10
血気　139
決済システム　97
限界消費性向　32
限界代替率　49
限界貯蓄性向　132
現金通貨　100
現在価値　38, 108
交換媒体　94
公共サービス　15
公共投資　16
広義流動性　101
公債依存度　17
恒常状態　247
恒常所得　43
厚生労働省　3, 9, 11
構造的失業　260
公定歩合　114
公的固定資本形成　16
公的資本　16
公的資本ストック　21
公募　106
後方湾曲　269
効用最大化　47
効用の割引現在価値　239
小売市場　6
効率市場仮説　111
効率性フロンティア　110
効率賃金仮説　266
効率労働　246
小売・流通　6
国債金利　15
国債残高　16
国際収支統計　18
国勢調査　29
国内総生産　2
国民所得統計　27
国民負担率　17
コストプッシュ・ショック　171
固定価格 GDP　4
固定為替相場制　206

索 引　293

雇用消失率　271
雇用動向調査　3
コールレート　123
コンセンサス・フォーキャスト　29

サ　行

債権　37, 106
債権価格　109
在庫切れの防止　68
在庫投資　65
最終需要　7
財政赤字　16
財政収支　16
財政政策　164, 169
財政統計　17
財政破綻　120
最低賃金　262
最適資本ストック　76
財の耐久性　87
債務　37
財務省　15, 17
差分方程式　83
産業連関表　7
サンプル調査　29
時間選好率　53
資金過不足　12
資金循環統計　13
資金不足主体　11, 105
資金余剰主体　11, 105
自己資本　98
資産選択　110
自然失業率　272
失業　8
失業率　9
実効為替レート　19
実質 GDP　4
実質為替レート　19, 104
実質残高効果　148
実質賃金率　103
実質利子率　103
実物変数　102

支払い手段　94
支払準備　98
私募　106
資本移動規制　212
資本収支　18
資本所得　223
資本ストック　21
資本ストックの黄金律水準　227
資本の使用者費用　74
若年労働者　262
収益還元法　108
収益性　110
就業　8
就職率　271
終身雇用制　285
修正黄金律水準　239
住宅ストック　21
住宅投資　65
縮小的財政政策　133
出資　105
出生率　281
準通貨　101
純輸出　192
生涯所得　38
証券会社　106
小国開放経済モデル　193
少子高齢化　25
乗数効果　131
消費関数論争　34
消費財　6
消費者物価指数　7
消費動向調査　20
商品貨幣　96
情報の非対称性　105
常用労働者　10
ショック　86
所得効果　51
所得収支　17
ジョブ・サーチ　274
人口オーナス　284
人口ボーナス　284

人的資源　221
人的資本　221
人的資本投資　249
信用創造　100
信用創造乗数　100
信用量　101
水準効果　250
数量方程式　117
スタグフレーション　163
ストック市場の均衡　84
税関　18
正規社員　10
税金　15
政策金利　15
政策手段　113
生産財　6
生産者価格指数　7
生産の平準化　68
正常財　50
成長効果　250
セイの販路法則　64
政府購入乗数　133
政府最終消費支出　16
制約付き最大化問題　52
世代重複モデル　229
設備投資　65
ゼロ金利　113
潜在GDP　113
総雇用者数　3
総需要曲線　152
相対価格　48, 103
相対賃金　282
総務省統計局　3, 9, 27
総労働時間　3
租税乗数　133
租税負担率　17
ソローの条件　267
ソロー・モデル　218

タ　行

対外純資産　22
対外純投資　198
大規模資産購入　114
大国開放経済モデル　197
貸借契約　102
貸借対照表　98
代替効果　51
兌換紙幣　96
ターム・プレミアム　14, 107
短観　20
短期安全利子率　107
短期の消費関数　41
地価　109
中間投入　8
長期金利　123
長期の消費関数　42
調整過程　145
直接投資　18
貯蓄手段　97
貯蓄投資バランス　13
定常均衡　85
定常状態　85, 224
定常状態への移行過程　240
テイラー・ルール　113
デフレーション　118
デフレ・スパイラル　150
動学的IS式　170
動学的一般均衡分析　236
動学的一般均衡モデル　235
動学的非効率性　228
投資乗数　131
投資信託　111
投資税額控除　77
投資の機会費用　74
投資ファンド　107
投入係数表　8
等利潤曲線　267
特別会計　17
トービン, ジェームズ　79
トービンのq　80
トービンの限界q　81
トービンの平均q　81

富の保蔵手段　97

ナ 行

内閣府　20
内閣府経済社会総合研究所　3, 27
内生的成長モデル　250
内部収益率　123
ニート　280
日本銀行　13, 18, 19, 20
ニューケインジアン・フィリップス曲線　170
ニューケインジアン・モデル　170

ハ 行

配当　105
ハイパー・インフレーション　120
波及効果　24
パーシェ指数　26
派生需要　261
発行市場　106
パッシブ運用　111
バブル　110
バランスシート　98
ハローワーク　9
引締め　113
非競合性　67
ピグー効果　148
非自発的失業　261
1人当たり実質GDP　5
非排除可能性　67
微分方程式　83
非労働力　8
ファイナンス　94
ファンダメンタルズ　109
フィッシャー経路　149
フィッシャー方程式　146
フィリップス曲線　167
付加価値　6
不換紙幣　96
物価安定　113
物価版 AD-AS 分析　160

物的資本　221
物々交換　95
フロー循環図　2
平均消費性向　33
平均賃金　11
ヘドニック指数　7
ベバリッジ曲線　10
変動為替相場制　193
変動所得　45
貿易　17
貿易統計　18
貿易収支　17, 192
法人所得税　77
ポケット統計情報　27
保険会社　107
保険契約　107

マ 行

毎月勤労統計調査　3, 11
マイナス金利　113
摩擦的失業　271
マッチング　95
マネーストック　100
マンデル＝フレミング・モデル　192
未充足求人　10
未熟練労働者　262
ミスマッチ　10
無差別曲線　48
名目変数　102
メニューコスト　119
モディリアーニ　40

ヤ 行

有効求人倍率　9
有効需要の原理　128
輸出　17
輸出デフレータ　18
輸入　17
輸入デフレータ　18
預金通貨　101
預金保険　99

予想されないインフレーション　119
欲求の二重の一致　95
予備的動機　43
45度線分析　131

ラ　行

ライフサイクル仮説　26, 39
ラスパイレス指数　26
ラムゼイ・モデル　236
リアルタイム　29
離散時間モデル　82
利子　107
利子率　13, 107
利子率規制　114
利子率コントロール　116
利子率ルール　166, 171
リスク　110
リスク管理　121
リスクフリー　14
リスクフリー金利　15, 107
リスクプレミアム　14, 107
リターン　110

流通市場　106
流動性　112
流動性制約　54, 79
流動性の罠　147
臨界的賃金　275
劣等財　50
連鎖方式　4
連続時間モデル　82
労働意欲喪失労働者　279
労働参加率　279
労働市場参加率　9
労働所得　223
労働生産性　5
労働増大的技術進歩　246
労働の限界収入　263
労働分配率　11
労働力調査　3, 9
労働力率　9

ワ　行

割引率　53
ワルラス法則　235

【著者紹介】
中村　保（なかむら　たもつ）
1962年生まれ。山口大学経済学部卒業、神戸大学大学院経済学研究科博士課程後期課程退学。博士（経済学、神戸大学）。山口大学助手・講師・助教授、神戸大学助教授を経て現在、神戸大学大学院経済学研究科教授。主な著書に『設備投資行動の理論』（東洋経済新報社、2003年）、『所得格差のマクロ動学分析』（勁草書房、2014年）、*Studies in Medium-Run Macroeconomics: Growth, Fluctuations, Unemployment, Inequality, and Policies*（共編著、World Scientific Publishing, 2015）。

北野重人（きたの　しげと）
名古屋大学経済学部卒業。名古屋大学大学院経済学研究科博士課程修了。博士（経済学）。名古屋大学助手、和歌山大学准教授、神戸大学准教授を経て現在、神戸大学経済経営研究所教授。主な著作に "Capital Controls and Welfare,"（*Journal of Macroeconomics*, 2011）、"Structural Change in Current Account and Real Exchange Rate Dynamics: Evidence from the G7 Countries,"（共著、*Pacific Economic Review*, 2012）、"An Optimal Government Spending Reversal Rule in a Small Open Economy,"（共著、*International Review of Economics and Finance*, 2013）。

地主敏樹（ぢぬし　としき）
1959年生まれ。神戸大学経済学部卒業、神戸大学大学院経済学研究科博士課程前期課程修了、ハーバード大学大学院修了、Ph.D. 神戸大学経済学部講師・助教授を経て現在、神戸大学大学院経済学研究科教授。主な著書に『アメリカの金融政策——金融危機対応からニュー・エコノミーへ』（東洋経済新報社、2006年）、『現代アメリカ経済論』（共編著、ミネルヴァ書房、2012年）、『世界金融危機と欧米主要中央銀行』（共著、晃洋書房、2012年）。

〈サピエンティア〉
マクロ経済学
2016年7月14日発行

著　者――中村　保／北野重人／地主敏樹
発行者――山縣裕一郎
発行所――東洋経済新報社
　　　　〒103-8345　東京都中央区日本橋本石町1-2-1
　　　　電話＝東洋経済コールセンター　03(5605)7021
　　　　http://toyokeizai.net/
装　丁…………橋爪朋世
印刷・製本……丸井工文社
©2016 Nakamura Tamotsu / Kitano Shigeto / Jinushi Toshiki　Printed in Japan　ISBN 978-4-492-31479-1

本書のコピー、スキャン、デジタル化等の無断複製は、著作権法上での例外である私的利用を除き禁じられています。本書を代行業者等の第三者に依頼してコピー、スキャンやデジタル化することは、たとえ個人や家庭内での利用であっても一切認められておりません。

落丁・乱丁本はお取替えいたします。